The Sheremetev Serf Theater 1775-1797

シェレメーチェフ家の農奴劇場

一八世紀ロシアのオペラ文化史

Yoriko Morimoto

森本頼子

道和書院

「露国大歌劇団」の帝国劇場公演の広告（『朝日新聞』1919年8月26日，朝刊4面）

はじめに――「オペラ大国ロシア」ができるまで

今からおよそ一〇〇年前の一九一九（大正八）年九月、東京・帝国劇場に、突如として「露国大歌劇団」と呼ばれる一座が登場し、一五日間にわたってオペラ公演を行った（図）。演目は、《アイーダ》《椿姫》《ファウスト》《カルメン》《ボリス・ゴドゥノフ》という、イタリア、フランス、ロシアの傑作オペラであった。日本のオペラ史に深く刻まれることになる、外国歌劇団による日本初の本格的なオペラ上演である。

同歌劇団は、一九一七年のロシア革命を機に亡命した約九〇名の白系ロシア人の集団であり、メンバーのなかには、ロシア各地の劇場でキャリアを積んだ歌手が含まれていた。帝政末期のロシアでは、首都サンクト・ペテルブルグ（一九一四年からはペトログラードと改称）やモスクワといった大都市だけでなく、地方にもオペラ劇場が建設され、ロシア内外のオペラが活発に上演されていた。ロシア人にとってオペラは、演劇やバレエと並ぶ、人気のエンターテインメントの一つだった。つまり、「露国大歌劇団」のオペラ上演は、帝政ロシアの成熟したオペラ文化を伝えるものであり、日本人はロシア人によって「オペラ」とは何たるかを教えられたのである。

「オペラ大国」たる地位を築いたのである。

このように、ロシアにおけるオペラ文化の発展のスピードには、目を見張るものがあった。

シェレメーチェフ家の農奴劇場とロシア・オペラ史

本書がテーマとする「農奴劇場」とは、ロシアにおけるオペラ導入期の一八世紀後半から一九世紀前半にかけて存在した劇場である。「農奴」とは、特定の領主に隷属して賦役・貢租の義務を負い、領主の許可がなければ、自由な移動も結婚も認められず、時には売買の対象ともなった人々のことである。一八世紀のロシアは堅固な農奴制のもとに発展を遂げたが、この時代の副産物の一つが「農奴劇場」だった。富裕な一部のロシア貴族が、所有する農奴を俳優や歌手、音楽家として起用し、招待客を相手に公演を行うというのが、農奴劇場の仕組みだ。こうした劇場は、ロシア全土に一七三も存在したことが確認されている(1)。農奴劇場は、運営主の貴族の経済力や趣味を直接反映したため、活動の規模や、上演される作品のジャンル(レパートリー)は、劇場によってさまざまだった。

農奴劇場の代表格として知られるのが、シェレメーチェフ家が運営した劇場である。シェレメーチェフ家はロシア屈指の大貴族で、劇場は、一七七五～九七年に、ピョートル・シェレメーチェフ伯爵(一七一三～一七八八)と、息子のニコライ・シェレメーチェフ伯爵(一七五一～一八〇九)によって運営された。彼らは、一六〇名以上の農奴からなる一座を組織し、モスクワとその近郊に専用の劇場を建て公演を行った。活動期間は長くなかったものの、一座の規模の大きさ、劇場設備の豪華さ、公演の質の高さは、他の農奴劇場に類を見なかった。

シェレメーチェフ家の劇場の活動で注目されるのが、オペラ上演である。同劇場は、当時のロシアの多くの劇場と同じように、演劇、オペラ、バレエを上演する複合的な劇場だったが、特に充実したオペラのレパートリーをそなえていた。しかも、オペラ・レパートリーのなかには、他劇場では上演されたことのないフランス・オペラが多く含まれていた。これは、運営主のニコライ・シェレメーチェフの趣味によるところが大きかったが、オペラ文化の黎明期にあったロシアで、この劇場がフランス・オペラ導入の場の一つになったことは意義深い。ところが、シェレメーチェフ家の劇場におけるオペラ上演については、これまでロシア内外で十分な研究が行われてこなかったため、その実態は明らかになっていない。

従来、一八世紀ロシアのオペラ史は、一九世紀のオペラの「黄金期」の「前史時代」とみなされ、多くが語られてこなかった。その背景には、一八世紀のロシア文化そのものが、輝かしい一九世紀の遺産と、民族的な真正さをもったピョートル大帝以前（一七世紀まで）の文化との狭間で、偏った評価を受けてきたという事情があった。(2) また、ソ連時代には、音楽史研究において、一八世紀ロシアの音楽文化の根底にあった西欧からの影響やコスモポリタニズムが否定され、十分な研究が行われなかった。ソ連崩壊後、こうした風潮は変わってきたものの、これらの特殊な状況を反映してか、一八世紀ロシアのオペラの歴史は、もっぱら宮廷に招かれたイタリア人楽長がイタリア・オペラ上演を行ったことと、ごく一部のロシア人の作家と音楽家が、ロシア語の喜歌劇（コミーチェスカヤ・オペラ）の創作を試みたという記述に終始してきた。一方で、農奴劇場についてはオペラ上演の場になっていたことに言及されることはあっても、その取り組みに確固たる評価が与えられることはなかった。

本書の目的は、農奴劇場でどのようなオペラ上演が行われ、それがロシア・オペラ史のなかでどのような意味をもったのかを、シェレメーチェフ家の劇場における、オペラをめぐる取り組みを切り口としてひもとくことである。こうすることで、一八世紀のロシア・オペラ史に新たな側面から光があてられ、ロシア・オペラの歴史を見直すきっかけをつくることができるだろう。同時にこれは、ロシアが「オペラ大国」となった背景の一つを掘り起こす試みでもある。シェレメーチェフ家の劇場におけるオペラ上演には、貴族、農奴、西欧の協力者、さまざまな聴衆など、無数の人々がかかわった。彼らが何を思い、何を求めて、オペラ上演にかかわったのかを探ることで、ロシア社会における「オペラ」のあり方が浮かび上がり、ロシアで急速にオペラ文化が発達した謎を解くカギを得られるかもしれない。

近年日本では、ロシアの歴史や文化に注目が集まり、多くの本が出版されているが、一八世紀のロシアのオペラ文化に焦点をあてた本は存在しない。そのため、本書ではまず、当時の時代背景や劇場文化について概観し、一八世紀ロシアのオペラ文化のイメージをつかむところから始めたい。そのうえで、シェレメーチェフ家の農奴劇場に目を移し、そのオペラ上演について、ロシア内外の史料をもとに詳しく追いかけていく。

目次

第5章　挑戦と挫折　155

第6章　ロシアのオペラを創る　199

凡例

1 注は章ごとの通し番号とし、巻末にまとめた。

2 本文中の記号が表すおもな意味は以下のとおりである。

『』 書名、雑誌名　「」 引用文、雑誌論文等の題名
《》 オペラおよび音楽作品の題名　〈〉 オペラおよび音楽作品のなかの曲名
［］ 引用文への補足・修正

3 ロシア語の仮名表記は、できるだけ原音を尊重する原則に立ちつつ、日本において慣例となっている表記を採用する。たとえば Шереметев（Sheremetev）は「シェレメーチェフ」「シェレメテフ」「シェレメーテフ」などの表記があるが、日本で最も広く使われている「シェレメーチェフ」を使用する。

4 日付の表記については、以下を原則とする。
・基本的に、一八世紀ロシアで用いられていた旧暦（ユリウス暦）を使用する。
・西欧における出来事（オペラ上演など）は、新暦（グレゴリオ暦）で表記する。
・ニコライとイヴァールの往復書簡の日付は、原文通りに表記する。ニコライの書簡の日付は旧暦で、イヴァールの書簡の日付は新暦で書かれている。
・そのほかに、必要があれば旧暦と新暦を併記する。
・旧暦の日付に対し、一七〇〇年二月一九日から一八〇〇年二月一七日までは一一日を、一八〇〇年二月一八日から一九〇〇年二月二八日までは一二日を加えることで、新暦に換算できる。

5 図版については、インターネット上で公開されているパブリック・ドメイン以外のものは、適宜出典を明記した。

用語法

1 シェレメーチェフ家の劇場では、外国オペラはすべてロシア語に翻訳して上演していた。こうした翻訳作品は「ロシア・オペラ」と呼ぶこともできる。しかし、この劇場では最初から台本がロシア語で書かれたオペラも上演しており、双方を「ロシア・オペラ」と呼ぶことで混乱が生じる恐れがある。そこで本書では、実際にはロシア語で上演された作品でも、原語にしたがって「フランス・オペラ」「イタリア・オペラ」と呼ぶことにする。

2 本書で「正歌劇」および「喜歌劇」という語を用いる際には、下記のオペラを示すこととする。

・正歌劇

フランス・オペラでは、パリ・オペラ座で上演されたトラジェディ・リリック tragédie lyrique 等のオペラを示す。作品規模が大きく、地の台詞が入らず、全編が歌唱され、合唱とバレエが多用されるという共通の特徴をもつ。

イタリアのオペラ・セリア opera seria も正歌劇に分類する。

ロシア語のオペラでも、上記の形態で書かれたオペラは正歌劇に分類する。

・喜歌劇

フランス・オペラでは、パリのコメディ・イタリエンヌで上演されたオペラ・コミック opéra comique 等のオペラを示す。正歌劇に比べて作品規模が小さく、地の台詞と歌唱の交替によって構成されるという共通の特徴をもつ。

イタリアのオペラ・ブッファ opera buffa やインテルメッゾ intermezzo 等も喜歌劇に分類する。

ロシアのコミーチェスカヤ・オペラ комическая опера も喜歌劇に分類する。

シェレメーチェフ家の農奴劇場――一八世紀ロシアのオペラ文化史

第1章——一八世紀ロシアの劇場文化

図 1-1　ピョートル大帝

1　西欧化するロシア

一八世紀にロシアは、大変革の時代を迎えた。世紀の初めには、ヨーロッパのはるか北方にある後進国の一つでしかなかったのにもかかわらず、世紀末には、ヨーロッパの主要国がその存在を決して無視することのできない大国へと成長した。農奴劇場というロシア特有の劇場文化が生まれたのは、そのさなかだった。ここではまず、その背景についてみていこう。

ピョートル大帝の西欧体験

一八世紀のロシアの発展に先鞭をつけたのが、ピョートル大帝（在位一六八二～一七二五）（図1-1）である。ピョートルは、一六九七年に西欧へ約三〇〇人からなる「大使節団」を派遣した。派遣の目的は、西欧諸国とのあいだに対トルコ同盟を結ぶのを探ることだったが、実際は「ピョートル大帝の修学旅行[1]」となった。ピョートルみずからも「お忍びで」使節団に加わり、およそ一年半にわたって西欧各地で見聞を広めたのである。これは、やがてロシアでもさかんになる、貴族の子弟のグランド・ツアーの先駆けとみなすこともできる（第2章参照）。四か月滞在したアムステルダムでは、身分を隠したまま造船所で働き、最新の造船技術を修得したという。

西欧体験は、若きピョートルに大きな衝撃を与えた。ロシアに帰国するとすぐに、ロシアの「西欧化」を開始した。貴族の伝統的なあごひげを切らせ、西欧風の服を着用させた。一七〇〇年にスウェーデンと北方戦争を始めると、西欧にならって強力な軍隊を整備していった。さらに、最前線に近いネヴァ川の河口に要塞を築き、そこにモスクワに代わる新都をつくることを計画した。サンクト・ペテルブルグ（ピョートルの守護聖人「聖ペテロの町」という意味。本書では、以下「ペテルブルグ」という通称を使用する）の誕生である。ピョートルの「鶴の一声」で始まった新都市の建設には無数の農民が駆り出され、アムステルダムをモデルに、西欧風の街並みが整備された。一七一二年にはモスクワから宮廷が、翌年には元老院が移転され、ペテルブルグはロシアの首都となった。同時に、貴族や職人、商人たちがペテルブルグへ強制移住させられた。ペテルブルグは、ピョートルの推し進めた「西欧化」と、ロシアの歴史でしばしば指摘される「上からの改革」（絶対権力によって進められる急激な改革）の象徴となった。

一七二一年、スウェーデンとの長年にわたる戦争がようやく終わった。ロシアの勝利である。ニスタットで結ばれた和平条約で、ロシアはバルト三国などをスウェーデンから奪った。この勝利により、ピョートルは元老院から西欧風の「イムペラートル（皇帝）」の称号を授けられた。戦争後もピョートルは改革の手を止めなかった。戦争にそなえて常備軍を整備したほか、税制改革に着手し、行政機関を整理した。さらに、貴族たちには教育を義務づけるとともに、「官等表」を設定して一〜一四の官等（ランク）によって、有能であれば平民でも貴族にランクアップできる仕組みをつくった。こうしてロシアは、ピョートル大帝のもとで、急速に近代化の道を歩んだのである。

女帝たちの文化政策

一七二五年にピョートル大帝が亡くなると、妻エカテリーナ一世（在位一七二五〜二七）が即位した。ここからロシアは「女帝の時代」に突入する。エカテリーナ一世を皮切りに、アンナ、エリザヴェータ、そしてエカテリーナ二世まで、実に四名もの女性がほぼ立て続けに皇帝の座についたのである。エカテリーナ一世は即位後わずか二年で病死してしまい、続いて即位したピョートル二世（ピョートル大帝の孫）も一七三〇年に急死した。

後継者となったのが、アンナ（在位一七三〇〜四〇）（図1-2）であった。彼女はピョートル大帝の異母兄イワン五世の娘で、一七一〇年ドイツの小公国クールラントに嫁いだが、まもなく夫を亡くし、同国で孤独な生活を

図1-2　アンナ女帝

送っていた。ピョートル二世が急死すると、最高枢密院の貴族たちがアンナを後継者に推挙し、はからずも皇帝に即位することになった。しかし、アンナの治世に実権を握ったのは、クールラントから随行したドイツ人のビロンだった。寵臣になったビロンはドイツ人を重用し、彼に不満を抱くロシア貴族たちを排除していった。

アンナは政治に熱心にかかわることはなかったが、芸術文化の促進に力を入れたという点で重要である。特に音楽に関しては、楽譜印刷所の開設、宮廷楽団への著名なイタリア人音楽家の招聘、ペテルブルグの「冬の宮殿」へのオペラ劇場の設置、宮廷歌手のための学校の開設など、数々の重要な事業を成し遂げた。この点で、アンナはロシアの音楽文化の発展の礎を築いたとみなすことができる。

なお、ピョートル大帝も宮廷の音楽生活の西欧化を図ったが、ピョートルが好んだのはドイツの音楽文化だった。ドイツびいきであったピョートルは、ドイツ人音楽家を宮廷楽師として雇い、西欧の音楽に親しんだといわれている。一方で、アンナが好んだのはイタリアの音楽であった。イタリア人音楽家を好んで雇い、宮廷でイタリア語のオペラ上演を始めたのである。そしてアンナの治世以降、ロシア宮廷におけるイタリア音楽趣味は、脈々と受け継がれていくことになる。アンナがイタリアびいきだった理由は定かではないが、長年にわたるクールラントでの生活のなかで、西欧の音楽文化に慣れ親しんだことも無関係ではないだろう。アンナが生きた時代、西欧の音楽文化の中心はイタリアであり、音楽界はイタリア人音楽家が支配していたのである。

エリザヴェータ

アンナの死後、イワン六世（在位一七四〇～四一）の短い治世を経て、ピョートル大帝の実の娘であるエリザヴェータ（在位一七四一～六二）（図1–3）が即位した。エリザヴェータは、ピョートルの政治理念を掲げ、ピョートル時代の国家機関を復活させたり、ピョートルの外交政策を受け継ぐなどして統治にあたった。しかし、エリザヴェータにも寵臣がおり、実際にはシュヴァーロフ兄弟らが政治の実権を握っていたとも考えられている。エリザヴェータ時代に、ロシアは農奴制の強化のもとに安定した経済発展を遂げ、国際戦争に参加することで世界的にも存在感を示していった。

エリザヴェータも、アンナと同様に文化事業に力を入れた。美術や建築、ファッションの分野で積極的に西欧化を図った。彼女が手本にしたのはフランスであり、宮廷ではフランス語が話されるようになった。さらに、一七五五年には科学者ロモノーソフを支援してモスクワ大学を創設したほか、一七五七年には芸術アカデミーを創設するなどして、ロシアの学術振興にも努めた。

ピョートル大帝は、当初エリザヴェータをルイ一五世に嫁がせるつもりだったので、幼少期から彼女にしかる

図 1-3　エリザヴェータ女帝

べき教育をほどこした。エリザヴェータは、フランス語、ドイツ語、イタリア語といった語学に加え、音楽教育も受けた。彼女は、西欧の音楽のほか、ロシア民謡や正教会の聖歌も愛好するなど、根っからの音楽好きだったようだ。こうした背景もあって音楽事業にも力を注いだ。即位してまもない一七四一年一二月二日に「毎週二回、すなわち日曜日と木曜日に、音楽つきの謁見を行うこと」を命じた。[2]一七四九年の勅令では、「月曜日の午後には、ヒュブネル[3]の生徒による舞踏音楽、水曜日はイタリア音楽、火曜日と金曜日はオペラ劇場で音楽の伴奏つきのフランス喜劇」を演じることを命じた。[4]

こうした頻繁な催しのために、エリザヴェータは劇場の整備にも力を入れた。アンナ時代までオペラはペテルブルグの宮廷内にある劇場で上演されていたが、エリザヴェータはオペラの専用劇場を宮廷の外にも建設した。また、アンナ時代に引き続き、イタリア人の宮廷楽長をはじめ、台本作家や歌手、舞台装置家らからなるイタリア人のオペラ一座を雇った。宮廷合唱団も増員され（一七六二年には七二名に達した[5]）、その豊かな歌声が教会の典礼や、宮廷での音楽演奏およびオペラ上演を彩っていった。こうして、エリザヴェータ時代に、宮廷を中心としてロシアの音楽・劇場文化は大きく発展したのである。

エカテリーナ二世

エリザヴェータの死後、帝位を継いだのは、彼女の甥にあたるピョートル三世（在位一七六二年）だった。ドイツで生まれ育った彼はプロイセンのフリードリヒ二世の崇拝者であり、即位してすぐにロシアと戦争状態にあったプロイセンと無条件で和平を結んだ。さらに、軍隊にもプロイセン式の規律を取り入れたり、正教会をプロテスタント風に改めようとしたりと、偏った政策を打ち出した。その結果、不満を募らせた貴族たちが妃のエカテリーナを担ぎ出し、クーデターを実行した。こうしてその治世は、わずか半年間で終わりを迎えた。

新皇帝となったエカテリーナ二世（在位一七六二〜九六）（図1-4）は、プロイセンの将軍の娘としてドイツで生まれ育った生粋のドイツ人だった。エリザヴェータに一七四四年にロシアに招かれ、ピョートル三世と結婚した。人形遊びが趣味という精神的に幼い夫との関係は冷え切っていたが、彼女はみずからロシアの慣習を学び、ロシア語を修得する努力を重ねて、ロシアでの生活に溶け込んでいった。また、夫との満たされない時間を読書にあて、ヴォルテールやモンテスキューらの著作から啓蒙思想を学んだ。

ロシア史において、エカテリーナ二世は、ピョートル大帝以来の傑出したロシア皇帝とみなされている。内政では、啓蒙専制君主として辣腕をふるった。一七六七年には、新法典編纂のための委員会を立ち上げ、五七〇名以上からなるさまざまな階層の国民を集めて、法について議論する場とした。結局、貴族や商人の利権の対立などがネックとなってこの試みは失敗に終わったが、啓蒙君主としてのエカテリーナ二世の姿を世に知らしめるきっかけとなった。さらに、農奴制を強化しつつ、ロシア各地の農工業を促進して、ロシアに飛躍的な経済成長をもたらした。一七七五年には地方改革に着手し、全国を五〇の県に分割して皇帝が任命する知事を置くことで、地方行政を強化した。

図 1-4　エカテリーナ２世

エカテリーナ二世は対外政策にも力を入れ、その治世にロシアは「ヨーロッパの大国」の一つとなった。二度にわたるオスマン帝国との戦争（第一次露土戦争一七六八～七四年、第二次露土戦争一七八七～九一年）で黒海北岸とクリミアを併合した。さらに、プロイセンとオーストリアと組み、一七七二年から九五年にかけて三度にわたる「ポーランド分割」を断行した。この分割により、ポーランドという国家そのものが消滅し、ロシアはベラルーシとウクライナの一部、リトアニアなどを獲得した。こうしてエカテリーナ二世の時代に、ロシアは西側に領土を大きく広げることに成功した。ポーランド分割は、ヨーロッパ諸国に「北にロシアあり」と大国としての存在感を示す出来事となった。

「農奴の地獄、貴族の天国」

一八世紀ロシアのめざましい発展を支えたのが、農奴制である。農奴制とは、領主に隷属した農民（農奴）が、領主から与えられた土地を耕作し、領主に対して賦役・貢租の義務を負う仕組みである。西欧の中世の封建社会で発達したが、近代にかけて消滅していった。一方でロシアでは、農奴制は一七世紀に立法化され、一八世紀を通じて強化されることで、国家成長の基盤となった。

農奴とはどのような人々だったのだろうか。ロシアは農業国であり、一八世紀を通じて国民のおよそ九割が農民だったとされている。そのうちおよそ半分が、特定の領主に仕える農奴（領主農民）だった（ほかに国有地農民、修道院農民などがいた）。農奴は、領主の土地に縛りつけられ、自由に移動することができず、領主の許可なしに結婚することもできなかった。領主裁判権に服し、軽犯罪については領主が裁くきまりだったので、ささいなことで罰金刑や鞭打ちの刑を受けた。一八世紀の皇帝たちはいずれも、農奴制の強化をはかると同時に、領主たる貴族を優遇したので、世紀後半に至って農奴はいっそう悲惨な扱いを受けるようになった。時に貴族や裕福な商人らのあいだで、農奴は物のように売買された。新聞には、金に困った貴族が能力のある農奴を売り出す広告が並び、市場では農奴が直接取引されることもあった。三〇〇〇ルーブルの猟犬ボルゾイ犬を買うために、農奴を一人あたり二五ルーブルで売りに出す貴族もいたという。[6]

なお、農奴のうち、およそ一割は「召使い（ホロープ）」だったとされる。彼らは、農作業に従事する代わりに、領主の館に住み込み、給仕、料理人、馬丁、御者、園丁などを務めた。こうした仕事には読み書きの能力が求められたので、領主によって教育がほどこされるケースもあった。農奴劇場の俳優や歌手になったのは、ほとんどがこうした召使いだったと考えられている。

農奴が苦しい生活を強いられる一方で、貴族は優遇され続けた。謀略が渦巻きクーデターの頻発する宮廷で、歴代の皇帝たちは常に貴族たちの顔色をうかがい、彼らの利権を確保する必要があった。貴族の優遇政策として顕著なものが、ピョートル三世による「貴族の自由の詔書」の発布（一七六二年）である。それまで貴族は一五歳からの国家勤務（ペテルブルグでの宮廷勤務）が義務づけられていたが、不満の声も大きかった。アンナは勤務を二五年に制限し、エリザヴェータも緩和措置をとった。そしてピョートル三世が、国家勤務そのものを廃止したのである。貴族たちのあいだでピョートル三世に対する評判はあまりよくなかったが、この政策だけは彼らを大いに喜ばせた。もちろん国家勤務を継続する貴族もいたが、多くが領地に移住する道を選んだ。エカテリーナ二世もこの政策を踏襲したので、その治世に貴族たちは国家勤務から解放されて、領地経営に専念することになった。しかし、実際に汗を流すのは農奴たちである。国家勤務の廃止は、貴族たちに有り余る時間をもたらすことになった。こうして「農奴の地獄、貴族の天国」の時代が到来した。農奴劇場は、まさにこの時代の産物なのである。

しかし、貴族ばかりが甘い蜜を吸う状況に、農奴たちが黙っていたわけではない。世紀後半の最初の二〇年間にモスクワ県だけで二〇〇件以上の農民蜂起が起こったとされるが、一七七三年に起こった「プガチョフの乱」はその最たるものだった。首謀者のプガチョフは、ドン・カザーク（ドン川流域のコサック、武装集団）の出身者で、亡きピョートル三世であると偽って、政府に不満をもつヤイク川流域のカザークを率いて兵を挙げた。反乱軍には、カザークだけでなく、やがて農奴や政府から迫害されていた諸民族らも加わり、南ロシア一帯が戦場となった。カザークの反乱に乗じて、農奴たちも立ち上がったのである。結局、この反乱は一七七五年に政府軍によって鎮圧されたものの、エカテリーナ二世に大きな衝撃を与えた。農奴制を疑問視する声は、貴族のなかからも上がるようになった。思想家のラジーシチェフは、『ペテルブルグからモスクワへの旅』（一七九〇年）で、彼が実際に見聞きした出来事をもとに、ロシアの農奴制と専制政治を厳しく批判し、女帝を激怒させた。こうした動きは、農奴制のもとに栄華を誇ったロシア社会のひずみを浮き彫りにした。

エカテリーナ二世の文化政策

エカテリーナ二世は、啓蒙君主としてロシアの教育や文化の促進にも努めた。貴族の子女のための貴族女学校をペテルブルグに設置したほか、地方改革の一環として各地に初等教育機関を設置した（貴族の館に仕える「召使い」の農奴もここで教育を受けることがあった）。ペテルブルグには、西欧風の壮麗な建築物が建ち並ぶようになり、冬宮の隣に「隠れ家（エルミタージュ）」が建設され、女帝が買い集めた西欧の名画が収容された。現在のエルミタージュ美術館の始まりである（図1-5）。出版業もさかんになり、新聞や雑誌の発行部数も飛躍的に伸びた。

エカテリーナ二世は、音楽や劇場にかかわる事業にも力を入れた。女帝自身は「音楽は結局のところ、私の耳にとってはしばしばただの騒音以外の何物でもない」[7]と公言し、音楽の才能がないことを認めていたが、宮廷生活では音楽や舞台芸術を重視した。彼女の治世に、ガルッピ、トラエッタ、パイジェッロといった優れたイタリア人音楽家が宮廷楽長として招聘され、宮廷劇場の整備も進められた。トラエッタのオペラ・セリア《アンティゴナ》や、パイジェッロのオペラ・ブッファ《セビリャの理髪師》といった傑作は、この時代にロシア宮廷のために書かれた作品である。また、文才のあったエカテリーナ二世は、みずからロシア語のコミーチェスカヤ・オペラ（後述）の台本を作成することもあった。

そして、この時代には、宮廷劇場だけでなく、公衆劇場、学校劇場、そして農奴劇場と、さまざまな劇場が活動するようになった。急速な西欧化が進むロシアでは、これらの劇場でオペラが重要なレパートリーとなり、オペラ文化が花開いていった。

図 1-5　エルミタージュ美術館

2　花開くオペラ文化

エカテリーナ二世の時代、観劇は貴族の最大の娯楽の一つとなった。ここで、当時の貴族の劇場生活について想像してみよう。

二大拠点——ペテルブルグとモスクワ

時は一七八〇年代、主人公はペテルブルグでの国家勤務を辞して、モスクワの古い館に戻ることになった貴族Aだとしよう。ペテルブルグからモスクワへの旅路で、Aはペテルブルグでの華やかな劇場生活に思いを馳せている。Aが劇場好きになったのは、学生時代からだ。Aが通った学校では、カリキュラムの一環として演劇があった。発表会では、同級生と一緒に、家族や知人たちの前でフランス喜劇を演じた。皆で協力して一つの舞台を作り上げていくのは何とも面白い体験だった。国家勤務についてからは、女帝の誕生日や記念日に、貴族仲間とともに宮廷劇場でオペラを鑑賞したものだ。イタリア人歌手の甘美な歌声、きらびやかなオーケストラの音色、大人数の合唱とバレエが登場する壮麗な舞台……まるで夢のようなひと時だった。フランスの一座によるオペラや、女帝が書いたロシア語のオペラを観劇したこともあった。どれも懐かしい思い出だ。

そうこうしているうちに、馬車がモスクワに到着する。西欧風のペテルブルグとは異なり、どこか古臭い街並みが広がる懐かしい風景だ。「モスクワに帰ってきたぞ……！」Aは思わずほっと安堵のため息をつき、これから始まる新しい生活に胸を躍らせた。彼はさっそく劇場通いを始める。いまモスクワで人気なのは、ペトローフスカ通りにある劇場らしい。貴族たちはみなこの劇場のボックス席を予約して、一年中通いつめているそうだ。確かに、ペテルブルグの宮廷劇場に引けをとらない、たくさんの観客を収容できる立派な劇場だ。Aは、この劇場の演目の多様性にも目を見張った。演劇だけでなく、バレエやオペラまで上演するとは大したものである。オペラのなかには外国の作品もあるが、すべてロシア語の翻訳で上演される。ペテルブルグで当たり前のようにフランス語を話し、いつもオペラを外国語のまま鑑賞していたAにとって、ロシア語で歌われるオペラには違和感があった。でも、モスクワの貴族たちは普段ロシア語を話しているから、オペラもロシア語のほうがなじみやすいのかもしれない。

ある日、Aはモスクワの貴族仲間Bから招待を受ける。「うちの劇場で新しいオペラを上演するから、ぜひ来てくれたまえ。」驚いたことに、モスクワの貴族たちはみな、自分の館の一角に小さな劇場をこしらえ、折にふれて劇上演を行っていた。しかも、舞台に上がるのは館の召使いたちである。モスクワの貴族たちは、領主のお気に入りの芝居やオペラを演じた。モスクワの貴族たちのあいだでは、こうした劇場をつくることが大流行しているらしい。はじめは半信半疑だったAも、その舞台を目の当たりにして驚きを隠せなかった。劇場は決して大きくはないが、上演の質はとても高かった。特に、きらびやかな衣装をまとった召使いたちの歌声の素晴らしいこと……。きっとBによる厳しい訓練のたまものに違いない。Bの館を後にしながら、Aは考えていた。「私も同じような劇場をつくってみたい。私の館にいる優秀な人材を訓練すれば、かつて宮廷劇場でみたようなオペラを上演するのも夢ではないかもしれない。」館に戻ると、Aはさっそく準備に取りかかるのだった。

これは完全な作り話である。しかし、当時のロシアの劇場生活をふまえると、この空想もあながち間違ってはいないかもしれない。当時のロシアでは、ペテルブルグとモスクワを中心として、きわめて豊かな劇場文化が発達していた。ここでは、両都市に存在したさまざまな劇場とそのオペラ上演についてみていこう。

帝都ペテルブルグのオペラ文化

ピョートル大帝が建設し、一八世紀にロシアの首都となったペテルブルグは「宮廷の街」だった。ペテルブルグの人口は、一七五〇年に約九万五〇〇〇人に、一八世紀末には二〇万人に達した。二〇万人のうち、陸海の軍人が四万人、役人が一万人と、人口のおよそ四分の一を占めていた。[8]軍人と官僚が住まう、宮廷を中心とした街だったのである。したがって、ペテルブルグの劇場文化の中心は、何といっても宮廷劇場だった。さらに、ペテルブルグでは一七八三年に演劇事業が国営化され、以降、すべての劇場が国の管理下に置かれることになった。その一方で、ペテルブルグでは教育施設でも劇場活動がさかんで、オペラ上演も行われた。

宮廷劇場

宮廷劇場が定期的な公演を行う「常設劇場」として機能し始めたのは、イタリアの音楽家アライヤ（一七〇九～一七七五以降）（図1-6）率いるイタリアの一座がペテルブルグにやってきた一七三五年、アンナ女帝の治世だった。その後、宮廷劇場には、フランスの一座やロシアの一座も加わっていった。劇場設備は複数あり、宮廷内に設けられた劇場に加え、エリザヴェータ時代には、宮廷の外にも専用劇場が建てられた。入場は無料だったが、来場者は、皇族のほか、官等表のうち第五、六等級までの軍官および文官とその家族に限られていた。一七五一年からは、「有名なロシア人と外国商人」とその家族も入場可能になった。[9] 一七八三年に演劇事業が国営化されると、宮廷の一座は、ペテルブルグ市内に建てられた劇場（マールイ劇場［別名ジェレヴャンヌイ劇場］およびボリショイ劇場［別名カーメンヌイ劇場］）で一般市民を対象とした有料の公演も行うようになった。一方、限られた聴衆を相手にした無料公演は、エルミタージュに建設

図1-6　フランチェスコ・アライヤ

されたエルミタージュ劇場で行われた。

宮廷劇場の組織のうち最も重要な位置を占めていたのは、イタリアの一座だった。一座は、楽長を筆頭に、台本作家や数名の歌手から構成された。楽長は、オペラを作曲し、上演を監督したほか、宮廷の音楽生活全般を取り仕切った。ガルッピ、トラエッタ、パイジェッロ、サルティ、チマローザといった有名作曲家が、高額な報酬と引き換えに招聘された。イタリアの一座の最も重要な任務は、皇帝の誕生日や聖名祝日、即位記念日、戴冠式といった、皇帝にかかわる大きな祝典でイタリア語のオペラ・セリア opera seria を上演することだった。オペラ・セリアとは、正歌劇に分類され、神話や英雄物語、歴史劇などを題材としたイタリア・オペラであり、当時、ヨーロッパ各国の宮廷でこぞって上演されたジャンルである。ロシア宮廷では、原則としてその時々の皇帝にあわせてオーダーメイドされ、その上演は政治的な意味合いをもった[10]。

一方で、喜歌劇を好んだエカテリーナ二世の治世には、オペラ・ブッファ opera buffa の上演も行われるようになった。オペラ・ブッファは、一八世紀に生まれたイタリアの喜劇的なオペラである。登場人物は庶民が中心で、日常的な話題をテーマとするのが特徴である。ロシアでは、パイジェッロが宮廷楽長となってから上演がさかんになった。ボーマルシェのフランス喜劇を下敷きにした、パイジェッロのオペラ・ブッファ《セビリャの理髪師》は、一七八二年にペテルブルグで初演され、世界的なヒット作品となった。ちなみに、モーツァルトの《フィガロの結婚》(一七八六年、ウィーン初演)は、ボーマルシェの同じ喜劇シリーズを原作としたオペラである。内容的には《セビリャの理髪師》

の後日譚にあたるが、これもオペラ・ブッファである。

話をロシアに戻そう。ロシア宮廷におけるイタリアの一座の公演は、特権的なものであり続けた。ペテルブルグの演劇事業が国営化された一七八三年に、エカテリーナ二世は次の勅令を出している。「我々の承認により、委員会［興行と音楽の管理委員会］に対して、唯一宮廷に所属している大きなオペラ［イタリアの一座］以外のすべての劇場を、代償金あるいは給与によって提供することを許可する。」[11]演劇事業の国営化により、宮廷の一座は市内に建てられた一般向け劇場で有料公演を行うようになったが、この勅令では、イタリアの一座の例外的な扱いを明示している。イタリアの一座は、どのような条件であろうとも、一般向け劇場で公演することは認められず、それまでと同じようにごく限られた聴衆を相手にし続けたのである。これは、イタリアの一座のオペラ上演が、他の一座による劇上演とは別格であったことを示している。

そのほかに、宮廷劇場にはフランスの一座も所属していた。エカテリーナ二世の治世には、複数のフランスの一座が交替で活動していたが、一七七三年から雇われた一座は、フランスのオペラ・コミック opéra comique[12]を上演するための一座だった。一座は、翌年一月に、グレトリのオペラ・コミック《ゼミールとアゾール》でデビューした。少なくとも九名の歌手が在籍し、エカテリーナ二世が亡くなる一七九六年まで上演活動を続けた。主たるレパートリーは、同時代の西欧で流行していたグレトリやモンシニ、ダレイラックのオペラ・コミックだった。一方で、トラジェディ・リリック tragédie lyrique[13]と呼ばれるフランス語の正歌劇を上演することはなかった。

宮廷劇場には、エリザヴェータの治世からロシアの一座も所属していた。はじめは演劇のための一座だったが、一七七〇年代にロシア語のコミーチェスカヤ・オペラ комическая опера が創作されるようになると、俳優が歌手の役目も演じるようになった。コミーチェスカヤ・オペラとは、もともとはフランス語のオペラ・コミックを翻案したものであり、地の台詞の交じるロシアの喜歌劇である。一七八三年には、エカテリーナ二世によって「音楽において素晴らしい能力と意欲、熱意を見せる歌手のうち、しかるべき者たちが音楽を教われるようにすること。必要な場合には、特にロシアのもの［オペラ］が増えたときには、彼らをオペラで使えるようにすること」が指示され[14]、オペラ上演にも対応できる一座へと再編された。一座のメンバーは、一七六六年には俳優一八名（男性一一名、女性七名）だったが、一七九九年には俳優三四名（男性一八名、女性一六名）を抱えるまでになった[15]。また、イタリア人の宮廷楽長や、イタリアの一座の歌手が、ロシアの一座の音楽教師や音楽監督を務めた。レパートリーのなかには、パシケーヴィチやフォミーンによるロシア語のコミーチェスカヤ・オペラのほか、パイジェッロのオペラ・ブッファや、ドゥーニやグレトリのオペラ・コミックの翻訳物も含まれていた。この一座は、ペテルブルグの一般向け劇場でも公演したので、こうした作品は幅広い聴衆が享受することになった。

皇太子パーヴェルの劇場

エカテリーナ二世が亡くなると、息子パーヴェル一世（在位一七九六〜一八〇一）（図1-7）が皇帝となった。舞台芸術を愛したパーヴェルは、短い治世のあいだに宮廷劇場でのオペラ上演に力を入れたが、皇帝に即位する前から、宮廷で私的なオペラ上演を行っていた。皇太子時代、彼はペテルブルグ郊外のパヴロフスクおよびガッチナの宮殿に居住しており、一七八〇年代に廷臣たちによる劇団を組織して、両宮殿につくられた劇場でしばしば劇上演を行った。喜劇、牧歌的なインテルメッゾ、ドラマ、悲劇のパロディー、さまざまに組み合わされた音楽作品や、グレトリやドゥゼードの最新のフランス語のオペラ・コミックなどが上演された。

これらの劇上演の音楽監督を務めたのは、ボルトニャーンスキー（一七五一～一八二五）（図1-8）であった。彼はウクライナ出身で、宮廷合唱団員を務めたあと、イタリアに留学して音楽を学んだ生え抜きの作曲家だった。(16) ボルトニャーンスキーは、パーヴェルのために三つのフランス語のオペラを作曲し、パーヴェルの宮廷で上演している。パーヴェルの劇場は公に開かれたものではなかったが、

図 1-7　パーヴェル 1 世

図 1-8　ボルトニャーンスキー

「ロシア人がつくったフランス語のオペラを、ロシア人がフランス語で上演する」という独自のオペラ文化を育んでいた点で興味深い。

学校劇場

ペテルブルグでは、教育施設（学校）でも劇場活動がさかんだった。学校では、教育の一環として生徒による劇上演がしばしば行われ、一般に公開されることもあったのである。特に、貴族女学校と陸軍幼年学校は、ユニークな劇場活動を展開したことで知られる。

貴族女学校（スモーリヌィ学校とも呼ばれた）は、おもに家庭教師を雇うことのできない比較的貧しい貴族の子女の中等教育機関として、一七六四年にエカテリーナ二世によって設立された。定員は二〇〇名で、五〜一八歳の少女が一二年間にわたり教育を受けた。外国語と芸術の教育に重点が置かれ、低年齢から「踊り、声楽および器楽」が専門の教師によって教えられた。

芸術教育の成果は、「都市の男女（宮廷人、外国の大使、有名な貴族、五等官までの武官および文官）」のために催される集会で披露され、エカテリーナ二世もたびたび臨席した。一七七三年からはオペラが上演されるようになり、一七七六年には、平土間と円形の客席、ボックス席をもつ常設劇場が建設された。公演に関する資料が断片的にしか残っていないため、この劇場のオペラ・レパートリーの全貌を明らかにすることはできないが、少なくとも一七七〇年代半ばから一七八〇年代前半までのあいだに、多くのフランスのオペラ・コミックが上演されたことが分かっている。それらはすべてフランス語で上演された。上演にあたっては、宮廷劇場のフランスの一座のメンバーも指導を行った。貴族女学校の生徒は、フランス・オペラ上演を通じて、フランス語を実践的に身につけるとともに、フランス芸術への造詣を深めたのである。

陸軍幼年学校は、一七三一年にアンナ女帝によって創設された歴史の古い学校である。宮廷勤務に就く貴族のための教育施設で、五〜二一歳までの貴族が一五年間にわたって一般教育や軍事訓練を受け、一八世紀を通じて三三〇〇名の卒業生を輩出した。貴族女学校と同じように、やはりこの学校でも、早い段階から音楽教育が重視され、ヴァイオリン、フルート、クラヴィコードといった楽器演奏のほか、声楽やバレエが教えられた。

一七四〇年代からは、学校の生徒と若い士官によって、フランスの悲劇やスマローコフの悲劇および喜劇の公演が行われるようになった。一七七〇年には、校内の庭に、二列のボックス席と階段式の平土間席をもつ専用劇場が設けられ、生徒の親戚や宮廷人のほか、しばしばエカテリーナ二世も観劇に訪れるようになった。

レパートリーは、ロシアおよびフランスの演劇、バレエであったが、一七七六年に、モンシニの《王と農夫》とドゥーニの《二人の猟師と乳しぼり娘》という二つのオペラ・コミックが相次いで上演された。いずれもフランス語上演である。この時期にオペラ・コミックが上演されるようになったのは、一七七五年に貴族女学校がフィリドールのオペラ・コミック《魔法使い》を上演したことが影響したともいわれている。

このように、学校劇場では、カリキュラムの一環として生徒たちがオペラ上演に参加し、身をもってオペラの何たるかを知った。将来ロシアの劇場文化を担うことになる貴族の子女が、若くしてこうした経験を積んだことは、ロシアの演劇・音楽史においてもきわめて意義のあることだった。

モスクワのオペラ文化

古都モスクワには、ペテルブルグとはまったく異なる文化があった。一八世紀はじめにペテルブルグに首都が移るまで、モスクワは長きにわたりロシアの政治経済の中心だった。遷都してからも、一七五五年にロシア初の大学としてモスクワ大学が設立されるなど、ロシアの学問および教育の拠点であり続けた。

一八世紀後半には、ピョートル三世の「貴族の自由の詔書」の発布（一七六二年）によって、ペテルブルグでの国家勤務を辞した貴族たちがペテルブルグからモスクワへ大挙して押し寄せた。こうしてモスクワの貴族の数は、ふたたび増大することになった。ある調査によれば、一七八八〜九五年のモスクワの貴族の数は八六〇〇人で、モスクワの人口一七万五〇〇〇人のうち、およそ五パーセントを占めていた。[17] この数字だけみるとかなり少なく感じられるが、一八世紀後半にモスクワの全家屋の四分の一以上を貴族が所有していたというデータもあることから、[18] 社会における貴族の影響力は相当大きかったと推測される。また、冬のモスクワは、地方の貴族たちのレジャースポットになった。長い冬をやり過ごすため、娯楽を求めて貴族たちがモスクワに集まったのである。そうした貴族の存在も加味すると、想像されるよりもずっと多くの貴族がモスクワに居住していたと考えられる。

そして重要なのは、モスクワの貴族の多くが劇場愛好家だったという点である。ペテルブルグからモスクワに移住した貴族は、宮廷劇場の出し物になじみがあったうえ、国家勤務から解放されたことで暇を持て余していた。彼らは劇場に通うとともに、みずからも貴族仲間とともに芝居をしたり、農奴による一座を立ち上げて公演したりした。これが農奴劇場である。また、劇場を取り巻く環境もペテルブルグとは異なっていた。先述したように、ペテルブルグでは、一七八三年に演劇事業が国営化されたことで、もっぱら宮廷劇場が劇場文化の担い手となっていった。それに対してモスクワの演劇事業の国営化は一八〇六年と遅かったため、より自由な雰囲気のなかで農奴劇場、学校劇場、公衆劇場などが活動できたのである。

農奴劇場

一八世紀のモスクワには、少なくとも三二の農奴劇場があったことが確認されている。[19] その所有者は、シェレメーチェフ、ゴリーツィン、サルトゥイコーフ、ガガーリン、トゥルベツコーイ、ヴォルコーンスキー、チェルヌイシェフ、ナルイシキン、ドルゴルーコフ、ヴォロンツォーフといった大貴族であった。[20] シェレメーチェフ家についてはのちほど詳述するとして、このうち活動実態が分かっているヴォロンツォーフとヴォルコーンスキーの劇場をみてみよう。

ヴォロンツォーフ家はシェレメーチェフ家と並ぶ名門貴族で、アレクサンドル・ヴォロンツォーフ伯爵（一七四一～一八〇五）が農奴劇場を運営した。ヴォロンツォーフは、フランス留学を経て、オーストリア、イギリス、オランダ各公使を歴任し、商務省長官、元老院議員、宰相も務めたエリートである。公使時代には、ヨーロッパ各地の劇場に通った。妹は、ロシア・アカデミー総裁を務め、エカテリーナ二世の片腕となったダーシコワ公爵夫人である。ヴォロンツォーフは、モスクワのズナメンカ通りに劇場つきの邸宅を所有していた。この劇場は、イギリス人興行師マドックスが一七七六年にモスクワで公衆劇場を立ち上げたときに貸し出された（マドックスの劇場については後述）。ヴォロンツォーフが劇場を所有していたという事実は、彼が早い時期から劇場活動を行っていたことをうかがわせるが、本格的な活動は、彼が一七九四年に政界を去って、ウラジーミル県の領地アンドレーエフスコエに住むようになってから一八〇五年に没するまでの時期に展開した。ここには、二〇〇名収容の石造りの大きな劇場が建設され、ほぼ定期的に公演が行われた。

ヴォロンツォーフ家の農奴一座は、男優四八名、女優一七名、オーケストラ団員三八名（さらに研修生一六名）、合唱団員二四名、踊り手一三名、舞台装置要員一五名、その他二一名の合計一九二名から構成されていた。[21] オーケストラ、合唱に多くの人数が確保されていることから、ヴォロンツォーフ家の一座も、シェレメーチェフ家と同じように、オペラ上演に対応できたといえる。

ヴォロンツォーフ家の劇場では、九三もの劇作品が上演され、レパートリーの内訳も、喜劇六六、オペラ二一、ドラマ二、悲劇一、バレエ二、その他一と、多岐にわたっていた。[22] レパートリーに占める演劇の割合が高く、そのなかには、モリエールの喜劇や、農奴制を風刺したロシア喜劇（フォンヴィージンの《旅団長》や《親がかり》）など、他劇場では上演されていない珍しい作品が多く含まれていた。[23]二一のオペラの原語は、ロシア語九、フランス語三、イタリア語四、英語一、不明四である。ロシア・オペラには、同時代の他劇場でもさかんに上演された、ソコローフスキーやパシケーヴィチの作曲によるコミーチェスカヤ・オペラが含まれている。フランス・オペラは、グレトリの《もの言う絵》と《二人の守銭奴》、ドゥーニの《二人の猟師と乳しぼり娘》という三つのオペラ・コミックであり、いずれもロシア語で上演された（上演年は不明）。《もの言う絵》と《二人の猟師と乳しぼり娘》は、シェレメーチェフ家の劇場のほか、マドックスの公衆劇場でも上演されていた人気作だった。

ヴォルコーンスキー公爵の劇場は、一八世紀後半から一九世紀初頭にかけて、ミハイル・ヴォルコーンスキー（一七四六～一七九六）によって運営された。ヴォルコーンスキーは、モスクワのゼムリャノーイ堡塁のそばに三〇〇名収容の劇場を所有し、そこでオペラ上演も行った。

この劇場では、ドゥゼードの《ジュリ》（一七八〇年頃に上演）、グレトリの《シルヴァン》（一七八八年）、メローの《ローレット》（一七八一年）、フィリドールの《トム・ジョーンズ》（一七八六年以前）という四作のフランスのオペラ・コミックが上演されたことが分かっている。[24]いずれもロシア語による翻訳上演だった。このうち、《シルヴァン》と《トム・ジョーンズ》は、この劇場が初めてロシア語で上演した作品だった。シェレメーチェフ家の劇場も充実したフランス・オペラのレパートリーをそなえていたが、農奴劇場のなかには、同じようにフランス・オペラのレパートリーを独自に開拓していた劇場もあったのである。農奴劇場のレパートリーの選択には、何よりもオーナーの領主の趣味が反映されたので、個々の農奴劇場のユニークな上演活動が、モスクワの劇場文化に彩りを与えることになった。

学校劇場

モスクワに存在した教育機関のなかで、一八世紀後半に注目すべき劇場活動を行ったのが、孤児養育院である。これは、一七六三年にエカテリーナ二世によって設立された施設で、モスクワの孤児や貧しい子どもたちを、みずから生計を立てられるようになるまで養育した。孤児養育院では、その設立にたずさわり、エカテリーナ二世の教育政策のブレーンを務めたベッコーイによって、非常に早い段階から、教育プログラムに音楽や舞台芸術、踊りの教育が組み込まれた。また、一七七二年からは、発音法、舞台芸術、声楽、踊り、楽器演奏を教えるための専門の芸術家が数多く雇われ、校内につくられた専用の小さな劇場で定期的に劇上演を行った。[25] プログラムには、ドラマやロシアの喜劇、フランスの作品の翻訳物、バレエが含まれており、音楽作品のコンサートが行われることもあった。

孤児養育院の公演について、一七七八年にこの施設を訪れたイギリスの歴史家ウィリアム・コックスは、下記のように回想している。

この慈善施設のなかには、舞台装置全体が捨て子の手による劇場がある。彼らは、舞台を組み立て、背景に色を塗り、衣装をつくったのである。私は、ロシア語に翻訳された《誠実な罪人》と、コミック・オペラの《村の占い師》の上演に出席した。言葉が分からなかったので、私は彼らが正確に話しているのか判断できなかったが、舞台をやすやすと歩いていることに驚き、彼らの演技の優美さに満足した。オペラのなかには、いくつかの心地よい歌声があった。オーケストラは、彼らの音楽教師である第一ヴァイオリン奏者以外は、すべて捨て子によって構成されているのにもかかわらず、まったく軽蔑に値しない楽団によって満たされていた。(26)

《誠実な罪人》はフランス語のドラマ（一七六七年、パリ初演）であり、《村の占い師》は、ルソー作曲のアンテルメード（一七五二年、フォンテーヌブロー初演）である。つまり、レパートリーにはフランス・オペラも含まれており、それらはロシア語で上演されたのである。孤児養育院でロシア語の翻訳上演が行われていた理由について、音楽学者のモーザーは「モスクワの若い俳優たちは、流ちょうに原語のテキストを話すのに十分なフランス語の能力を持ち合わせていなかった」としている。(27) 孤児養育院と同じく国立のペテルブルグの貴族女学校や陸軍幼年学校で、外国語教育が重視され、オペラの原語上演がカリキュラムの一環に組み込まれていたのとは対照的である。そして、孤児養育院における一七七八年の《村の占い師》の上演は、ロシアにおけるフランス・オペラの翻訳上演の最古の記録とされている。外国オペラの翻訳上演は、この施設で始まったのである。

残念ながら、孤児養育院におけるオペラ上演についてはほとんど記録が残っていないために、

《村の占い師》以外のレパートリーは明らかになっていない。しかし、身分を問わず孤児を養育する施設だったとはいえ、この施設でオペラのロシア語上演が容認されていたという事実は、モスクワでは、ペテルブルグとはまったく異なる階層がオペラ文化の担い手となり、独自のオペラ文化を育んでいたことを示唆している。そして、オペラの翻訳上演の慣習は、農奴劇場や次にみる公衆劇場を通じて、モスクワ全体に根づいていくのである。

公衆劇場——興行師マドックス

一八世紀後半のモスクワで最も活発な上演活動を行ったのが、イギリス人興行師マドックス（一七四七～一八二二）が運営した公衆劇場（一七七六～一八〇五年）である。マドックスの出自は不明だが、一七六〇年代からペテルブルグで曲芸師として活動し、一七七六年からモスクワの舞台に立っていたことが確認されている。[28] 劇場の始まりは、一七七六年にさかのぼる。この年に、モスクワ県の検事ウルーソフ公爵が、モスクワにおける演劇事業の独占権を政府から取りつけ、マドックスを共同経営者として劇場をオープンした。政府のお墨付きの劇場として、活動を開始したのである。当初、一座はズナメンカ通りのヴォロンツォーフ家の屋敷（前述）で公演したが、一七八〇年にこの屋敷が火事で焼失すると、ウルーソフが劇場経営から手を引き、マドックスの単独経営となった。彼はペトローフスカ通りに大きな専用劇場を建て、モスクワの幅広い階層の人々を聴衆に取り込んでいった。公演は毎週水曜と日曜に行われ（冬季には金曜も追加された）、年間七五～一〇〇回の公演数を数えた。[29]

興行のない夏季には、モスクワのタガンスカヤ広場近くのヴォクソール（さまざまな娯楽を提供する公園）でも公演が行われた。ペトローフスカ通りの劇場は「ペトローフスキー劇場」と呼ばれた（図1-9）。三階建ての一五〇〇名収容の大劇場だった。なお、モスクワのシェレメーチェフ家の劇場も、公演日は日曜で、劇場の場所もペトローフスキー劇場からわずか三〇〇メートルしか離れていなかった。つまり、両者は決して互いの存在を無視できない関係にあった。

マドックスの劇場の客層はさまざまだった。八〇あるボックス席は年間契約され、その所有者は裕福な貴族が中心だった。平土間の前方五〜六列も演劇好きの貴族たちの席で、後方の一〇列は、地方からやってきた人、小役人、学生、裕福な商人、若い士官などの席だった。[30] 天井桟敷は、最もつましい人々のための席であり、五〇コペイカ席と、二五コペイカ席の二種類に分かれていた。このように多様な人々に広く開かれた劇場だったとはいえ、マドックスが重視したのは貴族だった。貴族は劇場経営を左右する上客だったので、マドックスはさまざまな優遇策を講じた。

図 1-9　ペトローフスキー劇場の外観

貴族が年間契約するボックス席の内装や調度品は、所有者が自由にしつらえることができた。ニコライ・シェレメーチェフもボックス席のオーナーであり、しばしば農奴俳優たちをそこに座らせ、マドックスの舞台を見学させた。また、マドックスは、貴族たちを劇場に引きつけるために、一七八五年に「レドゥート」（フランス語で「祭り」や「舞踏会」を意味するredouteに由来する語）と呼ばれる劇場クラブを組織した。これは貴族を中心とした会員制のクラブで、公演のない火曜と木曜に、専用の舞踏会場で仮面舞踏会やオペラ、喜劇を楽しめるというものだった。レドゥートの会員は、一七八〇年代終わりまでに六〇〇名に達した。また、マドックスは、劇場好きの貴族を公演前の総稽古に招き、仕上がりについて意見を聞くこともあった。

マドックスの劇場運営とレパートリー

マドックスの一座の母体となったのは、モスクワで活動していたチトーフの劇団（活動期間一七六五頃〜六九年）の俳優や、モスクワ大学の劇団（一七五六年設立）の俳優だった。マドックスは、さらにモスクワの孤児養育院の劇団のメンバーや、他の農奴劇場の俳優を受け入れることで一座を拡大していった。メンバーの入れ替わりが激しかったため、一座の俳優の正確な数を把握することはできないが、一八〇三年には男優一七名、女優八名の二五名が所属していたことが分かっている。[31] そのほかのメンバーの詳細は分かっていないが、オーケストラの楽団員や踊り手も一定数在籍していたと考えられる。

劇場運営はマドックスを中心に行われたものの、彼はまわりの人々の声に耳を傾けることを忘れなかった。当時、作家・翻訳家としてマドックスの劇場で仕事をしていたセルゲイ・グリンカは、次のように述べている。

作家と翻訳家がマドックスのところに自分の作品をもってくると、彼は俳優たちを招いて、作品を受け入れるかどうか相談した。提案された作品を読み、多数決によって作品の受け入れが認められたら、それぞれに自分の役を選ぶことを任せて、経営者は去った。[32]

演目もキャスティングも、マドックスと俳優の話し合いで決められていたのである。また、新作上演の準備期間についても、マドックスは俳優たちの意見をもとに決めていた。彼が俳優たちに大きな信頼を寄せていたことがうかがえる。また、上演の総稽古には、作家や翻訳者のほか、常連の劇場愛好家も招かれた。こうして、経営者、作家、出演者、聴衆らが一致団結して舞台がつくられていったのである。

なお、マドックスの劇場では、一七八〇年にモスクワ知事ドルゴルーコフ゠クルィムスキー公爵の指示のもとに、上演作品の審査（検閲）が行われるようになった。[33] これは、マドックスの劇場に対するエカテリーナ二世の警戒心から導入されたものだと考えられるが、実際には、この時期に戯曲の審査に関する法令は公式には一度も発令されていないことから、検閲はあくまでも慣例的に行われていたようだ[34]。ただし、検閲が厳格なものではなかったとしても、マドックスがある程度お上の顔色をうかがいながら、レパートリーを選ばなければならなかったのは事実だろう。

マドックスの劇場では、一回の公演で大小二つの作品を抱き合わせにするのが慣例だった。たとえば、オペラと小さな喜劇、大きな喜劇と小さなオペラ、オペラとバレエといった組み合わせである。結果として、二九年間の活動期に四九四作もの劇作品が上演された。その内訳は、演劇二一四（約四三パーセント）、オペラ一四四（約二九パーセント）、バレエ一三六（約二八パーセント）で、演劇が最も多かった（表1-1）[35]。演劇のジャンルの内訳は、喜劇一四五、ドラマ三七、悲劇二八、小市民悲劇四と多様だった。演劇の原語も、ロシア語、フランス語、ドイツ語などさまざまだったが、外国語の演劇はすべてロシア語で上演された。

レパートリー全体に占めるオペラの割合は三割弱だが、演劇やバレエが初演後数年しか再演されなかったのに対し、オペラは長年にわたって再演されるケースが多かったため、上演回数としては演劇に引けをとらなかった。オペラもすべてロシア語で上演されたが、その原語は、ロシア語、フランス語、イタリア語、ドイツ語と幅広く、ロシア・オペラが約三一パーセント、外国オペラが約四二パーセントと、外国作品のほうが多かった。しかし、長年レパートリーにとどまったのは、ロシア・オペラだった。最も大きな成功を収めたのは、ソコローフスキーやパシケーヴィチといった作曲家のコミーチェスカヤ・オペラであり、その多くは、劇場活動初期の一七七〇年代から一七八〇年代前半に初演され、一八〇〇年頃まで繰り返し上演された。ロシア・オペラは、早い段階で劇場のオペラ・レパートリーの核となったのである。

一方で一七八〇年代からは、外国オペラの上演も増えていった。特に多く上演されたのはフランス・オペラで、なかでもドゥーニやグレトリ、モンシニらのオペラ・コミックは、長年レパートリーにとどまった。一七八〇年代は、シェレメーチェフ家の劇場の活動が本格化し、フランス・オペラ上演がいっそう活発化した時期にあたる。実際に、マドックスの劇場とシェレメーチェフ家の劇場は、一二作の共通のフランス・オペラのレパートリーをもっていた。両劇場の公演日や立地の類似性をふまえると、両者がライバル関係にあり、その影響がオペラ上演に及んだことも十分に考えられるだろう。

そして、マドックスの劇場もまた、孤児養育院と同じようにオペラの翻訳上演を行ったという点も重要である。その背景について、研究者のチャヤーノワは「生活全体がややつましかったモスクワには、フランス語を話す人が目に見えて少なく、一七八〇～九〇年代には、従来通り母国語が堅持されていた[36]」として、外国語に対する聴衆の理解不足があったことを指摘している。つまり、フランスなどの外国文化の影響が目に見えて色濃かったペテルブルグとは異なり、モスクワの人々は、一部の知識人を除いて外国語があまり理解できなかったのである。ましてや、さまざまな階層の人々が

表 1-1　マドックスの公衆劇場のレパートリー

	原語	作品数
演劇	露	77
	仏	55
	独	36
	英	3
	伊	1
	不明	42
小計		214
オペラ	露	45
	仏	37
	伊	17
	独	6
	不明	39
小計		144
バレエ		136
合計		494

集まる公衆劇場では、集客のために翻訳による上演が必定だったはずである。

マドックスの劇場は、その大規模な上演活動によって、モスクワの幅広い人々にロシア内外のオペラにふれる機会を与えた。また、オペラの翻訳上演を慣習化することで、モスクワ特有のオペラ文化をかたちづくっていった。

西欧化と「ロシア化」

以上のように、一八世紀後半のロシアでは、急速な西欧化の波のなかで、きわめて多様なオペラ文化が発達した。図1-10は、当時オペラ上演を行っていた劇場の一覧である。ペテルブルグでは、宮廷劇場のイタリア・オペラ上演を頂点として、宮廷劇場、パーヴェルの私設劇場、学校劇場でさまざまなオペラ上演が行われた。オペラの聴衆はおもに王侯貴族であり、舞台に立ったのは外国人や貴族たちだった。オペラは基本的に「外国文化」であり、原語上演が原則だった。一方、モスクワでは、より自由な雰囲気のなかで、農奴劇場、学校劇場、公衆劇場などがオペラ上演を行った。貴族だけでなく幅広い階層の人々が聴衆となり、演じ手も、農奴や子どもたち、職業俳優と多様だった。外国オペラをロシア語で上演するという独自の慣習も生まれた。この点でモスクワでは、オペラを「ロシア化」して受け入れる素地が早い段階で形成されたといえるかもしれない。シェレメーチェフ家の劇場は、こうした背景のもと、モスクワを中心にユニークな劇場活動を展開したのである。

図 1-10　18 世紀後半のロシアでオペラ上演を行っていた劇場

第2章

パリ・オペラ座の衝撃

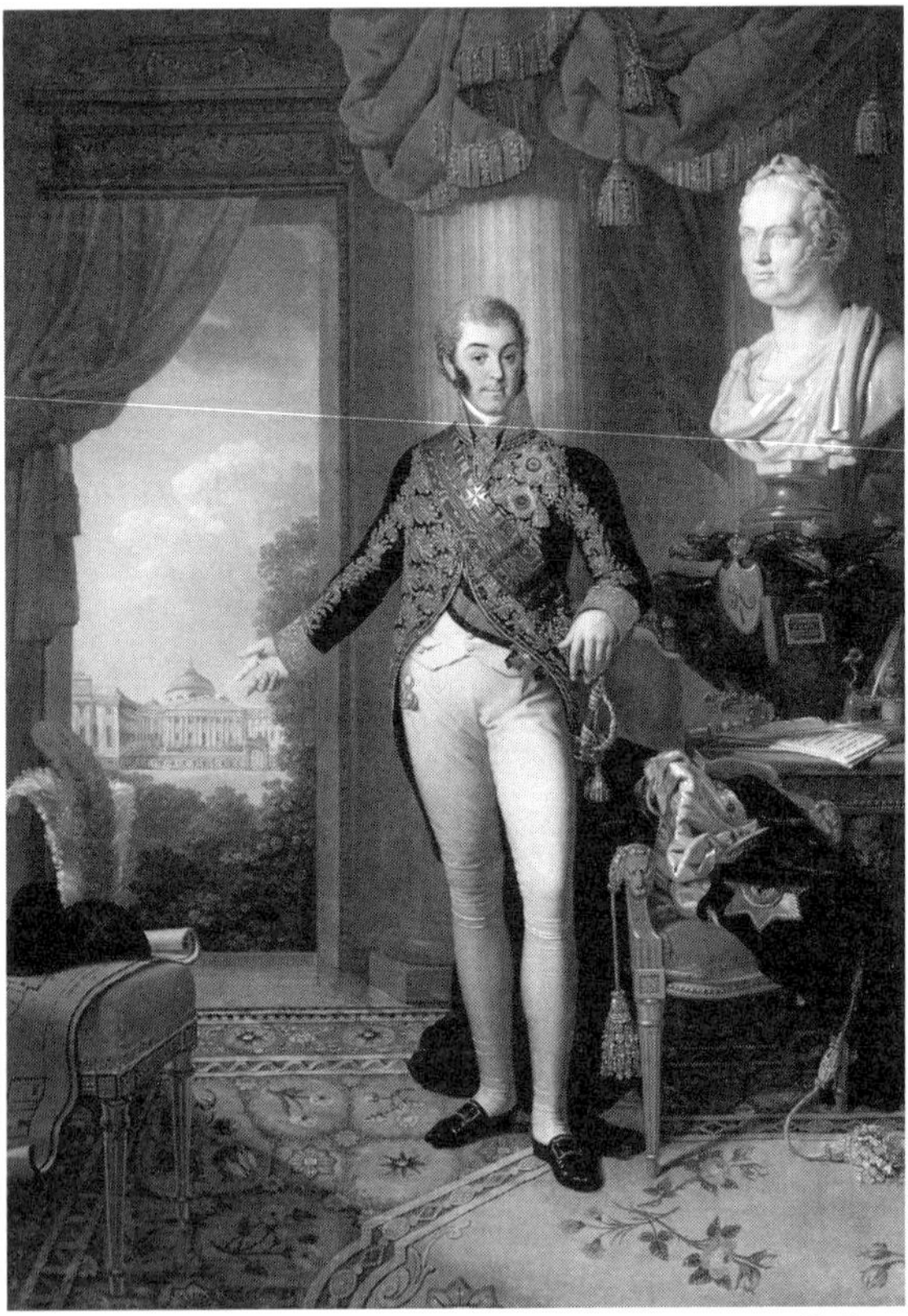

図 2-1　ニコライ・ペトロヴィチ・シェレメーチェフ伯爵（ボロヴィコーフスキー作、1818～19 年。ニコライが右手で指しているのは、彼がモスクワに建設した救貧院）

1　ニコライ・シェレメーチェフ

まず、本書の主人公となる農奴劇場の運営主ニコライ・ペトロヴィチ・シェレメーチェフ伯爵（一七五一～一八〇九）（図2-1）についてみていこう。

シェレメーチェフという名を知らない人でも、モスクワ郊外の「シェレメーチェヴォ国際空港」の名を聞いたことがある人はいるのではないだろうか。現在、この空港は、ロシア最大の空の玄関口であり、かつては日本の主要な航空会社も乗り入れていたため、ロシアを訪れたことのある人ならば、この空港を利用した経験があるかもしれない（巻末の「関連地図」を参照）。この空港の名は、空港の近隣にあった「シェレメーチェフ村」に由来するが、この村の名前は、ニコライの孫にあたるセルゲイ・ドミトリエヴィチ・シェレメーチェフ伯爵（一八四四～一九一八）を記念してつけられたものだった。ソ連時代にシェレメーチェフ家の一族は祖国を追われ、現在、ロシアに子孫は残っていないとされている。しかし、「シェレメーチェフ」の名はこうして現代のロシアにも息づいており、ロシアの人々にとってなじみ深い存在なのである。

シェレメーチェフ家の起源は一五世紀にさかのぼるが、一族が名を馳せたのは、ニコライ・シェレメーチェフの祖父にあたるボリス・ペトロヴィチ・シェレメーチェフ伯爵（一六五二〜一七一九）の代である。優れた軍人・外交官であったボリスは、ピョートル大帝の寵愛を受け、ポルタヴァの戦い（一七〇九年の対スウェーデン戦争）で、ロシアを勝利に導く活躍をみせた。シェレメーチェフ家が「伯爵」の称号を授与されたのも、この時代である。

こうして、ボリスの代でシェレメーチェフ家の名声は一気に高まったが、それに拍車をかけたのが、息子のピョートル・ボリソヴィチ・シェレメーチェフ伯爵（一七一三〜一七八八）（図2-2）であった。ピョートルは、父から六万人以上の農奴を相続したうえ、大貴族アレクセイ・チェルカースキー公爵の一人娘ヴァルヴァーラと結婚したことで、さらに莫大な財産を手にすることになった。チェルカースキー家もまた、古い歴史をもつ名門貴族であり、その財力は、当時のロシアで一、二を争うほどだったといわれる。チェルカースキー公爵は、多額の持参金とともに、ヴァルヴァーラをピョートルに嫁がせたのだった。

図2-2　ピョートル・ボリソヴィチ・シェレメーチェフ伯爵

このピョートルとヴァルヴァーラのあいだに生まれた息子こそが、ニコライ・シェレメーチェフだった。ニコライがシェレメーチェフ家の当主を務めた一八世紀後半に、一族は、ロシア一七県に約八四万ヘクタールの土地と、約二一万人の農奴を保有していたとされる。単純計算すれば、東京都のおよそ四倍の面積、台東区の人口（二〇二四年三月現在）とほぼ同じ数字になる。ニコライはこの豊かな財産をもとに、農奴劇場の運営にのぞんだのである。

型破りの跡取り息子

ここに、ニコライの人となりを示す、同時代人の言葉がある。

大斎前週《マースレニツァ》の全期間を私たちは稽古（［ダレイラックの］オペラ《ニーナ》の練習）に費やしました。毎日、稽古は二回ありました。シェレメーチェフ自身がオーケストラで指揮しました。ショーの壮麗さのために、何も出し惜しみしませんでした。劇場は一五〇名まで収容しました。私たちは、大斎前週の最後の日にオペラを上演し、伯爵自身は、低音楽器で私たちを伴奏しました。これは、彼が全人生において最も熱中していたことでした。彼は父の側で、彼らの召使いが毎週オペラを上演する際に、招待客を放り出して、自分のコントラバスをもってオーケストラに座っていました。そして、劇場が終わると、親の家の訪問客の誰にもあいさつせずに、すぐに自分の部屋に戻ってしまうのです。(1)

ニコライの知人のイワン・ドルゴルーコフによる回想である。この文章が書かれた時期は不明だが、文面から、ドルゴルーコフがシェレメーチェフ家で行われたオペラ上演に参加したときのことを書いたものだと思われる。ニコライがオペラ上演の準備に力を注ぎ、本番では、農奴に交じって演奏に参加していたことが読み取れる。なお、ドルゴルーコフは、ニコライがコントラバスを演奏していたと書いているが、ニコライが日ごろ演奏していたのはチェロであったため、これは彼の勘違いかもしれない。

また、ニコライが招待客に目もくれず演奏に没頭し、まったく接客しなかったとも書かれている。農奴劇場の観客はすべて招待客だったため、本来ならば主催者が客をもてなすのが常だった。劇場は、貴族たちにとって重要な社交の場でもあったのである。つまり、ニコライのこうしたふるまいはきわめて異例であり、彼の社交性のなさや、立身出世に対する無欲さを象徴しているといえる。その一方で、このエピソードからは、彼がただ純粋にオペラと音楽を愛し、それにひたむきに打ち込んでいた様子がよく伝わってくる。

ニコライの人生を語るときに欠かせないのが、プラスコーヴィヤ・ジェムチュゴーワ（一七六八～一八〇三）（図2-3）の存在である。ジェムチュゴーワは、シェレメーチェフ家の劇場で花形として活躍した農奴女優・歌手であった。後述するように、ジェムチュゴーワの演技と歌声は、エカテリーナ二世をはじめとする賓客に絶賛され、その名声はロシア全土に知れ渡ったといわれる。シェレメーチェフ家の農奴として生まれた彼女は、幼いころにニコライに才能を見出され、専門教育を受けて女優・

歌手となった。ニコライにとってジェムチュゴーワは一座の自慢の逸材であったが、それだけではなかった。ニコライは彼女を一人の女性として愛したのである。

ニコライとジェムチュゴーワは、いつしか互いにひかれあい、恋人関係になった。そして、劇場を閉鎖してまもない一八〇一年、ニコライは、ジェムチュゴーワと正式に結婚した。大貴族と農奴という、ロシア史上まれにみる「格差婚」であり、大きなスキャンダルとなった。このときニコライは、周囲の猛反対を受けながらも結婚に踏み切っている。のちにニコライは、ジェムチュゴーワとのあいだに設けた一人息子のドミトリー・ニコラエヴィチ・シェレメーチェフ伯爵（一八〇三～一八七一）に宛てた遺書のなかで、彼女のことを次のように書いている。

彼女［ジェムチュゴーワ］の資質にひかれ、私は、貴族の称号や出自についての社会の偏見を無視して、彼女を妻としました。［……］彼女の精神的な善良さは、何よりも、神に対する愛と、かたくなな誠実さ、夫に対する忠心、困難の救済のかたちであらわれました。彼女は、自分の純真さを隠さなかったし、いつもその手を貧しい人々へ差し伸べました。何度となく多くの財産で満たされたそ

図2-3　プラスコーヴィヤ・ジェムチュゴーワ

の財布は、いつも空っぽでした。彼女はそのすべてを人々に配り、人々の救済のために使ったのです。(2)

多少の誇張もあるかもしれないが、ニコライの言葉には、ジェムチュゴーワに対する深い敬愛の念がにじみ出ている。同時に、彼にとってジェムチュゴーワは、身分や肩書を越えた、純粋に愛すべき女性だったことがうかがえる。

芸術をこよなく愛し、農奴劇場の運営に人生を捧げ、農奴女優を妻とした稀有なロシア貴族、それがニコライ・シェレメーチェフだった。

皇太子パーヴェルの遊び相手

ニコライは、一七五一年六月二八日に、ペテルブルグのフォンタンカ運河沿いの大きな屋敷（通称「噴水の家」。現在、その一部が楽器博物館として公開されている）（図2-4）で生を受けた。ピョートル・シェレメーチェフにとって、ボリス・シェレメーチェフ（一七四五〜一七五八）に次ぐ二人目の息子だった。生まれながらに病弱だったニコライは、両親に大切に育てられた。しかし、一七五八年に兄ボリスが一三歳の若さで病死すると、急遽、七歳のニコライが一家の跡取りになることに決まった。ピョートルは、みずからニコライに厳格な教育をほどこすようになった。ニコライは、短気で怒りっぽい父に対して、このころから恐怖心を抱いていたという。ニコライには、幅広い教育プログラムが用意され、専属の家庭教師が語学（ロシア語、フランス語、ドイツ語）、数学、歴史、地理といった一般教養に加え、美術や音楽を教えた。一七五九年には、わずか八歳にして国家勤務に就き、プレオブラジェンスキー近衛連隊の軍曹となっている。

そして、一七六二年頃には、エカテリーナ二世が、息子のパーヴェルの遊び相手の一人として、三歳年上のニコライを指名した。パーヴェルは、エカテリーナ二世の亡き後、一七九六年にロシア皇帝となった人物であり、ニコライの親友でもあった。年の近い二人は意気投合し、他の貴族仲間とともに、ペテルブルグの宮廷で、トランプやチェス、かくれんぼなどをしてしょっちゅう遊んだらしい。そして、この二人は、芝居好きという点でも共通していた。パーヴェルは、折にふれてニコライらとともに芝居を上演し、エカテ

図 2-4　シェレメーチェフ家のペテルブルグの宮殿（筆者撮影）

リーナ二世を楽しませている。

また、前章でみたように、当時のロシア宮廷では、さまざまな劇上演が行われていた。ニコライが宮廷に出入りしていた一七六〇年代には、マンフレディーニやガルッピによるオペラ・セリアが上演されたほか、エカテリーナ二世によって、フランス人一座が雇われ、フランス喜劇の上演も行われた。史料は残っていないが、パーヴェルとニコライがこれらの上演をみた可能性も十分に考えられる。

二人の芝居好きは、後年それぞれに実を結ぶことになる。ニコライは、農奴劇場の運営に没頭し、パーヴェルは、みずからの宮廷で演劇やオペラをプロデュースした。さらに、皇帝に即位してからは、エカテリーナ二世の業績を受け継ぎ、宮廷劇場の運営に力を入れている。

一七六六年、ニコライが一五歳のときに、最愛の母ヴァルヴァーラがこの世を去った。その二年後には、姉アンナが天然痘にかかりそのあとを追った。相次ぐ家族の死に、ピョートルは大きなショックを受け、国家勤務を辞す決心をした。思い出のつまったペテルブルグの街を離れ、モスクワに移ることにしたのである。しかし、ニコライは、ペテルブルグに残り、国家勤務を続けた。ピョートルは、都に一人残したニコライの身を案じながらも、一家を背負う息子の活躍を期待し、彼をグランド・ツアー（ヨーロッパ遊学）に送り出すことを決める。

2　あこがれのパリ滞在

グランド・ツアーとは、イギリスの貴族の子弟が学業の仕上げのために、ヨーロッパ各地を訪れた旅行のことである。おもな滞在先はフランスやイタリアであり、数か月から数年間にわたって当地で語学や文化を学ぶのが慣例だった。ロシアにおいても、特に一八世紀後半から、裕福な貴族の子弟が一定期間ヨーロッパを訪れる同様の旅行（ロシアでは、「修学旅行」とも呼ばれた）がさかんに行われるようになった。西欧諸国を手本に近代化を推し進めるロシアにとって、国家の未来を担う若者がヨーロッパで見聞を広めるのは、きわめて意味のあることだった。こうして、多くのロシアの青年たちが、ヨーロッパへと旅立っていった。

ニコライがペテルブルグを発ったのは、一七七〇年秋、一九歳のときである。ベルリンを経て、一二月にオランダのライデンに到着し、そこでニコライよりも一つ年下のアレクサンドル・クラーキン公爵（一七五二〜一八一八）と合流した[3]（図2-5）。クラーキンもまた、エカテリーナ二世によって、パーヴェルの遊び相手に選定された一人であり、ニコライとは幼いころから親しい間柄だった。ニコライとクラーキンは、一七七一年九月までライデン大学で法律、現代語、数学、歴史を学んだ。その後イギリスに出発し、翌年三月までロンドンに滞在しながら、イギリスの主要都市を訪れている。そして、いよいよ一七七二年三月二六日（新暦）、最後の目的地であるパリに到着する（巻末の「関連地図」を参照）。

ロシアにとって、先進国フランスはあこがれの国だった。特に貴族社会においてその影響力は絶大だった。エリザヴェータ女帝時代から、ロシア宮廷ではフランス語が話されるようになり、貴族たちはみなフランス人のファッションをまねた。エカテリーナ二世は、ヴォルテールやディドロと交流し、宮廷にフランス人の一座を招いて、演劇やオペラを上演させている。貴族の子女が通う学校では、フランス語が教えられ、カリキュラムの一環として、フランス演劇やオペラの発表会が行われた。ニコライもまた、幼少期からフランス人の家庭教師にフランス語を教わり、フランス流のマナーを仕込まれた。ニコライらロシア貴族にとってフランスは、最も身近な国の一つだったといえる。そして、ロシア貴族のグランド・ツアーでは、パリはお決まりのコースに入っていた。

図 2-5　アレクサンドル・クラーキン公爵

パリ滞在は、ニコライのその後の人生に決定的な影響を残すことになる。ニコライは、フランスの本場の劇場文化にふれるとともに、この地で、帰国後の農奴劇場の運営を支えるビジネス・パートナーを得たのである。残念ながら、およそ一年間におよんだパリ滞在についてニコライが語った言葉は、ほとんど見つかっていない。しかし、ニコライと行動をともにしたクラーキンが旅行中に書いた手紙から、その一部をうかがい知ることができる。ここでは、当時のパリのジャーナリズムも手がかりにして、ニコライが、パリにおいて帰国後の劇場運営につながるどのような体験をしたのかをひもといてみよう。

ルイ一五世治下のパリ・オペラ座

ニコライがパリを訪れた当時、フランスは、ルイ一五世（在位一七一五〜一七七四）の治世の末期を迎えていた。七年戦争（一七五六〜六三年）でイギリスに敗れて多くの領土を失うなど、フランスの王政は大きく揺らぎ始めていた。啓蒙思想がもてはやされ、社会の変革を求める声も上がるようになる。フランス革命の足音が確実に近づいていたのである。その一方で、パリでは、劇場文化が花開き、さまざまな劇場で、悲劇、喜劇、オペラ、バレエなどが上演され、人々を楽しませていた。

クラーキンは、一七七二年四月一七日に、皇太子パーヴェルに宛てて、次のように書いている。

私たちは、オペラ座を見に行きました。［……］舞台装置の趣味のよさ、機械の素早さ、踊りの優雅さ、観客が守っている節度と優れた秩序、これらすべてが私を魅了しました。(4)

ニコライたちがパリに到着したのは三月末であったため、到着後すぐに書かれた手紙ということになる。ここでさっそくクラーキンがオペラ座の話題にふれているということは、彼にとってその体験がいかに新鮮であり、衝撃的であったかを示している。また、芝居好きのパーヴェルに、いち早く感動を伝えたいという気持ちも伝わってくる。なお、この手紙のなかにニコライは出てこないが、おそらく行動をともにしていたと考えられる。

パリ・オペラ座は、現代においても世界のオペラ界をリードする存在だが、その状況はこの時代も同じだった。フランスの劇場のヒエラルキーの頂点に位置するのが、オペラ座であった。

オペラ座とトラジェディ・リリック

オペラ座の起源は、一六六九年に、詩人のペランがルイ一四世から「オペラのアカデミー」を創設する特権を得たときにさかのぼる。ペランはフランス初のオペラ《ポモーヌ》（一六七一年）を上演したが、公演の収益をめぐるいざこざに巻き込まれ、「オペラのアカデミー」の特権を手放した。その特権を買い取ったのが、作曲家リュリ（一六三二〜一六八七）だった。続いて彼は、一六七二年にルイ一四世のもとで「王立音楽アカデミー」を創設した。これは、フランス語のオペラ、トラジェディ・リリック（叙情悲劇）を上演するための組織だった。

トラジェディ・リリックとは、リュリと詩人キノーによって生み出されたジャンルで、神話や歴史物語などを主題とする大がかりな正歌劇である。全体はプロローグつきの五幕から構成され、プロローグでは、登場人物がルイ一四世とフランスの栄光をたたえるのがお決まりだった。地の台詞は入らず、すべての台詞がフランス語の抑揚に沿ったメロディーによって歌われる。声楽曲はおもに、音楽的な見せ場となるエール（イタリア・オペラのアリアに相当）と、語るように歌われる朗唱的なレシタティフ（イタリア・オペラのレチタティーヴォに相当）の二つのタイプに分かれる。さらに、トラジェディ・リリックには、合唱やバレエもふんだんに盛り込まれ、豪華な舞台装置が舞台を彩った。つまり、このジャンルは、「ルイ一四世のためのオペラ」であり、フランスの威光を国内外に示すためのものであった。トラジェディ・リリックの上演は、王立音楽アカデミーのみに許されており、他の劇場は、別のタイプのオペラ（たとえば、オペラ・コミックなど）の上演に甘んじなければならなかった。

ルイ一四世とリュリが亡くなってからは、トラジェディ・リリックには、あからさまな国王賛美の要素がなくなり、その形式的な枠組みは残しながらも、多くの作曲家がより自由に作曲するようになっていった。一方で、王立音楽アカデミー（「オペラ座」とも呼ばれるようになった）の優位性は変わらず、一八世紀を通じて、オペラ座は「オペラの殿堂」として栄華をきわめた。

クラーキンらが訪れた当時、オペラ座の劇場は、パリ中心部のパレ・ロワイヤル（図2-6）のなかにあった。パレ・ロワイヤル（王宮）は、ルイ一四世が幼少期を過ごし、その後、オルレアン家に相続された宮殿である。広大な庭園つきの大きな宮殿の一角に、貴族たちが通う劇場（オペラ座）があった（図2-7）。なお、この劇場は、一七六三年に同地の劇場が火災によって焼失したことにともない、一七七〇年一月にリニューアル・オープンしたものだったため、クラーキンらは、この真新しい劇場でオペラを観たことになる。

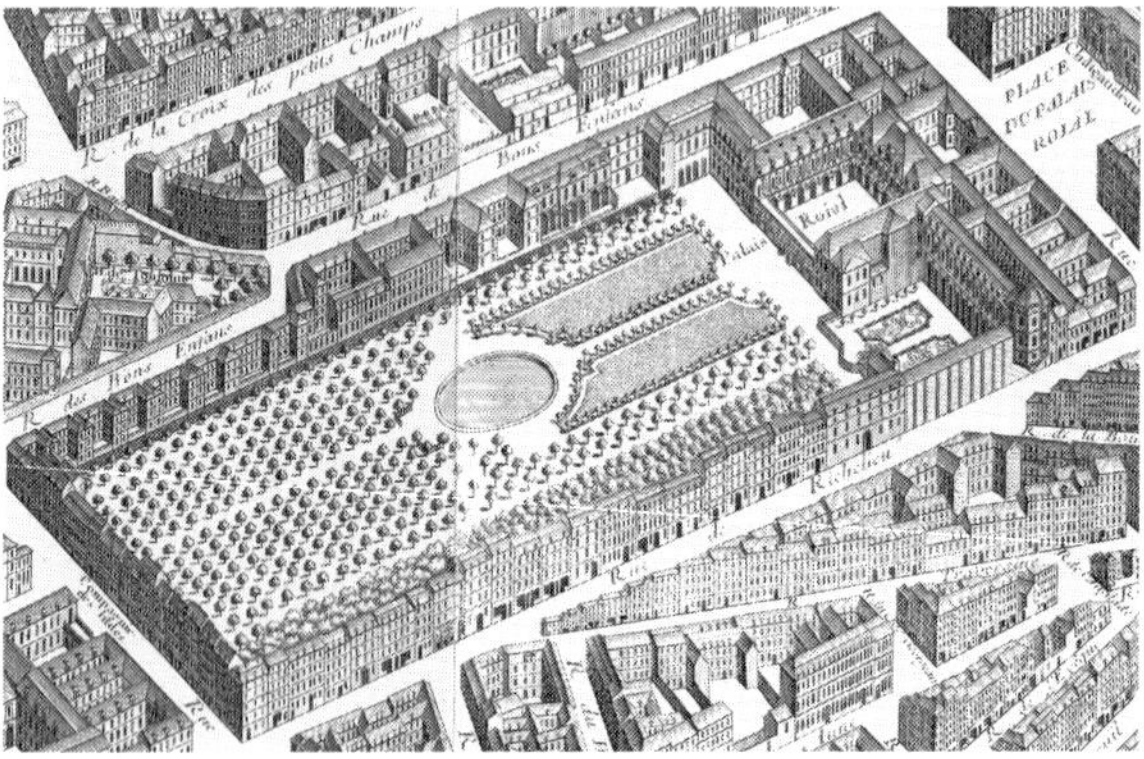

図 2-6　パレ・ロワイヤル（1735 年）
（テュルゴー地図 Plan de Turgot より［京都大学附属図書館所蔵］）

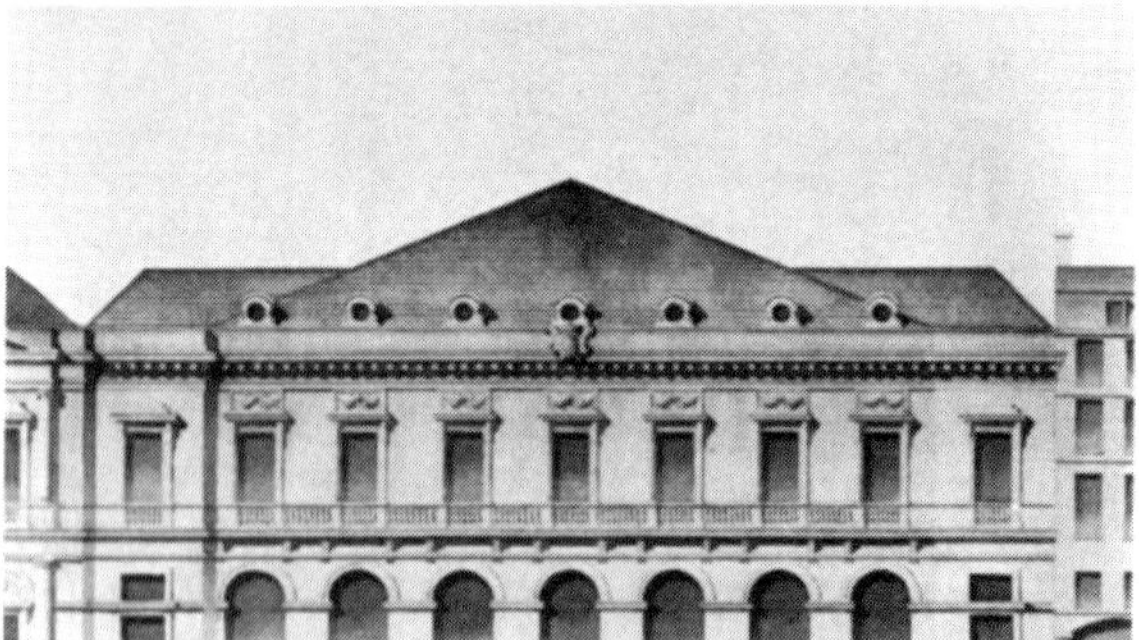

図 2-7　パレ・ロワイヤルの劇場（オペラ座）
（Christopher Curtis Mead. *Charles Garnier's Paris Opéra: architectural empathy and the renaissance of French classicism.* Architectural History Foundation, 1991, p. 45）

オペラ座でニコライは何を観たのか

先ほど挙げたクラーキンの書簡には、クラーキンがオペラ座で観劇した作品のタイトルは書かれていない。彼は一体何を目にして、その感動を書き綴ったのだろうか。ここでは、この時期にオペラ座で上演された作品から、それを推測してみよう。

ニコライたちがパリに到着したのは三月二六日であり、クラーキンの書簡が書かれたのは四月一七日である。オペラ座は四月五日から二七日まで休演しているため、クラーキンがオペラ座を訪れたのは、三月末から四月頭までのあいだということになる。表2–1は、この期間のオペラ座の演目をまとめたものである。[5]

ラモーの名作

これをみると、この時期には、ラモーの《カストールとポリュックス》が頻繁に上演されており、その合間にも、比較的古いオペラの抜粋プログラムが組まれていたことが分かる。《カストール》については、文芸雑誌『メルキュール・ド・フランス』（一七七二年四月号）で、その上演が詳しく紹介されていることから、この時期のオペラ座の目玉の演目だったと考えられる。また、オペラ座の売上表によれば、この作品の公演日は、オペラの抜粋プログラムの公演日に比べると、格段にチケットの売れ行きが良くなっている。たとえば、抜粋プログラムの三月二六日公演はわずか三八八リーヴルの

表2-1　1772年3月末から4月はじめのパリ・オペラ座の演目

公演日	作品名	作曲者	初演年 累計上演回数
3月26日（木）	エウテルペの祭り（抜粋）	ドーヴェルニュ	1758年（67回）
	フローラの祭り	トリアル	1771年（39回）
27日（金）	カストールとポリュックス	ラモー	1737年（28回）
28日（土）	休演		
29日（日）	カストールとポリュックス	ラモー	1737年（29回）
30日（月）	ピグマリオン（抜粋）	ラモー	1748年（2回）
	パフォスの祭り	モンドンヴィル	1758年（2回）
	村の占い師	ルソー	1752年（2回）
31日（火）	カストールとポリュックス	ラモー	1737年（30回）
4月1日（水）	休演		
2日（木）	エウテルペの祭り（抜粋）	ドーヴェルニュ	1758年（68回）
	フローラの祭り	トリアル	1771年（40回）
3日（金）	カストールとポリュックス	ラモー	1737年（31回）
4日（土）	ピグマリオン（抜粋）	ラモー	1748年（3回）
	パフォスの祭り	モンドンヴィル	1758年（3回）
	村の占い師	ルソー	1752年（3回）

売り上げだったのに対し、三月二七日の《カストール》公演は、四二〇一リーヴル一五ソルと、一〇倍以上の売り上げとなっており、多くの集客があったことがうかがえる。こうしたことをふまえると、クラーキンたちが観たのはこの作品だった可能性が高い。

《カストール》は、ベルナール台本の五幕によるトラジェディ・リリックであり、一七三七年にパリ・オペラ座で初演された。その上演はさしたる成功を収めなかったものの、一七五四年に同劇場で改訂上演されるに至って、パリの人々の心をつかみ、ラモーの代表作の一つに数えられるに至った。物語は、ギリシャ神話のカストールとポリュックスの兄弟愛を主題としており、黄泉の国の情景が現れたり、終盤には、カストールとポリュックスがジュピテルの力によって宇宙でふたご座になる光景が描かれたりと、トラジェディ・

リリックならではの派手な展開がふんだんにみられる。また、一〇名以上の主要キャストに加え、神々や黄泉の国の霊、星たちが合唱や踊り手として登場し、ラモーの優れた楽曲の数々とあいまって、豪華絢爛な舞台をつくりあげる。

クラーキンの言葉からは、彼が、オペラ座における上演のなかで、特に舞台装置や機械仕掛け、バレエといった視覚的な効果に心奪われたことが伝わってくる。これは、《カストール》の舞台のイメージと合致する。そして、本格的なオペラ上演の機会が少なかった当時のロシアの状況を考えると、彼がトラジェディ・リリックの夢幻的な舞台にどれほど魅了されたかは容易に想像がつく。

なお、クラーキンの書簡が、オペラの抜粋プログラムの公演を観て書かれたものだった可能性も否定できない。当時、オペラ座では、めぼしい新作が不足しており、一回の公演で、複数の古いオペラを抜粋して上演することがしばしばあった。オペラ座にとってこれは苦肉の策だったが、クラーキンたちのように初めてフランス・オペラを観る外国人にとっては、こうした公演は、いわばオペラのハイライトを観られる、またとない機会になったとも考えられるのである。

華やかなバレエ上演

その後も、一年余りにおよんだパリ滞在期間に、ニコライたちは、オペラ座でさまざまな作品を鑑賞する機会を得たと思われる。表2‐2は、ニコライらがパリに滞在していた一七七二年三月二六日から一七七三年五月までにオペラ座で上演された作品を、上演回数順に並べたものである。[6] この表を

表2-2　1772年3月26日～1773年5月にオペラ座で上演された作品（上演回数順）

作品名	作曲者	回数	ジャンル	初演
ピグマリオン（抜粋）	ラモー	34	オペラ・バレ	1748
村の占い師（抜粋）	ルソー	34	アンテルメード	1752
アイグレー（抜粋）	ラ・ギャルド	30	バレ・エロイック	1748
カストールとポリュックス	ラモー	28	トラジェディ・リリック	1737
五〇歳	ラ・ボルド	26	オペラ・バレ	1771
ゴルコンドの女王、アリーヌ	モンシニ	25	バレ・エロイック	1766
アデール・ド・ポンテュー【1772年12月1日初演】	ベルトン ラ・ボルド	22	トラジェディ・リリック	1772
ヒュメナイオスとアモルの祭り（抜粋）	ラモー	20	バレ・エロイック	1747
ヘーベーの祭り（抜粋）	ラモー	20	オペラ・バレ	1739
優雅なインドの国々（抜粋）	ラモー	17	オペラ・バレ	1735
パフォスの祭り（抜粋）	モンドンヴィル	14	オペラ・バレ	1758
ダフニスとアルシマデュール	モンドンヴィル	12	パストラル・ドラマティーク	1754
ラゴンドの恋	ムーレ	10	コメディ・リリック	1714
イスメーネ	フランクール	8	パストラル・エロイック	1747
ゼランドール	ルベル フランクール	8	ディヴェルティスマン	1745
エウテルペの祭り（抜粋）	ドーヴェルニュ	6	オペラ・バレ	1758
フローラの祭り（抜粋）	トリアル	6	パストラル・エロイック	1771
ヴェストリスによるエンデュミオーン【1773年3月17日初演】	不明	3	バレ・エロイック	1773

みると、この期間に上演された新作は、《アデール・ド・ポンテュー》と、ヴェストリスが振り付けた《エンデュミオーン》の二作のみであり、他はすべて再演ものであったことが分かる。また、やはり抜粋で上演される演目が多く、一公演につき二、三作品が抱き合わせで上演されることが頻繁にあった。

上演回数をみてみると、ラモーのオペラ・バレやトラジェディ・リリックが比較的多く上演されていたことが分かる。そのなかには、《ピグマリオン》や《カストールとポリュックス》、《優雅なインドの国々》といったラモーの代表作が含まれている。つまり、ニコライは、たとえ抜粋であったとしても、オペラ座で長年培われてきた、これらの名作オペラの上演にふれることができたのである。また、ジャンルとしては、オペラ・バレやバレ・エロイックが多いのが注目される。これらのジャンルは、トラジェディ・リリックに比べると、バレエが多く含まれ、とりわけ華やかな舞台づくりがなされるのが特徴である。後述するように、シェレメーチェフ家の劇場では、多くの農奴の踊り手が育成され、オペラと並んで充実したバレエのレパートリーが上演された。ニコライがバレエの上演に力を入れたのは、オペラ座の華やかなバレエの舞台が脳裏に焼き付いていたからかもしれない。

さらに、この時期のオペラ座のレパートリーのなかには、後にシェレメーチェフ家の劇場でも上演される《村の占い師》や《ゴルコンドの女王、アリーヌ》が含まれている。ここから、ニコライのオペラ座での観劇体験が、そのままレパートリー選択に影響したことが推測できる。

コメディ・イタリエンヌとオペラ・コミック

クラーキンの書簡には、彼がオペラ座のほかに、コメディ・フランセーズやコメディ・イタリエンヌを訪れたことも書かれている。コメディ・フランセーズは、演劇専用の劇場であり、モリエールやラシーヌ、コルネイユらの悲劇および喜劇が上演されていた。一方、コメディ・イタリエンヌは、オペラ・コミックを上演する劇場だった。

オペラ・コミックとは、一七世紀にパリの定期市で上演されていた歌芝居に起源をもつジャンルである。このジャンルは演劇的な性格が強く、声楽曲に加えて、劇の筋書きを進行させる、地の台詞による独白や対話が入ることを最大の特徴とした。なお、「コミック」と聞くと、喜劇のイメージを抱くかもしれないが、オペラ・コミックは必ずしも喜劇的な物語というわけではなく、歴史や神話に題材をとったシリアスな内容のものもあった。パリの人々は、オペラ座で上演される大仰なオペラとは一味違う、笑いあり涙ありの舞台を、コメディ・イタリエンヌで楽しんだのである。

実は、ニコライたちがパリを訪れた一七七〇年代に、オペラ・コミックはオペラ座のオペラの人気をしのぐ流行をみせていた。流行の火付け役となったのが、グレトリ（一七四一～一八一三）である（図2-8）。リエージュに生まれたグレトリは、ローマ留学を経て、一七六七年からパリに住み、翌年、オペラ・コミック《ヒューロン族の男》をコメディ・イタリエンヌで初演して大きな成功を収めた。この作品は、ブルターニュ地方を舞台に、地元の娘と、ヒューロン族（北アメリカの先住民）の男性との恋を描いたものであり、グレトリの優美で劇的な音楽が高く評価された。その後も、グレトリは《リュシル》《シルヴァン》といったヒット作を次々と生み出し、パリの聴衆を虜にしていった。

グレトリの人気ぶりは、かのモーツァルトやベートーヴェンが、そのオペラの旋律を使ったピアノ曲を作曲していることからもうかがえる（モーツァルトの《「サムニウム人の婚礼」の合唱曲「愛の神」による八つの変奏曲》K三五二、ベートーヴェンの《「獅子心王リチャード」のロマンス「燃える情熱」の主題による八つの変奏曲》など）。そして、後述するように、ニコライにとってもグレトリはお気に入りの作曲家の一人となり、彼は、その音楽をこよなく愛した。

表2-3は、オペラ・コミックの研究者チャールトンの調査をもとに、一七七一～八〇年にコメディ・イタリエンヌで上演された作品を、上演回数順に並べたものである[7]。ここにはニコライの帰国後の時期も含まれているものの、ニコライがパリにいた時期に流行していた作品を知る一つの手がかりになる。上演回数の上位には、グレトリのほか、モンシニやフィリドールといった人気作曲家の作品がみられる。この表のうち、丸印をつけたものが、ニコライのパリ滞在期間より前に初演されたものであり、ニコライが実際にパリで鑑賞した可能性が高いものである。また、表から分かるように、

図2-8　グレトリ

表2-3　1771～80年にコメディ・イタリエンヌで上演された作品（上演回数順）

		作品名	作曲者	上演回数	初演	シェレメーチェフ家初演
1	○	脱走兵	モンシニ	154	1769年3月6日	1781年2月7日
2	○	リュシル	グレトリ	143	1769年12月5日	1787～88年
3	○	王と農夫	モンシニ	141	1762年11月22日	
4	○	バラと馬鹿者	モンシニ	133	1764年3月8日	1792年8月1日
5	○	ゼミールとアゾール	グレトリ	128	1771年12月16日	
6	○	トム・ジョーンズ	フィリドール	124	1765年2月27日	
7		植民地	サッキーニ	121	1775年8月16日	1780年11月5日
8	○	シルヴァン	グレトリ	121	1770年2月19日	
9	○	鐘	ドゥーニ	120	1766年7月24日	1792年か93年
10	○	二人の猟師と乳しぼり娘	ドゥーニ	120	1763年7月23日	1779～84年
11	○	二人の守銭奴	グレトリ	116	1770年12月6日	
12	○	アネットとリュバン	イタリアの音楽による	114	1762年2月15日	
13	○	一家の友人	グレトリ	110	1772年5月14日	
14	○	一五歳の恋人	マルティーニ	107	1771年4月18日	1780年代
15	○	もの言う絵	グレトリ	105	1769年9月20日	1792年8月1日
16	○	樽職人	ゴセック	98	1765年3月16日	1783年
17	○	ヒューロン族の男	グレトリ	89	1768年8月20日	
18		サランシの薔薇冠の乙女	グレトリ	86	1774年2月28日	
19	○	イザベルとジェルトリュード	ブレーズ他	78	1765年8月14日	
20		三人の農夫	ドゥゼード	72	1777年5月24日	1784年8月4日
21	○	人はすべてを予測することはできない	モンシニ	66	1761年9月14日	1784年
22		嫉妬深い恋人	グレトリ	54	1778年12月23日	
23	○	素晴らしい人	グレトリ	48	1773年3月4日	

注・初演年月日は，コメディ・イタリエンヌにおける日付とし，すべて新暦で表記した。
・○は，ニコライがパリに滞在していた1773年3月までに初演され，彼がパリで鑑賞した可能性がある作品である。

これらのオペラ・コミックの多くが、のちにシェレメーチェフ家の劇場で上演されている（巻末の「シェレメーチェフ家の劇場のオペラ・レパートリー」も参照）。したがってコメディ・イタリエンヌの舞台もまた、ニコライの劇場運営に影響することになったと考えられる。

イヴァールとの出会い

パリ滞在中、ニコライは、ある人物と運命的な出会いを果たすことになる。その名もイヴァール Hivart（生没年不詳）である。彼は、のちにニコライの農奴劇場の運営を陰ながらに支えた人物である。ニコライの帰国後に二人は書簡を交わすようになり、イヴァールはニコライの求めに応じて、パリの最新の劇場文化について知らせ、劇上演のノウハウを伝授し、上演に必要なさまざまな物品をニコライに送付するなどした。こうしてニコライは、辺境の地ロシアにあっても、パリの劇場文化を直接参考にして、独自の劇場運営にのぞむことができたのである。

イヴァールとは一体何者だったのだろうか。その正体は、ロシアの研究者のあいだではっきりせず、これまで謎に包まれていた。そこで、私がフランス側の資料を調査したところ、彼がオペラ座で長年にわたってチェロ奏者を務めていたことが判明した。フランス国立文書館には、イヴァールがオペラ座の関係者宛てに一八一五年に書いた三通の書簡が保管されている(8)。そのなかの一通は、支配人のピカールに宛てたものであり、年金についての要望が書かれている。イヴァールはそこで、みずからの経歴について以下のように記している。

彼［イヴァール］は、一七九二年にオペラ座を退職する際に、伴奏の第二チェロ奏者を二六年間休みなく勤めたのちに、合計一三九三リーヴルの年金をもらいました。しかし、三年後に、アシニャ紙幣が下落したせいで、彼は生計を立てるために、オーケストラに復職せざるをえませんでした。それからあらためて、二〇年間勤めてきたのです。(9)

この記述から、イヴァールが、三年間の離職をはさみ、四六年間という長きにわたってオペラ座のチェロ奏者を務めていたことが分かる。

さらに、イヴァールの名は、オペラ座の楽団員の一七八一〜八二年の俸給表(10)にもみられる。イヴァールは、「小楽団の低音楽器」の二人目に挙がっており、そこには一七六七年という入団年が記載されている。「小楽団」とは、当時のオペラ座のオーケストラの区分の一つである。「大楽団」が前奏や間奏、バレエのシーンで演奏したのに対し、小楽団は、より優秀な選抜メンバーからなるアンサンブルであり、独唱曲などを伴奏するという役割を担っていた。つまり、イヴァールは、比較的腕のよい演奏者だったと考えられる。

また、毎年一回発行されていた、パリの劇場の情報誌『スペクタクル・ド・パリ』におけるオペラ座楽団員の名簿にも、イヴァールの名がみられる。それだけでなく、同誌には、イヴァールが、オペラ座に在籍する前の数年間、演劇のための劇場であったパリのコメディ・フランセーズに在籍していたことも記されている。イヴァールの名は、一七六五〜六七年刊行の『スペクタクル・ド・パリ』のコメディ・フランセーズの楽団員の名簿に掲載されている。さらに、その名は、やはり同誌の一七六五年号から、「コンセール・スピリテュエル」の楽団員名簿にも現れる。コンセール・スピリテュエルとは、一七二五〜九〇年にパリで催された公開演奏会であり、オペラ座の公演のない四旬節や祝日にパリの人々を楽しませた。つまり、イヴァールは、コメディ・フランセーズやオペラ座の楽団員を務めるかたわら、この団体にも所属し、劇作品だけでなく演奏会用作品の演奏にもたずさわっていたのである。

以上のことをまとめると、イヴァールは、コメディ・フランセーズ、オペラ座、コンセール・スピリテュエルと、長年にわたってパリの劇場や音楽団体を渡り歩いていたことになり、常にパリの劇場・音楽文化の中心で活躍した音楽家だったといえる。つまり、豊かな経験をもつイヴァールは、ニコライにとって、劇場運営をサポートしてもらうにはこの上ない人材だったのである。

ニコライがパリに滞在していた一七七二〜七三年に、イヴァールはオペラ座のチェロ奏者を務め、公演のない日は、コンセール・スピリテュエルの演奏会に出演していた。実際のところ、ニコライとイヴァールがどのように知り合ったのかは不明である。しかし、一七八四年八月一五日付のイヴァールからニコライへの手紙には、かつての二人の関係をうかがわせる内容が書かれている。

昔のようにあなたが演奏するときに伴奏することができないので、私は、自分を慰めるために、有名なエールの小選集をあなたのお目にかけるしかありません。それを私は喜んで、あなたのために、伴奏つきのチェロのために編曲しました。この小さな試みが何度かあなたを楽しませられるのならば、私は、たとえ肉体はそこになくとも、精神的にふたたびあなたのおそばにいるような満足感を、少なくとも得ることになるでしょう。(11)

これは、イヴァールがニコライのためにエール（ここでは、おそらくオペラの独唱曲）をチェロ用に編曲して、その楽譜を送ったことを知らせる手紙である。かつてイヴァールがニコライの伴奏をしたことが書かれている。つまり、二人はともに音楽を演奏する仲だったのである。ニコライはチェロをたしなんでいたことから、おそらくパリ滞在中に何らかのルートでイヴァールと知り合い、チェロの個人レッスンを受けたのだろう。また、イヴァールの言葉からは、多少のリップサービスはあるだろうが、音楽仲間としてニコライを敬愛する気持ちが伝わってくる。

こうして充実したパリ滞在を終えて、ニコライは、一七七三年春にパリを発ち、帰国の途についた。その際には、パリで仕入れた大量のオペラの楽譜や台本を持ち帰ったといわれている。ニコライにとって一年余りのパリ滞在は、パリでさまざまな劇場文化にふれるとともに、イヴァールというまたとないビジネス・パートナーを得るという重要な機会となった。そして、その体験は大きな糧となり、やがてニコライの農奴劇場の運営に広く生かされていくことになる。

第3章——シェレメーチェフ家の劇場

図 3-1　クスコヴォのグロット（筆者撮影）

1　農奴劇場の始まり

モスクワ中心部から地下鉄とバスを乗り継ぎ小一時間、モスクワ東部に「クスコヴォ」という地がある（巻末の「関連地図」を参照）。木々に覆われたおよそ三〇〇ヘクタールの広大な土地に、巨大な人工池や、フランス式の庭園が広がり、主宮殿のほか「オランジェリー（温室）」「グロット」「イタリア館」といったパヴィリオンが点在している（図3–1）。「モスクワの小ヴェルサイユ」と呼ばれたこの地こそが、ニコライの父、ピョートル・シェレメーチェフが整備した「ウサーギヴァ」であった。

クスコヴォ――モスクワの小ヴェルサイユ

ウサーヂヴァとは、貴族の領地に造成された庭園つきの屋敷である。「貴族の天国」と呼ばれた一八世紀後半のロシアでは、贅を尽くしたウサーヂヴァが各地につくられた。前章で述べたように、ピョートル・シェレメーチェフは、妻と娘を相次いで亡くしたことを機にペテルブルグでの国家勤務を辞し、一七六九年にモスクワへ移った。シェレメーチェフ家のモスクワの邸宅はモスクワ中心部のニコリスカヤ通りにあったが、ピョートルは、郊外のクスコヴォを、短い夏を過ごすためのウサージヴァとして整備した。フランスから取り寄せた設計図をもとに、古典様式による主宮殿（図3-2）を建設し、賓客をもてなすために、趣向をこらしたパヴィリオンをあちこちに設置した。クスコヴォを訪れることができたのは、おもに皇族や貴族などの招待客であったが、祝祭日やピョートルの誕生日といった記念日には、モスクワの市民に広く開放され、一度に三万人近くの人々が豪勢な祭りに興じたといわれている（図3-3）。

クスコヴォにおけるアトラクションの一つが、劇上演であった。クスコヴォには、ピョートルによってつくられた屋内劇場および野外劇場があった。しばしばその舞台で、貴族たちがみずから演じ手となって外国の演劇やオペラを上演し、来客を楽しませていたのである。その演じ手は、やがてシェレメーチェフ家の「農奴」へと移り変わっていった。

今日、クスコヴォは国立の公園・博物館となり、モスクワの人気観光スポットの一つとなっている。残念ながら、ピョートルによって建設された劇場はいずれも現存しないが（野外劇場の跡地は残っている）、庭園は往時のままに美しく整備され、多くの建物も状態よく保存されている。その広大な庭園を散策し、博物館に収められた骨董品のコレクションを眺めていると、ピョートルが有り余る金と時間をぜいたくに使って、このクスコヴォで過ごした日々が目に浮かぶ。それでは、この地でピョートルが催した劇上演とは、どのようなものだったのだろうか。少し時間を巻き戻して、シェレメーチェフ家の劇場の起源を探ってみよう。

図 3-2　クスコヴォの主宮殿（筆者撮影）

図 3-3　クスコヴォの風景（ポトクリューチニコフ作、1839 年）

父ピョートルが始めた「農奴劇団」

シェレメーチェフ家における劇上演は、ピョートルがペテルブルグに住んでいたころから、ペテルブルグの邸宅やクスコヴォで、祝祭日などに散発的に行われていたようである。[1] しかし、こうした初期の催しは、ピョートルの貴族仲間がプロデュースし、貴族みずからが役者となってフランス喜劇などを上演するというアマチュア的なものだった。

ピョートルが本格的な劇場運営に乗り出すのは、モスクワに移ってからである。ピョートルは、おもに冬季はモスクワ中心部で、夏季はクスコヴォで過ごすようになり、両地に劇場を建設して招待客相手にしばしば上演を行うようになった。記録に残るクスコヴォでの大がかりな上演は、一七七五年八月二二日に、エカテリーナ二世が同地を訪れた際に行われたものである。[2] 当時、エカテリーナ二世は、第一次露土戦争（一七六八〜七四年）での勝利を祝う一連の行事のためにモスクワに滞在しており、その途次に、クスコヴォでピョートルのもてなしを受けたのである。このとき、ピョートルはフランス人の役者を雇い、クスコヴォの野外劇場でフランスのオペラ・コミックを上演させている（作品名などは不詳）。つまり、この時点では、クスコヴォには「ハコ」としての劇場は整備されていたものの、シェレメーチェフ家の自前の「劇団」はなかったことになる。

やがてピョートルは、モスクワに暮らす多くの大貴族にならって、農奴からなる劇団を組織することを思い立つ。ピョートルが劇団を結成した経緯について、ニコライは次のように語っている。

今は亡き私の父が、初めて小さな劇場を設立する機会が到来した。その際には、以前から十分に整備されていた聖歌隊が役立った。屋敷で働く人々のなかから最も能力のある者が選ばれ、劇場活動に慣らされ、初めのうちは小さな作品が上演された。時に、この無邪気な気晴らしと直接的な成功とが、俳優の数を増やすという考えを［父に］起こさせた。そのために、長いあいだ私たちのもとで暮らしてきた、近所の家族やよその平民のなかから娘たちが選ばれた。(3)

この説明にあるように、劇団はもともと、シェレメーチェフ家に仕える聖歌隊員や召使いらによって組織された。彼らはいずれも、シェレメーチェフ家が所有する農奴であった。

ピョートルの「農奴劇団」の活動は、最初はフランス喜劇の上演から始まったようである。一七七七〜七八年頃に、ブリュイの《腹黒い弁護士》および《重要なこと》という二つのフランス語の喜劇が、ロシア語によって上演された。その翻訳を担当したのも、ヴォロブレーフスキー（一七二九または三〇〜一七九七）という農奴であった。これらの上演が思いのほか首尾よくいったのか、やがてピョートルは劇団のメンバーを拡充し、劇場運営に本腰を入れていく。

ニコライ、モスクワに帰郷する

そして、ピョートルの息子ニコライの登場が、劇場運営のさらなる追い風となった。前章でみたように、充実した西欧遊学を終え、ニコライ・シェレメーチェフは一七七三年六月に帰国した。その後、いったんペテルブルグでの国家勤務に戻ったが、元来、立身出世にまったく興味のなかったニコライにとって、平凡な宮廷生活は決して満足のゆくものではなかった。西欧で刺激的な日々を過ごした後であれば、なおさらそのフラストレーションは大きかったことだろう。ついにニコライは、父と同じ道を行くことを決意する。一七七七年秋、ペテルブルグでの国家勤務を辞し、モスクワへ向かったのである。モスクワでは、劇場運営に着手した父が、手ぐすねを引いてニコライを待っていた。

このモスクワ帰郷は、ニコライの人生における最大の転機となった。ニコライは、ピョートルから劇場運営を任され、そこからおよそ二〇年にわたってそれに没頭していくのである。当時のことを、ニコライは次のように回想している。

当時――若い年齢と、私自身の知識、音楽に対する愛着が役立つときがきた。私の亡き父が、この分野の整備を完全に私にゆだねたのである。私は、親に気に入られるよう全力を注いだ。しばしば空き時間には、［仕事を］あてがわれた人々を、洗練されていない状態からできるだけより完全な状態に至らせるために、監督と稽古を行った。こうして私は、自分の努力の出来る限りの成果をみることができたと言える。この小さな家庭劇場は、最終的にはオペラや寓意的なバレエを上演できるようになった[4]。

みずからが劇場を運営することとなったとき、ニコライは二六歳。数年前のパリでの劇場体験は、まだ脳裏に強く焼き付いていたはずである。パリの舞台に思いを馳せて、どんなに心躍らせたことだろう。こうして、ピョートルによって始動したシェレメーチェフ家の農奴劇場は、ニコライの手によっていよいよ本格的に活動を展開することになる。

2　拡大する「シェレメーチェフ・カンパニー」

先にみたように、ピョートルによって最初に組織された一座は、屋敷に仕える「召使い（ホロープ）」を中心に構成されていた。ホロープは、農奴全体の約一〇パーセントを占め[5]、農作業に従事する大多数の農奴とは異なり、領主の館に住み込み、給仕、料理人、馬丁、御者、園丁などを務めた。領主の身の回りの世話係ともいえる存在だったため、読み書きなどの初等教育がほどこされるケースもあった。ピョートルはまず、こうした身近な人材を使って一座を結成したのである。

才能を求めて——農奴のリクルート

しかし、ニコライの代になって劇場活動が活発化すると、召使いだけでは手が足りなくなり、ロシアの各領地から、一座のための農奴がリクルートされるようになった。リクルートは、ニコライの命令によって領地に派遣された農奴俳優や、合唱団の指揮者らによって行われた。つまり、一座で活躍するメンバーの視点から、ふさわしい少年少女が選定されたのである。こうしたリクルートは、親元から子どもを引き離すという強引なやり方で行われたために、しばしば裕福な農奴は、領主の代理人に賄賂を贈るなどして、それを免れようとすることもあった。リクルートされた人々は、シェレメーチェフ家の屋敷に連れていかれ、まず声のテストを受けさせられた。そこで合格しなかった場合、屋敷の別の仕事が割り当てられるか、親元に帰された。

このように、リクルートは領主の特権を使って専横的に行われたが、これは他の農奴劇場でも同様であった。シェレメーチェフ家に特徴的だったのは、リクルートの段階から、特に声の良し悪しに重点をおいて、メンバーが厳しく選定されたことである。

こうして、シェレメーチェフ家の一座は、年を追うごとに拡大していった。一座に関する史料はあまり残っていないが、たとえば、一七八九年の段階で、一座には全部で一六四名のポストが設けられており、その仕事は、俳優、踊り手、合唱団、器楽奏者、衣装係、職人に分類されていた（詳細は第5章の表5−1参照）。この人数だけみても、一座が相当に大きな「カンパニー」になったことが分かる。このなかには、外国人の音楽家なども数名含まれていたが、その大半は紛れもない農奴だった。

農奴の待遇

ところで、「農奴劇場」では、農奴俳優たちに対して貴族による懲罰が横行していたことがよく知られている。この点については、矢沢英一『帝政ロシアの農奴劇場――貴族文化の光と影』に詳しいため、ぜひそちらを参照されたい。同書に書かれているように、ロシアに存在した多くの農奴劇場では、出来の悪い農奴俳優に対してしばしば体罰が与えられた。たとえば、一九世紀前半にオリョールにあったカメーンスキー伯爵の劇場では、舞台でミスを犯した俳優たちが、幕間に楽屋で伯爵によって鞭で打たれ、その悲鳴が観客まで聞こえてきたという(6)。貴族たちを楽しませたきらびやかな舞台は、農奴たちの血と汗と涙によってつくられていたのである。また、農奴俳優や音楽家が、「物」のように貴族のあいだで売買されることも日常茶飯事だった。多くの農奴劇場では、貴族が農奴を厳しく教育し、管理することで、劇団のレベルの向上が図られていたのである。

シェレメーチェフ家の劇場においても、農奴を取り巻く環境は決してよいものであったとはいえない。農奴は男女別の寮に入れられ、監督係の農奴に日常生活を監視されていた。一方、農奴に対してあからさまな体罰が加えられることはなく、せいぜい食事の内容に差がつけられるくらいであった。また、無数の農奴のなかから優秀な人材を発掘することのできたシェレメーチェフ家では、農奴俳優が売買されることもなかった。それどころか、ニコライは、一座のメンバーにわずかながら給金を与えるとともに、進歩がみられたときには、金額を増額するなどしてその努力に報いることすらあったのである。つまり、他の農奴劇場に比べると、ニコライはかなり人道的に農奴たちを扱っていたといえる。農奴に対するこうした待遇は、ニコライ自身の考えを反映したものだったのか、他の理由によるものだったのかは分からない。少なくともニコライは、一座の農奴を「物」のように扱うことはなかった。

教育と洗練

一座への入団が決まった農奴は、まず基礎教育を受けた。このときに重視されたのが、読み書きである。読み書きのできない者は、教師のもとでまずこの力を養わなければならなかった。オペラや演劇のセリフを覚えなければならない一座のメンバーにとって、読み書きの能力は、必要不可欠であった。また、少女の教育には、特別な注意が向けられた。当時のロシアでは、舞台に女性が上がることが少なく、女優という職業に対する偏見が大きかった。そのため、少年に比べて少女のリクルートは困難であり、一座のなかで女性の数がきわめて少なかったことから、少女には手厚い教育がほどこされた。少女たちには、上流社会のマナーのほか、ネイティブ教師によってフランス語やイタリア語が教えられるなど、貴族の子女さながらの教育が行われた。場合によっては、ロシア語の方言を矯正された例もある。こうして、洗練された女優になるべく養成された。

また、シェレメーチェフ家の一座には、俳優、踊り手、音楽家（器楽）の各セクションに、数多くの見習いのポストが設けられていた。これは、新しい入団者は、配属されたセクションで専門教育を受けたことを意味している。そして、この新人教育を担当したのが、各セクションの先輩である。彼らは教師として、新人を預かり、演技や舞踊、演奏などの専門教育を個別に行った。さらに、彼らは客員教師によるレッスンの復習教師を務めることもあった。このように、直属の先輩農奴が新人の教育を担当することにより、実践にいっそう密着した、手厚い指導が可能だったと考えられる。

しかし、彼らは、見習いの教育を全面的に委任されていたわけではなかった。というのも、定期的に、ニコライに教育の内容や、生徒の様子を報告しなければならなかったからである。教師であったが、あくまでも領主に仕える農奴という身分であることは変わりなく、ニコライの監督下にあったのである。次に引用するのは、一座で第二テノールを担当するかたわら、教師を務めていたボシュコによって、ニコライに提出された報告書の一部である。

一七九七年二月
一日　日曜日
二日　祝日
三日　朝、歌手全員で、既習のコンツェルトをさらった。昼食の後、ドームナはオペラ《植民地》の役と、《ポールとヴィルジニー》のもう一つの役をさらい、ウスチーニャは《見せかけの愛人》の役をさらい、ヒムシャとマーシャは、イタリア語の二重唱をさらった。
四日　朝、年少の歌手たちにソルフェージュを指導し、昼食の後、少女たちにオペラ《アゼミア》の合唱を指導した。
五日　朝、歌手全員で、既習の《三つのケルビムの歌》をさらった。昼食の後、ウスチーニャは《三人の農夫》の役を、ドームナは《ポールとヴィルジニー》の役をさらい、ヒムシャとマーシャは音階をさらった。

六日　朝、歌手たちで、コンツェルト《私の神よ》をさらった。少女たちは、音階とソルフェージュをさらった。
七日　朝、歌手たちで、コンツェルト《偉大なる主よ》をさらった。少女たちは、さまざまなオペラの合唱をさらった。(7)

ここで、ボシュコは、自分が指導する少女たちの名を挙げながら、カリキュラムについて事細かに記している。少女たちは、オペラの役を割り当てられて練習しているほか、イタリア語の二重唱や音階、ソルフェージュ（音楽の基礎教育）など、さまざまな音楽的な訓練を受けている。ボシュコはそれらを一手に引き受け、一人一人の指導内容を逐一ニコライに伝えているのである。こうすることにより、ニコライは、農奴の教育の進捗状況を把握することができた。

ニコライの目指したもの

農奴に対する教育については、ニコライ自身も口出しすることがあった。以下は、ニコライが音楽家（器楽）に向けて書いた命令書の一部である。

一　朝九時から一一時まで、ホルンを演奏すること

二　一一時から一二時まで、宿題を暗記すること
三　二時から五時まで、教師は自分の生徒を教えること
四　音楽家が病気でホルンを演奏できないときには、演奏会のためにオペラの稽古をすること[8]

ここでは、ニコライが、時間刻みで音楽家のカリキュラムを規定するとともに、教師にもスケジュールについて指示を出している。この命令書からは、ニコライ自身も、一座のメンバーの教育内容を考えていたことが分かる。こうして、シェレメーチェフ家では、常にニコライの目が行き届く方法で、農奴に対して細やかな専門教育が行われた。

さらに、専門教育は、農奴教師のほかに、外国人教師によって行われるケースもあった。オーケストラには、常に数名の外国人が客員奏者として在籍し、首席奏者を務めたり、指揮者を務めたりしながら、農奴音楽家を指導した。また、ニコライが一七八〇年代末からバレエの上演に力を入れ始めると、イタリアのバレエダンサーが続々と雇われるようになり、農奴の踊り手たちに稽古をつけた。さらに、俳優に対する専門教育は、ロシアの他劇場で活躍する俳優が客員教師となって行われることもあった（これらの点については、後で詳しく述べる）。ニコライの教育はそれだけにとどまらなかった。先述したモスクワのマドックスの劇場に年間用のボックス席を予約し、農奴俳優たちにしばしば見学に行かせたのである。職業俳優の演技や演奏にじかにふれるための工夫だった。

こうして、シェレメーチェフ家の俳優は、一座の内部の教師からだけでなく、外部の職業俳優から

高度な教育を受けるとともに、ロシアの最新の劇場事情にふれることにより、俳優・歌手としていっそう豊かな経験を積むことができた。これらの教育は、ニコライが同時代の他の劇場を強く意識し、それらに比肩する劇場づくりを目指していたことの表れでもある。また、俳優たちに「劇場通い」を推奨したのは、ニコライ自身の西欧遊学時の経験を反映しているのかもしれない。ニコライは、多様な劇場がひしめくパリで過ごし、オペラ座の音楽家イヴァールのもとでチェロを習うことで、劇場文化の何たるかを身をもって知った。こうした経験があったからこそ、ニコライは、俳優たちを自分の劇場に縛り付けるだけではなく、「外の空気にふれさせる」ことがいかに重要であるかを理解していたのであろう。

このように、シェレメーチェフ家では、農奴たちを厳しい環境に置きつつも「物」扱いをせず、ニコライの監督のもとで専門教育をほどこし、必要とあれば外部の教師を招いたり、他劇場を見学させたりと、さまざまな工夫をして一座のメンバーを育成していった。こうした育成法は、他の農奴劇場では類を見ないユニークなものである。やがて、シェレメーチェフ家の一座は、プラスコーヴィヤ・ジェムチュゴーワをはじめとする傑出した農奴歌手を輩出することになった。

身分を超えた歌姫、ジェムチュゴーワ

シェレメーチェフ家の劇場を語るとき、あるいは農奴劇場の歴史を語るとき、必ず名前が挙がるの

が、プラスコーヴィヤ・ジェムチュゴーワ（一七六八〜一八〇三。旧姓はコワリョーワ）（図3-4）である。彼女は、シェレメーチェフ家の一座の花形女優（歌手）であり、のちに身分を越えてニコライと結婚したことでも知られる。

プラスコーヴィヤは、一七六八年にヤロスラヴリ県の領地ベレジノ村で、農奴の家に生まれたとされる。一家は一七七〇年代にクスコヴォに移り、父親はシェレメーチェフ家の屋敷付きの鍛冶職人を務め、母親も屋敷に仕えた。プラスコーヴィヤは、七〜八歳頃にシェレメーチェフ家の屋敷に引き取られ、一座のメンバーになるべく教育を受けた。声楽、器楽（鍵盤楽器とハープ）、演技のほか、イタリア語やフランス語を学んだ。

持ち前の美貌と美声に加え、優れた音楽の才能を示したことで、早くも一七七九年に初舞台を踏んだ。演目は、グレトリのオペラ・コミック《試練を受ける友情》である。一一歳になったばかりというタイミングだった。やがて彼女には、「ジェムチュゴーワ」という新たな姓（芸名）が与えられた。この名は、「真珠」を意味するロシア語の「ジェームチュグ」がもとになっている。ニコライは、「お気に入り」の女優たちに、宝石にちなんだ芸名を与えるのを常としていた。

デビュー作の《試練を受ける友情》でジェムチュゴーワは脇役の一人を演じたが、翌年の一七八〇年（一二歳）には、サッキーニのオペラ・コミック《植民地》で、ヒロインのベリンダ役に抜擢された。その後も、オペラの舞台で主要キャストを務め、少なくとも一〇作のフランス・オペラ、一作のイタリア・オペラ、五作のロシア・オペラに出演したことが分かっている。[9] そのなかでも、グレトリのオペラ・コミック《サムニウム人の婚礼》のエリアーヌ役は、最大の当たり役となった。この作品は、ジェムチュゴーワの活躍も相まって、シェレメーチェフ家の劇場の「十八番」になり、一七八七年のエカテリーナ二世の御前上演は、女帝から大きな賞賛を引き出した（第4章参照）。また、劇場の「白鳥の歌」となるロシア・オペラ《ゼルミーラとスメロン》のゼルミーラ役を務めたのも彼女だった（第6章参照）。ジェムチュゴーワは、シェレメーチェフ家のオペラ上演に欠くことのできない人材だった。

ニコライとジェムチュゴーワが、いつから「男女の関係」になったのかは不明である。確かな証拠はないものの、ニコライが他にも「お気に入り」の女優や踊り手たちをそばに置き、ハーレムを形成していたという説もある[10]。しかし、彼にとってジェムチュゴーワは間違いなく特別な存在だった。一七八八年に父ピョートル・シェレメーチェフが亡くなると、ニコライはクスコヴォにジェムチュゴーワ専用の離れを整備し、彼女をそこに住まわせ、妻のように扱うようになった。こうした「特別扱い」は他の農奴たちの不満を呼び、彼女に対する仲間からの風当たりは強くなっていく。ニコライは、ジェムチュゴーワを守るために、彼女を他の農奴たちから遠ざけた。こうして、ジェムチュゴーワは離れで孤

図3-4　ジェムチュゴーワ
（*Ракина В. А.* и *Суслова М. Д.* Останкино. М., 2008. С. 15.）

立した生活を送るようになった。その状況は、ニコライがオスタンキノに新宮殿を建設してからも変わらなかった。ジェムチュゴーワは、一座の花形として輝かしいキャリアを築いたが、実のところ、一座のなかでは誰よりも孤独な歌姫だったといえるかもしれない(11)。

ニコライとジェムチュゴーワが正式に結婚したのは、ニコライが劇場運営から手を引いてから数年後の一八〇一年のことだった。それに先立ってニコライは、ジェムチュゴーワを農奴の身分から解放している。しかし、二人の夫婦生活は長くは続かなかった。ジェムチュゴーワは一八〇三年に息子を出産してまもなくこの世を去った(詳しくは「おわりに」参照)。農奴として生まれ、オペラ歌手として芸術に身を捧げ、最終的には伯爵夫人となった、世にもまれな三五年間の生涯だった。

第4章——ニコライの野望

1 「オペラ劇場」へのこだわり

劇場がニコライの手に渡り、一座も発足した。ニコライはいよいよ、オペラ上演活動に力を入れていく。ここではまず、劇場活動の全体像（公演、聴衆、レパートリーなど）を確認したうえで、オペラ上演について順番にみていこう。

三つの劇場

シェレメーチェフ家の一座は、冬季はモスクワで、夏季はモスクワ郊外のクスコヴォまたはオスタンキノ（シェレメーチェフ家のウサーヂヴァの一つ。詳しくは後述）の劇場で活動した。表4−1は、一座が公演を行った劇場の建物についてまとめたものである。(1) 最も新しいオスタンキノの劇場（一七九五年完成）でも、二六〇名のキャパシティであり、いずれの劇場も比較的コンパクトであったことが分かる。

公演の頻度はかなり高かった。一般に、農奴劇場は祝祭日などに散発的に公演を行うことが多かったが、シェレメーチェフ家の劇場は、それに加えて定期的な公演を行ったのである。公演は毎週日曜

表 4-1　シェレメーチェフ家の劇場設備の詳細

	シェレメーチェフ家の劇場			
	モスクワ	モスクワ（実現せず）	クスコヴォ（新劇場）	オスタンキノ
完成	1789 年（改修）	—	1787 年	1795 年
全体の奥行き	21.3m	42.7m	不明	37m
客席の奥行き	6.4m	—	不明	13.5m
舞台の奥行き	11.7m	—	25.6m	不明
キャパシティ	不明	200 ～ 300 名想定	150 名以上	260 名
備考	3 階建ての屋敷の 2 ～ 3 階にあった。ボックス席が中心。奈落あり	1790 年代に建設を計画	10 列の階段式観覧席，開放型のバルコニー席，天井桟敷からなる。奈落あり。1789 年に増築される	平土間が中心。奈落あり。客席が宴会場に早変わりするという仕掛けをもつ

注　1 サージェン＝ 2.134m で計算

日に行われ、時期によっては木曜日にも開催された。この点で、シェレメーチェフ家の劇場は、常設劇場としての性格もそなえていたといえる。

聴衆はすべて招待客であり、入場は無料だった。どのような聴衆だったのか、資料が断片しか残っていないため詳しいことは分かっていないが、その多くが一家と交流のあった皇族や貴族だったと考えられ、そのなかにはエカテリーナ二世をはじめとするかなり高位の人物も含まれていた。ただし、すべてが招待客であったとはいえ、一七九〇年七月三日に、ドルゴルーコワ公爵夫人（ニコライの遠縁にあたる）がニコライに宛てた次の書簡からは、実際には、招待客がみずから席を予約することも可能だったことが読み取れる。

私の知り合いの多くのご夫人が、昨日のあなたの公演をご覧になりたがっています。そこで私はあなた様に、次の日曜に、中央のボックス席を確保

していただきたいのです。もしその席がどなたにもあてがわれていなくて、予約されていなければの話ですが。(2)

この文面からは、聴衆は必ずしも一方的に招待されていたわけではなく、場合によっては、希望を出して観劇できたことが分かる。つまり、劇場好きの貴族が、自分の意思でシェレメーチェフ家の劇場を訪れるケースもあったのである。

なお、これらの聴衆のなかには、イギリス人興行師マドックスが運営した公衆劇場の常連客も含まれていたようである。この点については、「[マドックスが、]シェレメーチェフについて、伯爵が彼のもとから聴衆を奪うことを多くの人に訴えた(3)」という同時代人の証言が残っている。先述したように、マドックスの劇場は、モスクワのシェレメーチェフ家の劇場の目と鼻の先にあり、市民に広く開かれた劇場ではあったものの、その聴衆の中心は貴族階級であった。さらに、マドックスの劇場の公演日もまた、シェレメーチェフ家の劇場と同じ日曜日だった。

マドックスの劇場が一五〇〇名を収容する大劇場であったことを考えれば、シェレメーチェフ家の劇場に多少客が流れても問題ないように思える。しかし、マドックスにとっては、貴族は最も高価な客席を購入してくれる大切な存在であり、その「コアな聴衆」が奪われることは死活問題だった。このマドックスの訴えに対して、ニコライは「私の劇場は、毎日開いているわけではないし、入場無料なのです(4)」と述べている。この言葉からは、マドックスの焦りとは裏腹に、劇場運営に対するニコライの余裕ぶりが伝わってくる。一方で、ニコライがこうした言葉を残したということは、自分の劇場が他劇場から聴衆を奪っていたことを自覚していたことを意味している。こうした状況は、もしかしたら、ニコライにとって劇場運営の大きな張り合いになっていたかもしれない。

レパートリー

シェレメーチェフ家の劇場で上演された作品、つまりレパートリーについては、レープスカヤが広範な資料調査をもとに明らかにし、『シェレメーチェフ家の農奴劇場のレパートリー――作品目録[5]』にまとめている。ここでは、同書を手がかりにして、この劇場の大まかなレパートリーを紹介したい。

同書では、一七七五〜九七年にシェレメーチェフ家の農奴劇場で上演された作品を九二作品としており、その内訳を、オペラ四九、喜劇二三、バレエ二〇としている。全体に占める割合としては、オペラが約五三パーセント、喜劇が二五パーセント、バレエが約二二パーセントとなり、オペラが突出して多い。なお、第1章で述べたように、当時のロシアの劇場では、現在とは異なり、一つの劇場でオペラ、演劇、バレエといった複数のジャンルが上演されるのが常だった。

同時代の他劇場のレパートリーの傾向もみておこう。ロシアに存在した一七三の農奴劇場についてまとめたディンニクの『農奴劇場[6]』では、二二の劇場で上演された二九七作品を特定している。その内訳は、喜劇一一四、オペラ九四、バレエ二八、その他（ヴォードヴィル、ドラマ、悲劇など）四三、ジャンル不明一八である。ディンニクの著書は古く、同時代人の回想記などをもとに書かれたものであるため、必ずしも正確とはいえないが、総じて、喜劇やオペラが他の農奴劇場でも好んで取り上げられたジャンルであったことがうかがえる。

しかし、個々の劇場に目を向けてみると、たとえばヴォロンツォーフ家の農奴劇場（一七九四～一八〇五年）では、全九三のレパートリーの内訳は、喜劇六六、オペラ二一、ドラマ二、悲劇一、バレエ二、その他一と、シェレメーチェフ家の劇場とは異なり、喜劇がレパートリーの中心を占めていた。さらに、マドックスの公衆劇場（一七七六～一八〇五年）でも、四九四のレパートリーの内訳は、演劇（喜劇、悲劇など）二一四、オペラ一四四、バレエ一三六であり、オペラよりも演劇が多く取り上げられている（詳細は第1章参照）。したがって、他劇場と比べても、シェレメーチェフ家の劇場では、オペラが好んで多く上演されたといえる（図4-1）。

「ロシア初演」のこだわり

次に、オペラのレパートリーの中身をみていこう。巻末の表「シェレメーチェフ家の劇場のオペラ・レパートリー」は、シェレメーチェフ家の劇場で上演されたオペラ四九作を初演順に並べたものである。オペラの作曲者としては、ロシア内外の二四名となっており、オペラの原語も多様である。最も多いのはフランス・オペラであり、三一作品に上る（全体の六三・二パーセント）。残りは、イタリ

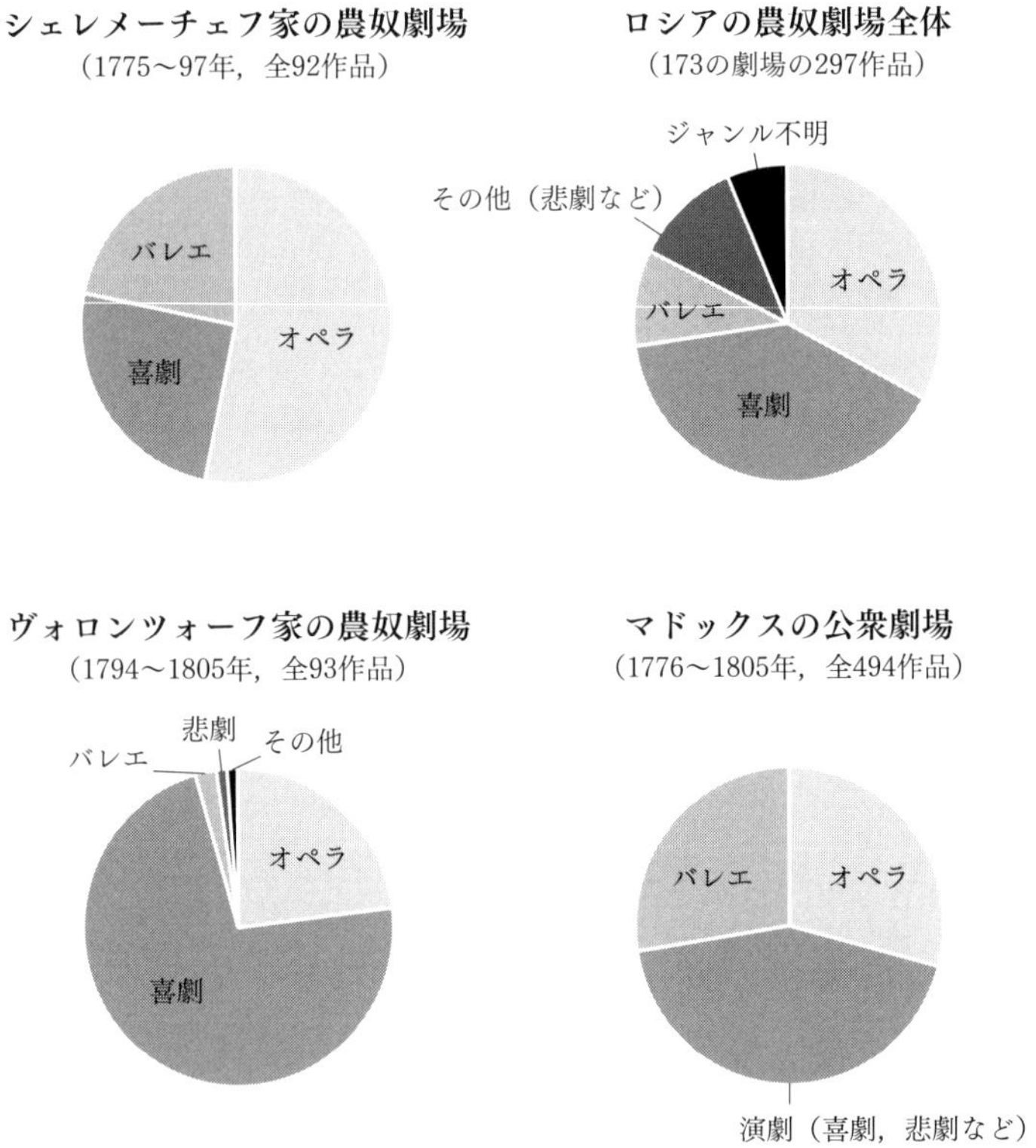

図 4-1　各劇場のレパートリー
　　　　ジャンル別のおおまかな割合

ア・オペラとロシア・オペラであり、それぞれ九作品である。この比率から、シェレメーチェフ家の劇場におけるフランス・オペラへの偏愛がうかがえる。なお、シェレメーチェフ家の劇場では、外国オペラはすべてロシア語による翻訳で上演されていた(翻訳上演については、後ほど詳しく述べる)。

巻末の表では、シェレメーチェフ家の劇場における初演年の欄に、各作品のロシアでの初演情報も掲載している。あわせて表の下部の注記も参照されたい。それらをもとに、これらの作品のロシアにおける初演および再演情報を整理すると、図4-2のようになる。このチャートから、この劇場が二〇作ものオペラをロシアで初演し、そのうち一六作が単独上演だった(シェレメーチェフ家の劇場以外では上演されなかった)

ロシア初演　20作品
- シェレメーチェフ家単独上演　16
  - ＊原語
  - フランス　11　(グレトリ3，デブロッス1，ドゥーニ1，パイジェッロ1，モンシニ1，グルック1，ダルシス1，サッキーニ1，デゾジエ1)
  - イタリア　1　(パイジェッロ)
  - ロシア　4　(コズローフスキー1，その他・不明3)
- その後，他の劇場でも上演　4
  - すべてフランス・オペラ　(フリッゼーリ1，ドゥーニ1，メロー1，マルティーニ1)

再演　29作品
- ロシア語初演　7　(フランス5，イタリア2)
- モスクワ初演　3　(イタリア3)
- その他　19 (フランス11，イタリア3，ロシア5)

図4-2　シェレメーチェフ家の劇場で上演されたオペラの内訳（筆者作成）

ことが分かる。さらに、再演された（シェレメーチェフ家の劇場に先立って他劇場が初演した）二九作のなかにも、ロシア語初演が七作、モスクワ初演が三作含まれている。つまり、全四九作のうち三〇作が何らかのかたちの初演であり（チャートのうちグレーの項目）、シェレメーチェフ家の劇場が、新作上演に対する強い志向性をもっていたことが浮かび上がってくる。

さらに、この三〇作のうち、実に二〇作がフランス・オペラであることが注目される。つまり、この劇場のレパートリーでは、とりわけフランス・オペラに独自性があった。ジャンルとしては、オペラ・コミックが圧倒的に多く、ドゥーニやモンシニ、グレトリの作品が多い。一八世紀後半のパリで大きな人気を集めた作曲家であり、このうちの多くの作品を、ニコライはパリで実際に鑑賞した可能性が高い。また、一七八〇年代後半には、グルックの《アルミード》とサッキーニの《ルノー》というトラジェディ・リリックが上演されている。フランス・オペラのレパートリー全体のなかでトラジェディ・リリックは二作品だけで、非常に少ないように感じられるが、このジャンルは、オペラ・コミックに比べて、上演に大変な手間がかかるとともに音楽的な難度も高いため、上演されたということだけで評価に値するのである。

このように、シェレメーチェフ家の劇場は「オペラ劇場」としての性格を強くそなえ、フランス・オペラのレパートリーに独自性があった。他の劇場のレパートリーと比べると、当時のロシアにおいて異彩を放つものであったことは明らかである。こうしたユニークな上演活動を推進したのが、ニコライ・シェレメーチェフであった。

2 パリの最新作を、ロシアで

初期の模索

ニコライは一七七七年秋にペテルブルグからモスクワに移り、父ピョートルから農奴劇場の運営を引き継いだ。初期の劇場運営には、ニコライのパリでのオペラ体験が直接生かされた。劇場活動の初期にあたる一七八〇年代初頭までにシェレメーチェフ家の劇場で初演されたオペラのほとんどが、フランスのオペラ・コミックだった。そして、その大半が、ニコライがパリに滞在していた一七七三年以前にフランスで初演された作品である。つまり、ニコライは、このうちの多くの作品をパリで実際に目にした可能性が高いのである。

また、シェレメーチェフ家の劇場で上演されたモンシニの《脱走兵》（一七八一年）、ドゥーニの《二人の猟師と乳しぼり娘》（一七七九〜八四年頃）、ゴセックの《樽職人》（一七八三年）といった作品は、一七七〇年代のパリで一〇〇回前後の上演回数を誇った人気作であった（第2章の表2-3参照）。しかも、初期のフランス・オペラのレパートリーは、そのほとんどがロシア初演あるいはロシア語初演だった。つまり、ニコライは、パリにおけるオペラ体験を直接の手がかりとして、「パリの話題作」と「ロシアの他劇場で上演されていない作品」を意図的にレパートリーに組み込んだと考えられる。

オペラ・コミックから始める

ところで、初期のレパートリーの中心となったフランスのオペラ・コミックとは、一体どのような作品だったのだろうか。パリでも大きな人気を集め、シェレメーチェフ家の劇場でも一七七九〜八四年頃に初演されたと考えられているドゥーニの《二人の猟師と乳しぼり娘》（一七六三年、パリ初演）を例にとってみよう。なお、この作品は、一八二〇（文政三）年に長崎の出島でオランダ人が上演した「日本で最初に上演されたオペラ」として、日本にもゆかりのある一作である。奇しくも、フランス、ロシア、オランダ、日本が、このオペラで結びつくわけだが、この事実は、この作品がそれだけ長きにわたって多くの国で影響力をもったことを表している。

オペラのあらすじは次のとおりである。猟師のコラとギヨーは、森のなかで熊を捕えて金を儲けようとしている。ギヨーは、熊を仕留めていないのにもかかわらず、食料を買ってしまう。そこに牛乳売りの娘ペレットがやってくる。ギヨーは、熊を捕えて金持ちになるつもりだと言って、彼女を口説きにかかる。一方、ペレットも、牛乳を売って卵を買い、卵をかえして雛を売り、雛を売って羊を買えば、金持ちになれると得意げに言う。しかし、結局、コラとギヨーは熊を仕留めることができず、ペレットもミルク壺を壊してしまい、金持ちになる計画はおじゃんになる。

このように、この作品は、楽観的な三人の登場人物が織りなす「失敗談」を扱ったコミカルなオペラである。なお、この作品はオペラ・コミックであるため、地の台詞が物語を進行し、数曲の声楽曲（アリエットや二重唱など）が挿入される。声楽曲はいずれも朗らかな曲調であり、このオペラの牧歌的な雰囲気によく合っている。ドゥーニのこの作品は、一七六〇〜七〇年代のパリで流行したオペラ・コミックの典型的な例であり、その屈託のない内容と耳なじみのよい音楽がパリの人々を喜ばせた。

ニコライは、西欧遊学から帰国する際、パリで仕入れた大量のオペラの台本や楽譜を持ち帰ったとされている。初期の劇場運営においては、ニコライはこれらの材料を使い、脳裏に焼き付いているパリの舞台を思い出しながら、オペラ・コミックを上演していったと考えられる。また、登場人物も少なく、声楽曲のナンバーもさほど多くないため、上演活動の滑り出しにふさわしいジャンルだった。

「特派員」イヴァール

しかし、パリから持ち帰ったオペラの楽譜や台本といった資源がやがて枯渇するのは目に見えている。さらに、話題作や、他劇場で上演されていない作品の上演にこだわったニコライにとって、パリから遠く離れたモスクワで上演活動を行うことは大きなハンデだった。そこでニコライが考えたのが、パリに「特派員」を置くことだった。特派員がいれば、パリの流行を直接聞き出し、上演に必要な品物を送ってもらうことができる。ロシアにいながらにして、独自のルートで、他劇場にはまねのできないようなレパートリーを開拓することができるのである。折しも、ニコライには「特派員」を任せるのにうってつけの人物がいた。イヴァールである。

第2章で述べたように、イヴァールは、ニコライが西欧遊学時にパリで知り合った人物であり、オペラ座のチェロ奏者を務めていた。ニコライのチェロの師匠だったとも考えられている。また、先述したように、イヴァールは、オペラ座のほかコメディ・フランセーズやコンセール・スピリテュエルといった、パリの名だたる劇場や演奏団体で活動した人物である。「特派員」を務めるには、十分すぎる人材であった。

残された往復書簡

ニコライとイヴァールは、一七八〇年代半ばから頻繁に書簡を交わすようになる。その往復書簡は、ペテルブルグのロシア国立歴史文書館に所蔵されている。(7) イヴァールの書簡は、約六〇通が現存しており、いずれもニコライに送られた原本だと考えられる。ニコライの書簡は、約二五通が現存するが、多くの修正の跡がみられるため、下書きだと思われる。いずれもすべてフランス語で書かれている。これらの書簡は、およそ二〇〇年以上も前に書かれたものであるが、驚くほど状態よく保存されており、用紙いっぱいに書き込まれた文字には、オペラ上演に対する二人の情熱がにじみ出ている（図4-3）。最も古い書簡は、一七八四年八月一五日付のイヴァールの書簡だが、それ以前から手紙のやり取りがあったことが示唆されている文面なので、現存するのは一部である可能性がある。

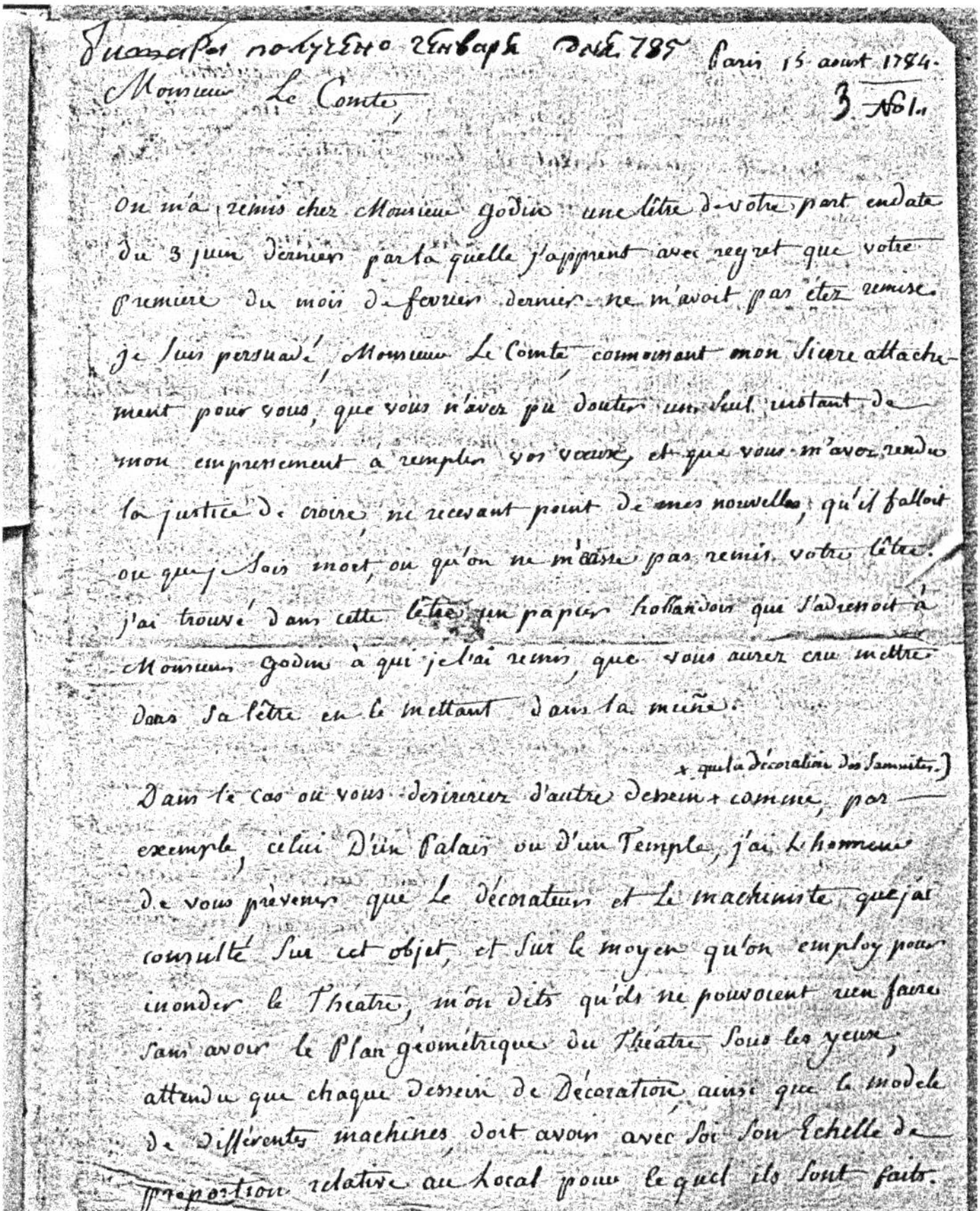

Paris 15 aout 1784.

Monsieur Le Comte,

3. No1.

On m'a remis chez Monsieur Godin une lettre de votre part en date du 3 juin dernier par la quelle j'apprent avec regret que votre première du mois de fevrier dernier ne m'avoit pas etez remise. je suis persuadé, Monsieur Le Comte, connoissant mon sincere attachement pour vous, que vous n'avez pu douter un seul instant de mon empressement à remplir vos voeux, et que vous m'avez rendu la justice de croire, ne recevant point de mes nouvelles, qu'il falloit ou que je sois mort, ou qu'on ne m'eusse pas remis votre lettre. j'ai trouvé dans cette lettre un papier hollandois qui s'adressoit à Monsieur Godin à qui je l'ai remis, que vous aurez cru mettre dans sa lettre en le mettant dans la mienne.

+ que la décoration des Sommiers.)

Dans le cas où vous desireriez d'autre dessein + comme, par exemple, celui d'un Palais ou d'un Temple, j'ai l'honneur de vous prevenir que le décorateur et le machiniste que j'ai consulté sur cet objet, et sur le moyen qu'on employ pour inonder le Theatre, m'ont dits qu'ils ne pouvoient rien faire sans avoir le Plan géométrique du Théatre sous les yeux, attendu que chaque dessein de Décoration ainsi que le modele de differentes machines doit avoir avec soi son Echelle de proportion relative au local pour lequel ils sont faits.

図 4-3　1784 年 8 月 15 日付のイヴァールの書簡（ロシア国立歴史文書館所蔵）

往復書簡の内容は多岐にわたっている。ニコライの書簡には、オペラ上演についての質問や、送付を希望する品物の話題、劇場活動の報告などが記されている。イヴァールの書簡には、オペラ上演に関するさまざまな助言や、パリで流行している劇作品や音楽作品の話題などがみられる。さらに、イヴァールの書簡のなかには、「計算書 mémoire」と書かれた文書が交じっている（図4-4）。イヴァールは、一七八四〜九一年に、毎年一回程度、パリで仕入れた品物をニコライに船便で送っていた。計算書は、送付品の内容と諸経費を記した請求書であり、ニコライはそれにもとづいて支払いをしていた。したがって、計算書をみることで、ニコライがイヴァールを通じて、どのようなタイミングで、何を、いくら費やしてパリから仕入れていたかを逐一知ることができる。

巨額の買い付け

ここで計算書の例をみてみよう。表4-2は、一七八四年の計算書の内容である。[8] まず、項目としては「正歌劇と喜歌劇」として、一〇作のオペラのタイトルが挙がっている。品物の詳細は書かれていないが、金額が当時フランスで販売されていたスコア（総譜）の値段と一致することから、印刷されたスコアであったと考えられる（たとえば、一七八四年にパリで出版されたピッチンニの《ディドン》のスコアは二四リーヴルだった）。ここに挙がっているオペラは、いずれも一七七〇年代後半から一七八三年にフランスで初演された比較的新しい作品である。

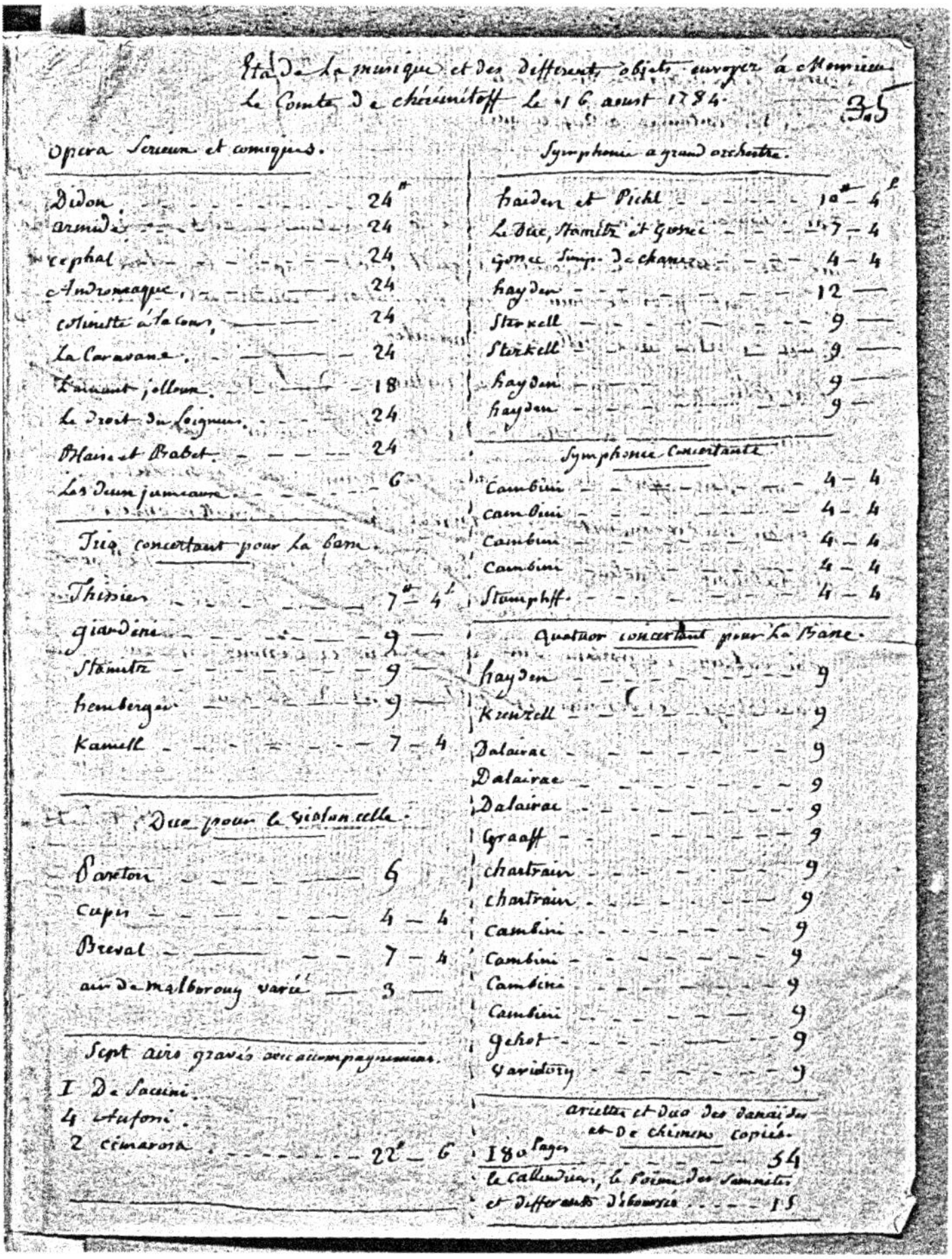
Etat de la musique et des differents objets envoyés à Monsieur le Comte de Chérémetoff le 16 aoust 1784. 35

Opera Serieux et comiques.
Didon 24
armide 24
cephal 24
Andromaque 24
Colinette à la cour 24
La Caravane 24
L'amant jaloux 18
Le droit du Seigneur 24
Blaise et Babet 24
Les deux jumeaux 6

Trio concertant pour la basse
Thissier 7 4
giardini 9
Stamitz 9
hemberger 9
Kamell 7 4

Duo pour le violoncelle
Baretou 6
Cupis 4 4
Breval 7 4
air de malborouy varié 3

Sept airs gravés avec accompagnement.
1 De Saccini
4 Anfossi
2 cimarosa 22 6

Symphonie a grand orchestre.
haiden et Pichl 10 4
Le Duc, Stamitz et Gossec 7 4
Gossec Simp. de chasse 4 4
hayden 12
Sterkell 9
Sterkell 9
hayden 9
hayden 9

Symphonie Concertante
Cambini 4 4
Cambini 4 4
Cambini 4 4
Cambini 4 4
Stamphff 4 4

Quatuor concertant pour la basse.
hayden 9
Kreutzell 9
Dalairac 9
Dalairac 9
Dalairac 9
Graaff 9
chartrain 9
chartrain 9
Cambini 9
Cambini 9
Cambini 9
Cambini 9
Gehot 9
Yaridory 9

ariettes et Duo des danaïdes et de chimene copiés
180 pages 54
le callendrier, le poème des samnites et differents déboursés 15

図 4-4　イヴァールが作成した計算書（ロシア国立歴史文書館所蔵）

項目		リーヴル	ソル
Symphonie concertante 協奏交響曲	Cambini	4	4
	Cambini	4	4
	Cambini	4	4
	Cambini	4	4
	Stumphff	4	4
Quatuor concertant pour la basse 低音楽器のための協奏的四重奏曲	Hayden	9	0
	Kreuzell	9	0
	Dalairac	9	0
	Dalairac	9	0
	Dalairac	9	0
	Graaff	9	0
	Chartrain	9	0
	Chartrain	9	0
	Cambini	9	0
	Cambini	9	0
	Cambini	9	0
	Cambini	9	0
	Gehot	9	0
	Variotory	9	0
Ariettes et duo des Danaïdes et de Chimène copiés 180 pages 《ダナオスの娘たち》と《シメーヌ》のアリエットと二重唱曲，筆写譜，180 頁		54	0
Le callendrier, le poème des samnites et différents débources 暦［劇場暦］，《サムニウム人［の婚礼］》の詩，雑費		15	0
Dessin de la décoration des samnites 《サムニウム人［の婚礼］》の舞台装置のデッサン		96	0
7 desseins des costumes à 24 chaques 衣装のデッサン 7 点，各 24 リーヴル		168	0
L'ambalage des desseins et ce transport de la musique デッサンの包装，楽譜の送料		4	10
	合計	854	4

注　フランス語は原文のまま。

表4-2　イヴァールが作成した1784年の計算書の内容

項目		リーヴル	ソル
Opéra sérieux et comiques 正歌劇と喜歌劇	Didon ディドン	24	0
	Armide アルミード	24	0
	Céphal [et Procris, ou L'amour conjugal] ケファールとプロクリス，または夫婦愛	24	0
	Andromaque アンドロマケ	24	0
	Colinette à la cour [, ou La double épreuve] 宮廷のコリネット，または二重の試練	24	0
	La Caravane [du Caire] カイロの隊商	24	0
	[Les fausses apparences, ou] L'amant jaloux 見せかけ，または嫉妬深い恋人	18	0
	Le droit du seigneur 領主権	24	0
	Blaise et Babet [, ou La suite des Trois fermiers] ブレーズとバベ，または続三人の農夫	24	0
	Les deux jumeaux [de Bergame] ベルガモの双子	6	0
Trio concertant pour la basse 低音楽器のための協奏的三重奏曲	Thissier	7	4
	Giardini	9	0
	Stamitz	9	0
	Hemberger	9	0
	Kamell	7	4
Duo pour le violoncelle チェロのための二重奏曲	Poreton	6	0
	Cupis	4	4
	Breval	7	4
	Air de Malboroug varié	3	0
Sept airs gravés avec accompagnemens 伴奏つきの7つのエールの印刷譜	1 de Sacchini 4 Anfossi 2 Cimarosa	22	6
Symphonie à grand orchestre 大オーケストラのための交響曲	Haiden et Pichl	10	4
	Leduc, Stamitz et Gossec	7	4
	Gossec simp. de chasse	4	4
	Hayden	12	0
	Sterkell	9	0
	Sterkell	9	0
	Hayden	9	0
	Hayden	9	0

次に挙がっているのは器楽曲の楽譜で、ジャンルと作曲者の名前が書かれている。「低音楽器のための協奏的三重奏曲」や「チェロのための二重奏曲」といったジャンルは、チェロ演奏をたしなんだニコライ自身が演奏する目的で仕入れたものだろうか。そのほかに「大オーケストラのための交響曲」や「協奏交響曲」というオーケストラ用の作品もある。これらは、シェレメーチェフ家のオーケストラで演奏するための作品だろう。作曲者に目を向けて見ると、ハイドンや、モーツァルトのライバルとしても知られるカンビーニ、マンハイム楽派のシュターミツ（カールかヨハンかは不明）など、著名な作曲家が含まれていることに気づく。そのほかに、シェレメーチェフ家での実際の上演を見越した品々（オペラの筆写譜、台本、舞台装置や衣装のデッサン）や、その他の諸経費がリストアップされている。イヴァールは、こうした事細かな計算書を作成し、送付品とその金額をニコライに報告したのである。

最新の台本・楽譜・舞台制作の資料

イヴァールの計算書に計上されている一年ごとの総額の推移をみてみよう（表4-3）。一七八四年には八五四リーヴル四ソルだったのが、ほぼうなぎ上りに増大し、一七九一年には九四一六リーヴル八ソルに達している。これは当初の一〇倍以上の金額である。この金額だけみても、ニコライが、年を追うごとにパリからの「輸入」に金をかけていったことが分かる。なお、一リーヴルは、現在の貨幣価値でおよそ一〇〇〇円と考えられるため、最終的には、年間一〇〇〇万円近くをパリからの仕入

表 4-3　イヴァールが作成した計算書の一覧と総額

年	品物の発送日	総額			備考	出典 ф. 1088, оп. 1, д. 186
		リーヴル	ソル	ドゥニエ		
1784	1784/08/16	854 (877	4 12	0 0)		л. 5, 5об.
1785	1785/05/29	3743 (3743	6 0	0 0)	1 年あたり 6341 リーヴル	л. 10-11об.
	1785/09/06	2597 (2597	14 14	0 0)		л. 14-15
1786	1786/09/12-18	3661 (3661	4 14	0 0)	1 年あたり 3991 リーヴル 4 ソル	л. 45-46
	1786/12/01 までに発送	330 (330	0 0	0 0)		л. 52-53об.
1787	1787/05/25 頃	6483 (6483	15 5	0 0)		л. 62-63об.
1788	1788/07/15	8804 (8803	13 19	9 9)		л. 81-84об.
1789-90	1790/07/03	17865 (17866	4 0	0 0)	1 年あたり 8933 リーヴル	л. 92-95об.
1791	1791 (詳細不明)	2576 (2576	0 0	0 0)	1 年あたり 9416 リーヴル 8 ソル	л. 109
	1791/08/16	6840 (6841	8 0	0 0)		л. 112-114об.

注　総額の上段の数字は筆者の計算による。
　　下段の括弧内の数字はイヴァールの計算による（計算間違いを含む）。

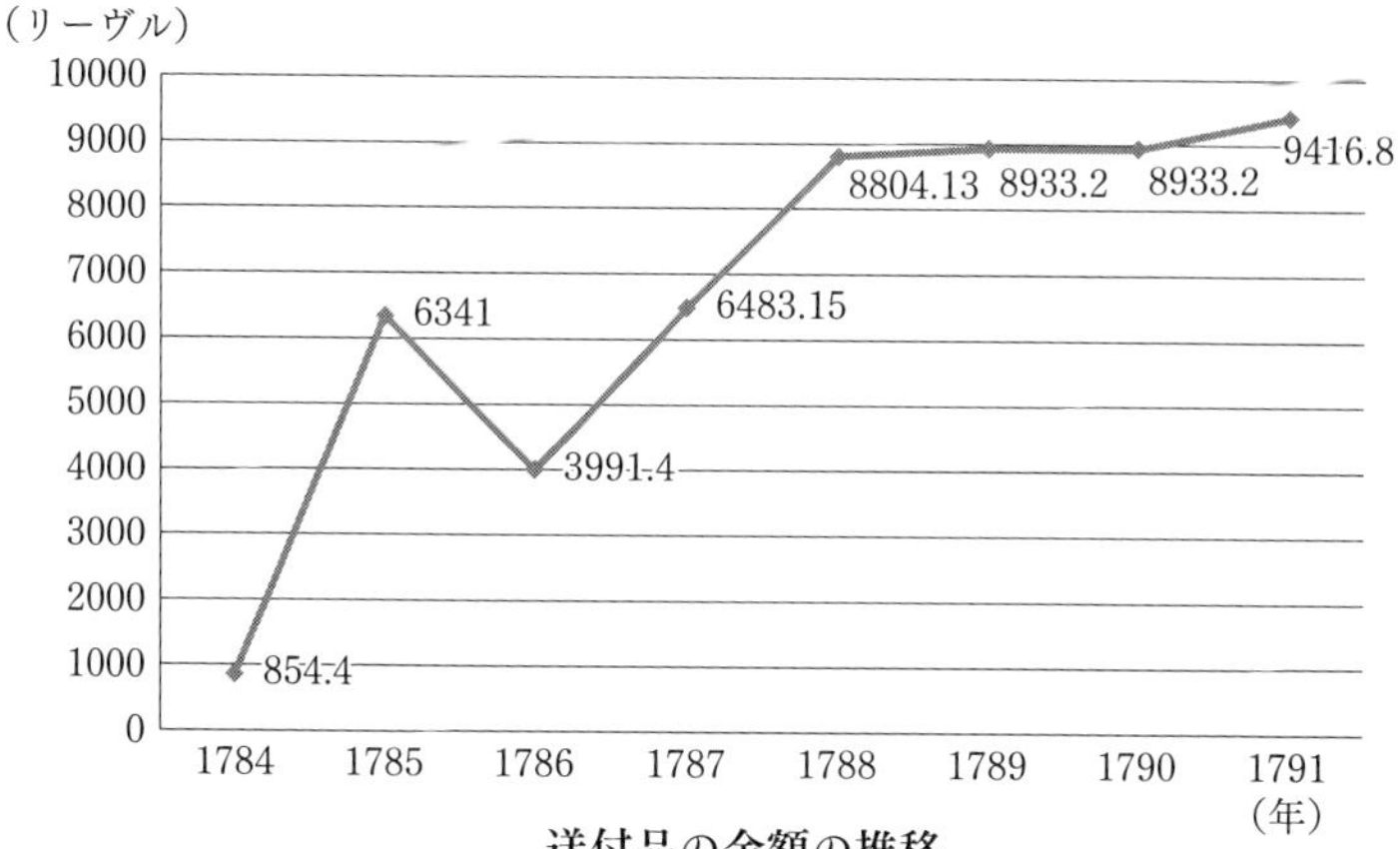

送付品の金額の推移

れに費やした計算になる。

計算書の項目としては、一七八四年の計算書の例にあったように、オペラ、バレエ、演劇の台本や楽譜、演奏会用作品の楽譜、劇場関係の書籍、舞台装置や衣装のデッサン、舞台装置や劇場の模型、小道具など、劇場にかかわる品物が大部分を占めた。そのほかに、たばこや懐中時計といったニコライの私物や、手紙の郵送代、送付物の包装代などの雑費も含まれているが、これらは全体のごく一部でしかなかった。

なお、イヴァールから送られた品物は、イヴァール自身が判断して仕入れたものもあれば、ニコライの要望にしたがって手配されたものもあった。とりわけオペラについては、ニコライが自分自身で選定し、イヴァールが上演に必要なものを用意するというケースがままあった。その際、ニコライは、イヴァールからの情報のほかに、パリの定期刊行物を手がかりにしていたと考えられる。計算書には、『劇場暦』(パリの劇場年鑑)や『ジュルナル・ド・パリ』(パリの劇場の公演情報が掲載された新聞)が挙がっているほか、ニコライの蔵書目録には、月刊の文芸誌『メルキュール・ド・フランス』や『音楽年鑑』が挙がっている。これらはいずれも、パリジャン御用達の劇場・音楽の情報誌だった。ニコライは、これらを読んでパリの流行をキャッチし、イヴァールに指示してオペラを取り寄せていたのである。

現存する往復書簡をみる限り、ニコライは、遅くとも一七八四年頃には、イヴァールから劇場運営のサポートを受けるようになった。往復書簡には、ニコライがオペラに関する情報を貪欲に集め、オペラ上演に情熱を捧げた様子と、イヴァールがニコライの期待に応え、献身的に上演活動をバックアップした痕跡が残っている。ここからは、この往復書簡を手がかりとして、ニコライがどのようにオペラ上演にのぞみ、何を目指したのかを読み解いていく。

3　ニコライ渾身の舞台制作――グレトリ《サムニウム人の婚礼》

グレトリのオペラ・コミック《サムニウム人の婚礼》（一七七六年、パリ初演）は、ニコライがイヴァールの協力のもとに一七八五年にロシア初演し、それ以来、シェレメーチェフ家の劇場の「十八番」として繰り返し上演されることになった。ところが、この作品は、パリではヒットしなかった。グレトリはオペラ・コミックのヒットメーカーであったが、この作品に限ってはパリで成功を収めることのできなかった「失敗作」と位置づけられている。この矛盾は一体何なのだろうか。実は、この矛盾にこそ、ニコライがオペラ上演に求めていたことが隠されているのである。

パリの「失敗作」をロシアでヒットさせる

《サムニウム人の婚礼》の台本は、マルモンテルによる『教訓小話集』（一七六一年）のなかの同名の短編小説（図4-5）を原作として、ロゾワによって作成された。ロゾワは、この作品を「ドラム・リリック」として構想している。ドラム・リリックとは、一八世紀の後半に一部のオペラ・コミックに対して用いられた名称であり、地の台詞と歌唱の交替によって劇が進行するというオペラ・コミックの形式をとりながらも、「調子が、コメディや関連する諸形式のそれよりも真面目であり、非常に道徳的[9]」であるという特徴をもつ。また、グレトリの研究者であるチャールトンは、この作品について、「どの歴史画にも引けをとらない野心的なキャンバスであり、その威厳に満ちた筋書きは、グルックのパリのトラジェディを想起させるものである[10]」と述べ、オペラ座で上演されていたトラジェディ・リリックとの関連性を示唆している。

図 4-5　マルモンテルの小説「サムニウム人の婚礼」の挿絵（Gallica［*Contes moraux. Tome 2 /, par M. Marmontel*］）

物語のあらすじ

全体は三幕から構成され、散文体による地の台詞をともなう。あらすじは、以下のとおりである。古代イタリアの大きな円形闘技場。サムニウム人には、愛する人の名を親以外に口外してはいけないというおきてがある。サムニウム人の青年アガチスは、ローマ人との戦闘を前に、父親に対してセファリードへの秘めた恋心を告白する。やがて、アガチスと親友パルムノンは、サムニウム人の少女らに見送られて戦闘へと出立する（第一幕）。

サムニウム人の少女エリアーヌは、思いを寄せるパルムノンの身を案じる。エリアーヌは、サムニウム人の少女たちが、みずから結婚相手を選ぶ権利をもたないことを公然と非難し、村を飛び出す。戦闘で負傷した数人の戦士たちが戻り、セファリードは手当てをする（第二幕）。

セファリードは、愛するアガチスの無事を祈る。戦闘はサムニウム人たちの勝利だった。戦士たちが凱旋し、族長が三名の英雄を発表する。パルムノン、アガチス、そして将軍の命を救った見知らぬ戦士である。彼らには、褒美として結婚相手の選択権が与えられ、アガチスはセファリードを、パルムノンはエリアーヌの名を口にする。将軍の命を救った覆面の戦士が現れる。その戦士こそがエリアーヌだった。戦場での苦しい体験を語った後、彼女は人々に認められ、晴れてパルムノンと結ばれる（第三幕）。

男性に服従するサムニウム人の女性のなかで、一人の勇敢な女性が慣習に立ち向かい、力ずくで女性の権利を獲得するという筋書きである。従来のオペラ・コミックとは異なり、喜劇的な要素が排除されており、全体は真面目な調子で統一されている。音楽面の特徴としては、合唱を含む楽曲が多く含まれるほか、オーケストラで多くの楽器が使われるなど、当時のオペラ・コミックのなかでも、大規模な編成を必要とすることが挙げられる。

パリ上演の評判

初演は、一七七六年六月一二日にパリのコメディ・イタリエンヌで行われた。グレトリは当時、すでにオペラ・コミックの作曲家として成功を収めていたが、この作品については以下のように自伝で述べている。

この作品はまったく成功しなかった。おそらく、偏見がその原因だろう。聴衆は、日ごろ滑稽な役を演じている役者たちが、兜をかぶっていることになじめなかった。(11)

この発言は、作品の性格がコメディ・イタリエンヌの舞台に合わず、聴衆に受け入れられなかったことを示唆している。結局、《サムニウム人の婚礼》は、一七七六〜七八年に合計一四回上演されたものの、コメディ・イタリエンヌのレパートリーから姿を消してしまった。

その後、一七八二年に再び改訂版が同劇場で上演された。地の台詞が韻文体に変更され、コメディ・エロイック（英雄的コメディ）として発表されたが、これも三回で打ち切られ、成功を収めるには至らなかった。一七八二年五月二二日の上演の後、『メルキュール・ド・フランス』誌は、この作品について次のように評している。

そもそも、［コメディ・］イタリエンヌの舞台は、このようなテーマを扱うべきではないかもしれない。英雄的なジャンルは、ブフォン［滑稽さ］と相いれない。すでに何度も言われてきたことだが、繰り返さなければならない。ブフォンのジャンルの慣習は、大きなジャンルに固有の高貴さとは相いれないのだ。(12)

この記事では、この作品を「英雄的なジャンル」「大きなジャンル」と位置づけ、本来、喜劇的な主題を扱うことが多いオペラ・コミックの様式にそぐわないものであるとしている。つまり、《サムニウム人の婚礼》は、オペラ・コミックとしては異色作だったために、パリの聴衆に受け入れられなかった。ニコライは、『メルキュール・ド・フランス』をはじめとするパリの定期刊行物を複数チェックしていたので、作品のこうした評判を知っていた可能性が高い。

ニコライはなぜこの作品を選んだか

なぜニコライは、グレトリの「失敗作」であった《サムニウム人の婚礼》を上演しようと思ったのだろうか。残念ながら、この作品を取り上げた経緯は書簡に書かれておらず不明である。しかし、ニコライにとって、グレトリがお気に入りの作曲家であったことは間違いない。

ニコライがグレトリの音楽に初めて出会ったのは、一七七二〜七三年のパリ滞在時と考えられる。折しもパリでは、グレトリのオペラ・コミックが爆発的な人気を集めていた。およそ一年にわたるパリ滞在中に、ニコライがその舞台を鑑賞した可能性はきわめて高い。その体験がよほど大きな印象を残したのか、ニコライは劇場運営に取り組むようになると、グレトリの作品を次々と取り寄せていった。イヴァールが作成した計算書によれば、一七八四年八月にニコライのもとに一〇作のオペラのスコアが送られているが、そのうちの実に半分がグレトリであった（表4-2参照）。そのなかには、《サムニウム人の婚礼》と同じようにパリで成功しなかった《アンドロマケ》（一七八〇年、パリ初演）といったマイナーな作品も含まれていた。さらに、ニコライの蔵書目録をみると、グレトリのオペラの台本や楽譜を片っ端から集めている様子がうかがわれ、そのなかから《サムニウム人の婚礼》に目をつけたと推測できる。

必需品の輸入とグレトリの助言

上演に必要なものの輸入は、イヴァールの協力のもとに進められた。往復書簡においてこの作品に初めて言及しているのは、一七八四年八月一五日付のイヴァールの書簡[13]である。この書簡では、舞台装置の発注や、上演方法について書かれている。このときにはすでに上演の準備がかなり進んでいたことがうかがえる。同年八月一六日にイヴァールから発送された計算書[14]には、台本・舞台装置・衣装のデッサンが計上されている。楽譜については、これ以前にニコライが入手していた可能性が高い。

一七八五年八月四日付のイヴァールの書簡[15]には、作品の改訂について、イヴァールがグレトリに直接助言を求めたことが書かれている。オペラ座のチェロ奏者であったイヴァールは、必要とあれば、作曲家自身に質問をすることもできたのである。彼は、グレトリの助言を受けて、一七八二年の改訂版では台詞が韻文体になったことを伝え、上演にあたっては、台本は改訂版を参照すべきだが、楽譜は一七七六年版を使用すればよいと説明している。つまり、一七八四年にイヴァールから送られた台本は一七八二年の改訂版だったと考えられ、ニコライは、それをふまえた上演を行おうとしていたことになる。ニコライは、この作品が一七八二年に改訂上演され、しかも評価がよくなかったことも認識していたと考えられる。それでもニコライが上演を目指したのには、作品によほどひかれるものがあったのであろう。

クスコヴォ新劇場こけら落とし

《サムニウム人の婚礼》の初演は、一七八五年一一月二四日に、シェレメーチェフ家のモスクワの劇場で行われた。ロシア初演であった。この作品はその後、シェレメーチェフ家の劇場で繰り返し舞台にかけられ、少なくとも、一七八七年六月三〇日にクスコヴォで、一七九〇年にモスクワで、一七九七年五月七日にオスタンキノで上演されたことが分かっている。

エカテリーナ二世を迎えて

そのなかで同時代の人々に最も強い印象を残したのは、クスコヴォにおける上演だろう。エカテリーナ二世の来訪に合わせて行われた上演だったからである。シェレメーチェフ家では、この機会に、数年前から建設が進められていた新劇場を開館させた。この真新しい劇場での《サムニウム人の婚礼》上演について、エカテリーナ二世に同行していたフランスの外交官セギュールは、次のように述べている。

大規模なロシアのオペラが非常に高貴な劇場で上演された。そして、物語を理解するすべての人々が、それが大変興味深く、よく書けていると述べた。私は音楽とバレエの評価しかできなかった。音楽は、心地よい旋律で私を驚かせ、バレエは、衣装の豊かさ、女性の踊り手の優美さ、男性の踊り手の軽快さと活発さで私を驚かせた。
しかし、私がほとんど信じられなかったのは、オペラの詩人、作曲家、この建物を建てた建築家、それを装飾した画家、作品の俳優と女優、バレエの男性と女性の踊り手、オーケストラの音楽家らが、すべてシェレメーチェフ伯爵の奴隷〔原文ママ〕であったということだ。(16)

セギュールは、《サムニウム人の婚礼》のことを「ロシアのオペラ」と表現し、台本や音楽も農奴が作ったとしているが、これはもちろん誤りである。おそらくロシア語による翻訳上演であったための勘違いだろう。しかし、この証言から、上演を観た人々とセギュール自身が作品とその上演を高く評価していたことが分かる。また、バレエの話題が出てくるが、原作にはバレエの場面がない。シェレメーチェフ家での上演で独自に加えられたのだろう。この上演には、エカテリーナ二世も大きな満足を示したようだ。ニコライは、イヴァールに次のように書き送っている。

あなたは私たちのお祭りのうわさをお聞きになったと思います。実際に、すべてがかなりうまくいき、陛下はいつものような優しさをもって、陛下のために行われたあらゆるお祭りのなかで、それは最も豪華で楽しいものだったとおっしゃってくださいました。(17)

ポーランド前王をもてなす

さらに、一七九七年五月七日に、ポーランド前王のスタニスワフ二世アウグスト・ポニャトフスキらを招いて行われた、オスタンキノの劇場における上演はいっそう盛大であり、招待客を驚かせた。この上演について、ポニャトフスキは以下のように述べている。

幕が上がると、他の巨匠のいくつかのエールの混じった、グレトリの音楽による《サムニウム人の婚礼》がロシア語で上演されるのをみました。すべては、シェレメーチェフの支配する三〇〇名以上の人々で上演されました。フランスの俳優をまねた身ぶりと朗読法、最もうまくデザインされた衣装、特にシェレメーチェフ伯爵夫人の一〇万ルーブル以上もするダイヤモンドで飾られた衣装。やはり使用人から構成されたコール・ド・バレエには、とりわけ二人の女性の踊り手が認められました。(18)

この証言には、舞台に多くの農奴が出演者として登場し、ジェムチュゴーワが非常に豪華な衣装を身にまとっていたことが印象深く記されている。なお、当時ニコライとジェムチュゴーワはまだ結婚していなかったが、ポニャトフスキは彼女を「伯爵夫人」だと誤解している。また、グレトリの音楽だけでなく他の作曲家の音楽も加えられたことや、やはりバレエが挿入されていたことも分かる。

ニコライのプロデュース力

シェレメーチェフ家の劇場における《サムニウム人の婚礼》の上演は、聴衆に大きな印象を与えるものだった。ここからは、ニコライがこの作品をどのように上演し、一座の「十八番」としたのかをさまざまな観点からみていきたい。

キャスティングの妙

まず、キャスティングである。この作品のキャスティングについては、初演時に作成された台本の情報から、九名の農奴俳優（歌手）がメイン・キャストに起用されたことが分かっている。このなかで最も注目されるのは、エリアーヌ役に一座の花形プラスコーヴィヤ・ジェムチュゴーワが選ばれた点である（図4-6）。

《サムニウム人の婚礼》のエリアーヌは個性的な役柄である。エリアーヌは、男性本位のサムニウム人の部族のおきてに立ち向かい、男性に交じって戦争に参加することもいとわない、勇猛なサムニウム人の少女である。ロゾワがマルモンテルの小説をもとにオペラ・コミックの台本を作成した際に創作した人物で、彼はこれについて次のように述べている。

私は、物語に新たな登場人物［エリアーヌ］を加えた。それは、サムニウム人の娘であり、彼女の

図 4-6　エリアーヌに扮するジェムチュゴーワ

情熱的な心と誇り高き魂は、自然のために、おきてに対して抗議する……。この対照の目的は、サムニウム人の残りの若者たちの平穏な服従をより目立たせることである。(19)

この説明から、エリアーヌは、従順なサムニウム人の女性たちの姿を強調するために生み出されたキャラクターであることが分かる。物語のなかで、エリアーヌは、友人の心優しい少女セファリードや、おきてに従うことを重んじているウフェミといった登場人物と、あざやかな対照を生み出し、存在感を強めている。

しかし、この作品の主役はサムニウム人の青年アガチスであり、ヒロインはセファリードである。ロゾワの台本では、エリアーヌの名は五番目に挙がっており、女性のなかではセファリードの後になっている。登場する場面もそれほど多くはない。第一幕では、終盤に登場してわずかな台詞を述べるだけであり、第二幕の途中で退場した後は、第三幕の終盤まで登場しない。つまり、エリアーヌは、あくまでも脇役の一人なのである。

しかし、グレトリは、エリアーヌの限られた登場場面のなかで、彼女のキャラクターを音楽で描写しようと努め、役柄をいっそう印象深いものにしている。エリアーヌの独唱曲の一つである、第一一番〈レシタティフとエール〉は、第二幕の冒頭で歌われる。戦争に出立したパルムノンの身を案じるエリアーヌの不安な気持ちが、台詞ではなく、レシタティフによって表現される。数小節単位でテンポが変わり、きわめて細かい強弱の指示がみられ、エリアーヌの不安に駆られて揺れ動く心情が、音楽で描写されている。

さらに旋律線は、エリアーヌの性格を巧みに描いている。譜例4-1は、レシタティフの途中で、「あぁ、もし私が彼を見たのが最後だったとしたら、運命はなんという苦痛を私にもたらすのでしょう」と歌われる場面の譜面である。ここでは、二六〜二七小節目において、「なんという苦痛 Quel tourments」という歌詞が二度繰り返されており、「苦痛 tourments」という単語に、一一度の大きな跳躍がある。このような跳躍は、作品を通じてエリアーヌのパートにしばしば現れ、彼女の気性の激しさを音楽的に表現している。つまり、音楽的にもエリアーヌの勇猛なキャラクターが強調されているのである。こうした旋律は歌手にとっても難度の高いものであり、エリアーヌ役は、熟達した歌唱技術をもった歌手にしか務められなかった。

歌手を引き立てる編曲

エリアーヌは副次的な登場人物であり、舞台に登場する回数も決して多いとはいえない。しかし、物語のなかで重要な役割を担うとともに、音楽的にも強い性格づけがなされている。ニコライは、ジェムチュゴーワをヒロインのセファリードにキャスティングせずに、あえてエリアーヌ役に抜擢した。つまり、個性の強いエリアーヌ役を、花形歌手を引き立てるために利用したと考えられるのである。

さらに、シェレメーチェフ家の劇場では、上演に際して、ジェムチュゴーワの声楽の技量をいっそ

譜例 4-1 《サムニウム人の婚礼》より第 11 番〈レシタティフとエール〉23 ～ 28 小節

う際立たせるために、エリアーヌのパートが改変された。編曲は、シェレメーチェフ家の農奴作曲家デフチャリョーフ（一七六六～一八一三）によって行われたらしい。デフチャリョーフは、シェレメーチェフ家の農奴として生まれ、幼少期に一座に加わった。ニコライに楽才を見いだされ、イタリアの作曲家らに作曲を学んだ。オペラや合唱作品を多く残したほか、外国の音楽作品の編曲なども担当している。上演で使用された《サムニウム人の婚礼》の楽譜は、オスタンキノ宮殿博物館に保管されており、私も二〇〇九年に博物館を訪れ、現物を手にとることができた。貴重資料であったため、ごくわずかな時間しか閲覧が許されなかったものの、譜面に多くの修正や加筆がほどこされていることが確認できた。この楽譜を分析したモーザーによれば、改変は、エリアーヌの旋律の音高が上げられたり、エールにカデンツァが加えられたりといった内容だったようだ。[20] こうして、エリアーヌ役は音楽的にもいっそう魅力的な役柄となった。

ここで浮かび上がってくるのは、ニコライの優れたプロデュース力である。ニコライは、この作品をレパートリーに選定するにあたり、作品の「影の主人公」ともいえるエリアーヌという登場人物を見つけ出し、花形歌手の「当たり役」へと仕立て上げたのである。まさにニコライによるキャスティングの妙を示すものであった。

「本場」をしのぐオーケストラと合唱

《サムニウム人の婚礼》は、大きな編成のオーケストラを必要とするという点でも、異色のオペラ・コミックだった。当時のオペラ・コミックではほとんど使用されなかったクラリネットやトランペット、ティンパニといった楽器が使われている。たとえば、第九番〈二重唱と行進曲〉では、弦楽五部に加えて、フルート、オーボエ、クラリネット、ファゴット、ホルン、トランペット各二本と、ティンパニ二台という、かなり規模の大きなオーケストラをともなう。この曲は、ローマとの戦争に出発するアガチスとパルムノンによって歌われる勇ましい音楽であり、大編成の管楽器のアンサンブルが軍楽隊を想起させる。このほかにも、戦争や婚礼にかかわる場面で、多彩な楽器が使用されている。

パリのコメディ・イタリエンヌでは、《サムニウム人の婚礼》を上演する際、常任の楽器奏者だけでは手が足りず、軍楽隊に客演を依頼している。[21] それくらい、この楽器編成は異例だったのである。一方で、シェレメーチェフ家の一座は、大規模な編成にも対応できた。表4-4は、一七八九年のシェレメーチェフ家の一座のオーケストラの構成をまとめたものである。[22] シェレメーチェフ家の一座には、フルート、クラリネット、トランペット、ティンパニといった楽器に常任のポストが設けられていることが注目される。一方で、コメディ・イタリエンヌのオーケストラは、《サムニウム人の婚礼》が初演された一七七六年には二五名で、内訳は、弦楽器一八名、フルート兼オーボエ二名、ファゴット二名、ホルン二名、ティンパニ一名であった。[23] シェレメーチェフ家の劇場に比べると、管楽器のポストが少ない。

また、《サムニウム人の婚礼》では、全二三曲のうち五つの曲に合唱が含まれる。上演当時、コメディ・イタリエンヌの合唱は、各パートが二~三名の人数で構成されていた[24]。したがって、同劇場での上演では、せいぜい一五名程度の小規模な合唱団によって歌われていたと考えられる。一方、シェレメーチェフ家の一座は、一七九〇年代には、三六名からなる合唱団員を擁していた[25]。コメディ・イタリエンヌの二倍以上の規模である。シェレメーチェフ家の上演では、合唱シーンはより盛大だっただろう。

表4-4 シェレメーチェフ家のオーケストラ(1789年)

楽器	人数
第1ヴァイオリン	9(うち見習い5)
第2ヴァイオリン	3
ヴィオラ	2
チェロ	3(うち1名は兼第2ヴァイオリン)
コントラバス	3(うち見習い1)
フルート	4(うち見習い2)
オーボエ	4(うち見習い2)
クラリネット	3(うち見習い1)
ファゴット	3(うち見習い1)
ホルン	4
トランペット	4(うち見習い2)
ティンパニ	1
ハープ	0
チェンバロ	0
その他の楽器	0
小計	43
その他の仕事	6
合計	49

オーケストラや合唱は、通常のオペラ・コミックにおいては、あくまでも付随的な要素であり、前面に出ることはあまりない。しかし、歴史劇を主題としたこの作品では、物語の厳粛な雰囲気を生み出すためにそれらが活用されている。その点でニコライは、このオペラが自前の農奴オーケストラと合唱団の力量を発揮するのにふさわしい作品だと考えたのかもしれない。

豪華絢爛の舞台装置

古代イタリアの都市サムニウムを舞台とするこの作品では、舞台装置も凝っていた。台本の

第一幕の冒頭には、次のようなト書きがあり、オペラ・コミックにしては大がかりな舞台装置を必要としたことが推測される。

劇場は、広大な円形闘技場となっている。円形闘技場は、半円状に植わった非常に高い木々の陰になっている。舞台の正面には、円形闘技場の階段席と同じような、いくつかの草の生えた段がある。これによって円形闘技場の階段席の両脇と奥に、作品のさまざまな登場人物の出入りのための大きな空間が作られる。(26)

シェレメーチェフ家での上演にあたり、ニコライはイヴァールを通じて舞台装置のデッサンを取り寄せており、パリの舞台を直接参考にしたと考えられる。さらに、一七八四年八月一五日付のイヴァールの書簡には、「作者の望みによる《サムニウム人の婚礼》の配置に関する総合的な見解」と題した、イヴァール以外の筆跡による文書が添付されている。(27) これは、おそらくコメディ・イタリエンヌの関係者によって書かれたもので、舞台装置の配置に関する助言が記されている。円形闘技場の階段の大きさなどが事細かに書かれているほか、劇場が小さすぎる場合には、階段が第一幕の行進の場面で邪魔になるので、第二幕と第三幕のあいだに組み立てればいいといった細やかな指示がみられる。

この文書の存在は、ニコライが、パリの劇場のやり方を手本として舞台装置を作成していただけでなく、自分の劇場の大きさにあわせて具体的なアドバイスを求めたことを示している。ニコライは舞台装置という視覚面にも大きな注意を払っていたのである。ニコライはまた、登場人物のデッサンも取り寄せ、衣装の作成にも力を入れた。

理想のオペラ

ニコライは、イヴァールの協力を得て、パリにおける上演を参考にして舞台を制作していった。しかし、聴衆の証言やその他の史料からは、ニコライが上演にあたって、原作を自由に改変していたことが読み取れる。

まず挙げられるのが、バレエの挿入である。原作にはバレエの場面はないものの、この作品では、第一幕の最後に、戦争へ出立するサムニウム人の兵士たちの行進曲が置かれ、第三幕でも凱旋行進があるほか、合唱をともなう群衆場面も多く配置されている。つまり、バレエを取り入れるのに適した構成をもっていたといえる。シェレメーチェフ家の劇場では、後述するように、一七八〇年代後半から、バレエ・レパートリーの充実をはかり、踊り手の強化育成が行われるようになった。その歩みのただなかにあったこの劇場のバレエ団が、舞台をいっそう豪華に彩るべく、この作品の上演に参加した可能性がある。

さらに、シェレメーチェフ家の劇場における上演では、音楽そのものの改変も行われた。まず挙げられるのが、エリアーヌの音楽である。エリアーヌ役は、もともと難度の高い声楽テクニックを必要としたが、花形歌手のジェムチュゴーワの技量を引き立てるための編曲が行われた。また、ポニャトフスキの証言から、少なくとも一七九七年の上演では、原作に「他の巨匠［作曲家］のいくつかのエール」が加えられた。詳細は不明だが、この作品の音楽的な側面を拡充するための措置だったのだろう。

そのほかに、同じポニャトフスキの証言は、三〇〇名もの出演者が舞台に登場したことを伝えている。誇張表現である可能性は高いが、それでも、上演にバレエが加えられたことや、合唱団の充実や、大規模なオーケストラのことを考えれば、パリにおける上演とは比べ物にならないほど多くの出演者がいたことは確かである。一座総出の体制によって、この劇場では、オペラ・コミックが、大劇場におけるオペラ（正歌劇）上演のように脚色されて、盛大に上演されたことが想像される。

《サムニウム人の婚礼》は、従来のオペラ・コミックとは異なり、大劇場で上演されるオペラのような性格をそなえていた。それこそが、パリの人々にこの作品が受け入れられなかった理由だった。しかし、ニコライは、反対にこの点に目をつけたのである。つまり、オペラ・コミックとしては異色の役どころである、高度な声楽テクニックを必要とするエリアーヌというキャラクターや、大規模なオーケストラや合唱をともなう楽曲、大がかりな舞台装置といった、「オペラ・コミックらしからぬ」要素が、ニコライにとっては魅力だった。農奴一座の力をアピールするのにふさわしいものだったからである。

ニコライによるレパートリー選定と作品脚色の経過を追うと、彼が、それまで上演してきたオペラ・コミックに物足りなさを覚え、《サムニウム人の婚礼》に、オペラ上演の新局面を求めたように感じられる。そして実際に、この上演に前後して、ニコライはトラジェディ・リリックという正歌劇のジャンルへの関心を深めていく。

第5章——挑戦と挫折

1 トラジェディ・リリックに挑戦する

トラジェディ・リリック（叙情悲劇）とは、ルイ一四世の時代に誕生したフランス語オペラで、一八世紀に至るまで、パリ・オペラ座で独占的に上演された大規模なジャンルである。

もともと、フランス国家と国王の力を内外に示すためのジャンルだったので、その上演は豪華さをきわめた。いわば、フランスという国自体が「パトロン」となり、国の威信をかけて上演したオペラである。特徴としては、オペラ・コミックとは異なり全編が歌唱される構成、合唱やバレエのふんだんな使用、大がかりで派手な舞台装置や衣装などが挙げられる。上演には、歌手はもちろんのこと、オーケストラ、合唱団、バレエ団、舞台美術家など、大勢の優秀な人材が必要だった。ニコライも、西欧遊学時にオペラ座でトラジェディ・リリックの舞台をみた可能性があることは、第2章で指摘したとおりである。

グルックによる復興

ニコライが劇場運営にあたっていた一七八〇年代、オペラ座のトラジェディ・リリック上演は新局面を迎えていた。フランスでは、ラモーの死後（一七六四年）、オペラ・コミックの隆盛もあり、トラジェディ・リリックの創作・上演は停滞してしまった。ニコライがパリを訪れた一七七二〜七三年は、まさにその時期だった。しかし、一人の作曲家の登場により、その状況が一変することになる。グルック（一七一四〜一七八七）（図5-1）である。

グルックは、一七五四年よりウィーンの宮廷音楽監督を務め、一七六〇年代には詩人のカルツァビージとともに、イタリア語のオペラ・セリアの改革を行った。オペラの複雑な筋書きを単純化し、歌手に過剰な技巧の誇示を控えさせ、メロディーをシンプルにするとともに、オーケストラや合唱、バレエを活用した新たな劇的表現を生み出した。グルックがつくった新たなイタリア・オペラは人々を驚かせたが、彼はそれだけに飽き足らず、改革の手をフランス・オペラにまで伸ばしたのである。

フランスでは、一七七四年にルイ一六世が即位し、ハプスブルク家から一七七〇年に王太子妃として嫁いでいたマリ＝アントワネットが王妃となった。マリ＝アントワネットは、かつてウィーン宮廷でグルックがクラヴサン（チェンバロ）を教えた生徒であった。グルックは、マリ＝アントワネットの協力を取り付け、トラジェディ・リリック《オーリードのイフィジェニー》を一七七四年にオペラ座で初演した。グルックによる初のフランス語の改革オペラである。このオペラは、イタリア語の改革オペラの成果も取り入れ、イタリア的な美しいメロディーにあふれるとともに、音楽と劇がより密接に結びついた内容により、トラジェディ・リリックというジャンルに風穴を開けることになった。グルックは、その後も《オルフェとウリディス》(一七七四年、オペラ座初演)、《アルセスト》(一七七六年)、《アルミード》(一七七七年)といったトラジェディ・リリックで、パリの人々の心をつかんでいった。さらに、グルックの登場は、サリエリ、ピッチンニ、サッキーニといった、フランス以外の作曲家をこのジャンルに参入させるきっかけにもなった。

つまり、ニコライが劇場運営に従事していた当時、パリではグルックとその追随者により、トラジェディ・リリックというジャンルが復興し、話題作が次々と生み出されるタイミングだったのである。残念ながら、ニコライは、すんでのところでパリでその様子を直接みることはかなわなかった。だからこそ、パリから送られてくる定期刊行物の記事や、イヴァールから伝え聞くオペラ上演の様子が、ニコライの想像力をかき立て、このジャンルに彼をいっそう強くひきつけたのかもしれない。

特に、トラジェディ・リリックの上演にチェロ奏者として参加していたイヴァールからは、作品について貴重な情報が寄せられた。たとえば、一七八五年に書かれた

図5-1　グルック

イヴァールの書簡（日付なし）には、「オペラ座で日々上演されているオペラ・レパートリー」という見出しのもとに、トラジェディ・リリックを含む一八の正歌劇のタイトルが書かれている。(1) このリストについて、イヴァールは、「『劇場暦』よりも、［作品を］選択するのにさらに役立つでしょう」と述べている。『劇場暦』とは、ニコライも購読していたパリの劇場情報誌である。つまりイヴァールは、ニコライがオペラを選定しやすくするために、オリジナルのリストを作成していたのである。さらに、このリストでは、「［グルックの］《トーリードのイフィジェニー》は、《オルフェ》とともに、最も［上演が］易しい」とか、「〈アティスの眠り〉という名で知られる甘美な音楽ゆえに、《ディドン》の次に好まれているのが《アティス》です」という風に、それぞれの作品に対するイヴァールの評価や、一般的な評判が書き添えられている。どれも、「現場の音楽家」ならではのコメントである。

こうしてニコライは、イヴァールという強力な後ろ盾のもとにトラジェディ・リリックというジャンルへの挑戦を決意したのであった。

ニコライが熱望した《ダナオスの娘たち》ロシア上演

ニコライが上演を熱望しながらも、上演が実現しなかったトラジェディ・リリックがある。サリエリの出世作となった《ダナオスの娘たち》（一七八四年、パリ・オペラ座初演）である。ニコライとイヴァールの往復書簡で最も頻繁に話題になったオペラで、この作品をめぐるニコライの言葉からは、彼がいかに同作に心ひかれていたかが伝わってくる。ニコライは、この作品の音楽の美しさにほれ込み、オペラ座ならではの大規模でスペクタクルな内容に驚嘆し、何としてでもこのオペラを上演しようと力を尽くした。しかし、オペラ座の舞台を移植するのは簡単なことではなく、結局その願いはかなわなかった。[2] そしてニコライは、この「挫折」を経て、自分の劇場をパリ・オペラ座にするべく大改革に着手するのである。

ここでは、《ダナオスの娘たち》というトラジェディ・リリックの何にニコライが心を奪われ、上演をどのように準備し、なぜ上演をあきらめたのか（何がハードルになったのか）を、往復書簡を手がかりに読み解いてみよう。

ところで、興味深いことに、《ダナオスの娘たち》をめぐる往復書簡は、近年、パリ・オペラ座におけるトラジェディ・リリック上演の実態を明らかにするための「新史料」として注目を集めている。二〇一四年に発表されたライスの論文「オーケストラのチェリストがみたサリエリの《ダナオスの娘たち》の上演[3]」がその一例で、同論文では往復書簡の一部が使用されている。裏を返せば、こうした研究の登場は、イヴァールの書簡が、オペラ座における上演の様子をきわめて詳細かつ的確に伝えるものであるという証拠でもある。やはりイヴァールは有能な特派員だったのだ。

サリエリの出世作

《ダナオスの娘たち》は、もともとグルックが作曲する予定の作品だった。台本は、グルックのオペラ《アルチェステ》（一七六七年、ウィーン初演）も手がけたカルツァビージが作成し、ルレとチューディがフランス語に翻訳した。しかし、グルックは、《エコーとナルキッソス》（一七七九年、オペラ座初演）の失敗にショックを受け、さらに病気が悪化したことで、新作オペラの作曲に取りかかれなくなってしまった。グルックが代役として立てたのがサリエリ（一七五〇～一八二五）（図5-2）であった。当時、サリエリは作曲家としては駆け出しの身だったが、グルックはその才能を高く評価していた。サリエリは仕事を任されると、グルックからフランス・オペラの書法について助言を受けながら、《ダナオスの娘たち》の音楽を書いた。

こうしてこの作品は、グルックとサリエリによる共作として、一七八四年四月二六日にパリのオペラ座で初演された。その後、グルックは、五月一六日付の『ジュルナル・ド・パリ』で《ダナオスの娘たち》の作曲者はサリエリ一人であることを公表した。すでにこの作品は高い評価を得ていたので、パリにおけるサリエリの成功はゆるぎないものとなり、彼の出世作となった。

ところで、サリエリと言うと、映画『アマデウス』を思い出す人も多いのではないだろうか。映画でサリエリは、嫉妬のあまりモーツァルトを毒殺した不幸な音楽家として登場する。これはもちろんフィクションである。《ダナオスの娘たち》の成功が裏付けているように、彼は国際的に成功した作曲家であり、一七八八年からはウィーンの宮廷楽長という名誉ある職に就いている。教師としても有名で、弟子にはベートーヴェンやシューベルトがいる。モーツァルトの陰で長らくその名が忘れ去られていたが、現在、急速に見直しが進んでいる作曲家である。

スケールの大きな劇的オペラ

《ダナオスの娘たち》は、全五幕から構成される。カルツァビージの台本はアイスキュロスによるギリシャ悲劇をもとにしており、次のようなあらすじをもつ。

双子の兄弟であるダナオスとエジプトゥスは、領地の獲得争いをしていた。劣勢になったダナオスは、五〇人の娘を率いてアルゴスに赴く。一方、エジプトゥスも五〇人の息子を引き連れてアルゴスに向かい、息子たちはダナオスの娘たちに求婚する。両家を代表して、ダナオスの娘の一人イペルムメストルと、エジプトゥスの息子ランセが愛を誓い合う（第一幕）。婚礼の前にダナオスは娘たちを集め、婚礼の夜に、短剣によってそれぞれの結婚相手を刺し殺すよう命じる。娘たちはそれに同意するが、イペルムメストルだけは従わず、ダナオスの怒りをかう（第二幕）。婚礼が執り行われる（第三幕）。ダナオスの娘たちは約束どおり夫を殺すが、イペルムメストルはランセを殺せなかった（第四幕）。ダナオスは怒り、イペルムメストルを殺そうとするが、ランセとともにアルゴスの王ペラゴスが現れ、ダナオスを地獄へ落とす。ダナオスと娘たちの地獄落ちが描かれ、幕が下りる（第五幕）。

図 5-2　サリエリ

このように、第五幕の最終場面に向かって、徐々に緊張感が高まっていくという構成をとっている。一〇〇人以上という膨大な数の登場人物が現れることや、婚礼や地獄落ちの場面など、派手なシーンが多いことが特徴である。

サリエリは、このプロットに対してさまざまな音楽的趣向をこらしている。まず、ダナオスの娘たちによる合唱のシーンを多く盛り込むことにより、作品全体に華やかさをもたらしている。合唱のふんだんな使用は、トラジェディ・リリックの伝統的な手法であった。また、ダナオスとイペルムメストル、ランセのやり取りにおいて、トラジェディ・リリックに特有のレシタティフを多く使うことにより、複雑に交錯する三者の感情を繊細に表現している。こうした手法は、グルックに負うところも大きいだろう。緊張感あふれるドラマトゥルギーと、サリエリの表情豊かな音楽とがあいまって、トラジェディ・リリックらしく見どころが多くスケールの大きな作品になっている。

頓挫した上演

この作品については、ニコライとイヴァールのあいだで一七八四〜八六年に交わされた、実に一九通もの書簡のなかで話題になっている。往復書簡に登場するオペラのなかで最多である。

最初に《ダナオスの娘たち》への言及があるのは、現存する最古の一七八四年八月一五日付のイヴァールの書簡[4]である。イヴァールは、同年八月一六日に発送した品物について説明しており、「音楽関係の品のなかに、まだ印刷されていない《ダナオスの娘たち》のスコア以外は、あなたがお望みになったものをすべて見つけられるでしょう。ただし、私は、必要な伴奏とともに書き写させた最良のいくつかの楽曲を手にしました」と述べている。ここから、ニコライが、オペラ座初演（同年四月）からあまり間をおかずに、作品に目をつけていたことが分かる。このとき、作品の一部の筆写譜（アリエットと二重唱）が送られている。こうしてニコライは、パリの初演からほどなくして、一部の音楽を知ることができた。

その後も、ニコライは上演に強い意欲を示し続けていく。一七八五年一二月二二日付の書簡[5]では、「《ダナオスの娘たち》のために必要なもの、デッサンと小さな模型に関して」と題して、取り寄せを希望する舞台装置や衣装関係の品物を挙げながら、それぞれについて細かな質問を書いている。彼が楽譜をすみずみまで読み込み、上演の様子を具体的にイメージしていたことが分かる。「《ダナオスの娘たち》に関しては、最も些細なことまで、最も正確な詳細をお送りいただければありがたいです」という言葉からは、上演に対するニコライの強い思いがうかがえる。それ以降も、ニコライは上演に必要な品物の発送をうるさいほどに催促している。たとえば、一七八六年には、三月五日[6]、三月一九日[7]、四月九日[8]の三回にわたって手紙を書き、舞台装置のデッサンの送付を急ぐよう伝えている。ニコライは本腰を入れて上演を目指していた。

イヴァールも、ニコライのために精力的に仕事をこなした。以下は、イヴァールから送付された品物である。

・一七八四年八月一六日発送[9]
作品の抜粋の筆写譜（アリエット、二重唱）
・一七八五年五月二九日発送[10]
スコア（印刷譜）、パート譜（筆写譜）、洪水を起こすための模型
・一七八六年九月一二〜一八日発送[11]
手書きの指示のついた台本、合唱用のスコア（筆写譜）、注意書きのついたバレエ・プログラム、舞台装置、第五幕の崩壊シーンの舞台装置の模型、第五幕の火の雨を降らせるための舞台装置の模型、衣装のデッサン

上演に必要なあらゆるものがニコライに送付されている。その多くがイヴァールによる特注品だったことも注目される。さらにイヴァールは、ニコライの質問を受けて、それぞれの品物について事細かに説明しているほか、オペラ座での上演にしたがってバレエ・プログラムを作成させるなど、オペラ

座の現役の楽団員という立場を活用してニコライのために尽力した。

間に合わなかったデッサン

イヴァールの協力もあり、上演の準備は順調に進んでいった。もともとニコライは、一七八六年夏頃の上演を目指していたようだ。一七八六年一月八日に発送されたニコライの書簡[12]には、「この作品を七月に上演したいので、衣装や舞台装置を作成するために、あらゆるデッサンが必要です」と書かれているほか、同年三月五日付の書簡[13]には、「次の九月にこの作品が上演されるには、五月に［デッサンを］受け取らなければなりません」と記されている。

このときニコライは、前年から建設が始まっていたクスコヴォの新劇場のこけら落としでの上演を想定していたようである。しかし、ニコライが求めていたデッサンの発送は、同年九月へとずれ込むことになったばかりか、その到着は遅れに遅れ、一七八七年八月になってしまった。[14]品物の到着の遅れは、上演準備を急ぐニコライにとっては致命傷だった。大変な手間がかかるトラジェディ・リリックであれば、なおさらのことである。結局、新劇場のこけら落としは、エカテリーナ二世のクスコヴォ来訪にあわせて一七八七年六月三〇日に行われることになった。しかし、《ダナオスの娘たち》の準備は間に合わなかったため、代わりにオペラ・コミック《サムニウム人の婚礼》が上演された。こうして一大イベントでの上演機会を逸したことで、その上演計画は完全に流れてしまった。

オペラ座を再現する

上演が頓挫したとはいえ、往復書簡からは、ニコライが思い描いていた《ダナオスの娘たち》上演のイメージをつかむことができる。イヴァールとのやり取りのなかで、最も頻繁に話題になったのが舞台装置のことだった。

舞台装置

ギリシャ神話をもとにした《ダナオスの娘たち》は、伝統的なトラジェディ・リリックの例にもれず、大がかりで複雑な舞台装置を必要とする作品であった（図5－3）。オペラ座と同じような舞台装置をつくることは、ニコライにとって、当初から大きな問題だったようだ。一七八五年五月一六日付の書簡で、イヴァールは次のように書いている。

伯爵殿、私は劇場の仕掛けに関して、あらゆる捜索から何も見つからなかったことに絶望し、この問題については、大きなオペラを上演するのに必要な細かいことをすべて把握されることがいかに重要なことかを感じております。そこで私は、二〇年間毎日見てきた劇場の仕掛け全体を、しっかり注意して、もっと近くで観察することにしました。この技術の秘密を知るためです。私はそれについて、二〇篇のさまざまな記事からなる小さな著作をつくったところです。この小さな書き物がいくらかお役に立てば、私はこの上なく嬉しいです。[15]

この手紙は、ニコライが劇場の機械仕掛けに関する書物をイヴァールにリクエストしたものの、めぼしいものが見つからなかったために、イヴァール自身が独自に書物を作成したことを伝えるものである。

さらに、同じ手紙でイヴァールは、シェレメーチェフ家の劇場がオペラ座の三分の一の大きさであると指摘し、「《アルミード》や《ダナオスの娘たち》といった大きなスペクタクルつきのオペラには、［シェレメーチェフ家の劇場が］あまりにも小さすぎるのです」と忠告しつつ、送付する舞台装置の複雑な仕組みを説明し、「これらすべてのものは、パリではオペラ座の舞台でしか実現されません」と述べている。イヴァールは、ニコライを全面的にサポートしな

図 5-3 《ダナオスの娘たち》の第４幕の舞台イメージ（1817年，Ignazio Degotti による）（Gallica［Les Danaïdes : esquisse de décor de l'acte IV, tableau 2 / Ignazio Degotti］）

がらも、トラジェディ・リリックの舞台装置を小さな劇場で再現することの限界を感じていた。しかし、イヴァールの忠告に対して、ニコライは以下のように答えている。

《ダナオスの娘たち》と非常に大きなスペクタクルつきの他の作品についてあなたが私におっしゃったことについて、それらが私たちの小さな劇場では上演できないというあなたのお考えは、とても的確だと思います。しかしながら、音楽が美しいので、印刷または写しのパート譜とともに、スコアを送ってくださったら嬉しいです。（六月二日付[16]）

ニコライも、自分の劇場がオペラ座の規模に到底及ばないことは十分に理解していた。それでも、作品に魅了されるあまり、上演をあきらめることができなかったのである。

機械仕掛け

舞台装置のなかでも、観客を驚かせるような視覚効果を生み出す機械仕掛けは、トラジェディ・リリックの大きな見どころである。《ダナオスの娘たち》では、第五幕終盤のダナオスと娘たちの地獄落ちの場面が、最大のスペクタクル・シーンである。この場面では、落雷により宮殿が倒壊し、あたりが血の海に覆われ、火の雨が降り注ぐ光景が描写される。

一七八五年一二月二二日付の書簡[17]で、ニコライは次のように述べている。

第五幕で、落雷により崩壊し炎になめつくされた宮殿が、深淵に沈み消える。舞台装置が交替し、地獄の場面を描写する。周囲には、劇場が血の流れを吐き出すのが見え、劇場の中央では、ダナオスが岩にくくりつけられ、その血まみれの内臓がハゲワシに食い尽くされている。ダナオスの娘たちのなかには、フリアイ〔復讐の女神〕や蛇につきまとわれ、集団で鎖によってつながれている者もいる。

洪水はこの場面でも起こります。私にはもう想像がついているのですが、それでも、よりはっきりと自分の考えをまとめておくことは無駄ではないでしょう。いくつかの品物があるのですが、デッサンの完成後にそれらを手にすることを望んではいません。私が想像できれば十分なのです。

最初の五行は台本のト書きの抜粋である。ニコライが作品の細部までしっかりと把握したうえでイヴァールに質問していたことが分かる。ここに出てくる「洪水」とは、この場面で表現される血の海のことだろう。ニコライは、想像力によってある程度までは舞台を再現できるとしながらも、追加の情報を求めている。

さらに、一七八六年四月九日付の書簡[18]で、「私は、第五幕の最終場の舞台装置について手紙に書いたことがなかったと思います。作品には、宮殿が落雷によって倒壊すると書かれています。デッサンと、機械の仕組みの説明を入手することが必要になるでしょう」と述べ、洪水の仕組みについて細かな質問をしている。「もしここに、私たちが優れた機械を手にしていたならば、こうしたすべての説明は必要ないでしょう。しかし、非常に凡庸な一人の人間しかいないのです。彼に指示を出すために、すべてのことをよく理解しておくことがどうしても必要なのです」とも書いている。「凡庸な一人の人間」とは、舞台装置を作成していた舞台装置係の農奴のことだろう。ニコライも認めているように、シェレメーチェフ家には、トラジェディ・リリックのスペクタクル・シーンをつくりだすための人材・設備・ノウハウが不足していたのである。

それをよく理解していたイヴァールは、オペラ座の舞台をシェレメーチェフ家で再現できるよう、あらゆる協力をした。血の海を発生させる舞台装置については、シェレメーチェフ家の劇場用の模型を特注するとともに、みずからの経験をもとに詳しい説明を書き送っている[19]。さらに、宮殿が崩壊する場面についても、その仕組みを解説し[20]、舞台装置の模型を送っているほか、火の雨を降らせるための舞台装置の模型も送付している。こうして、オペラ座で実践されている複雑な機械仕掛けの仕組みを手取り足取り教えた。

ニコライは、《ダナオスの娘たち》の上演にあたり、オペラ座の舞台と同じように、聴衆を驚かせるような視覚効果を生み出そうとしていた。ニコライは、機械仕掛けによる大がかりな演出がトラジェディ・リリックの大きな魅力であると認識していたのである。ニコライが舞台装置をいかに重視していたかは、彼が再三にわたり、舞台装置にかかわる品物をイヴァールに催促していたこと、それらの品物の到着が遅れたがために、上演自体を断念したことからもうかがえる。

《ダナオスの娘たち》には、多くのバレエのシーンが存在する。総勢一〇〇名のダナオスの娘たちとエジプトゥスの息子たちは、合唱とバレエによって演じられる。オペラ座の初演では、ダナオスの娘とエジプトゥスの息子が三二名の踊り手によって演じられ、さらに第五幕に登場する悪魔役として一二名の踊り手が出演した。

シェレメーチェフ家の劇場では、《サムニウム人の婚礼》に独自のバレエ・シーンを取り入れるなどしていた。しかし、ニコライがバレエ団を本格的に整備し、バレエ・レパートリーを拡充していくのは、一七八〇年代後半になってからである。そのため、この時点では、トラジェディ・リリックの華やかなバレエ・シーンを舞台で再現するのは、かなりハードルが高かった。

ニコライは、一七八六年三月一九日付の書簡[21]で、バレエの衣装と様式の詳細を尋ねている。さらに、同年六月一四日のイヴァールの書簡[22]には、ニコライがバレエ・プログラムの送付を希望したことが書かれている。これに対してイヴァールは、「《ダナオスの娘たち》のバレエ・プログラムについて私が相談したオペラ座のメートル・ド・バレエは、バレエ・プログラムをいっさいつくっておらず、誰一人としてバレエの主題を書面に記していないと言いました」と述べている。「メートル・ド・バレエ」(英語ではバレエ・マスター)とは、パリ・オペラ座のバレエ部門の責任者のことで、振付・演出・後進の育成など多岐にわたる仕事を担った。イヴァールは、メートル・ド・バレエに直接相談し、既成のバレエ・プログラムが存在しないことを確認したのである。そこで、「それぞれの踊り手のアントレについて、一人で登場するのか、パ・ド・ドゥなのか、パ・ド・キャトルなのか、あるいは群舞を踊る男女の部分全体なのかを指示するために、各エールに注意書きを入れさせた《ダナオスの娘たち》のバレエのエールの筆写譜」を送ることを約束し、この作品がオペラ座で再演され次第、それを作成させると伝えている。オペラ座の上演にしたがったバレエ・プログラムを、ニコライのためにわざわざ作成することにしたのである。実際にイヴァールは、一七八六年八月二〇日付の書簡[23]で、《ダナオスの娘たち》が再演されたときにバレエ・プログラムを完成させたことを伝えている。

さらにニコライは、踊り手の衣装にも気を配り、そのデッサンと説明を要求している。こうしたやり取りからは、ニコライがバレエも重要な要素だと認識していたことが分かる。

合唱

《ダナオスの娘たち》には一七曲もの合唱曲が入っており、全五幕にまんべんなく配置されている。第一幕では、序曲が終わって幕が上がるとすぐに群衆場面になり、レシタティフとアリオーソのあいだにダナオスの娘たちとエジプトゥスの息子たちによる合唱が差し挟まれ、作品の幕開けを華やかに彩る。第五幕では、地獄絵図が描かれる最終場で、ダナオスの娘たちと悪魔たちのやり取りが合唱によって劇的に展開する。合唱は、このオペラの進行上欠かすことのできない重要な役割を担っている。

当時、シェレメーチェフ家の一座は、オペラにおける合唱演奏の経験が浅かった。レパートリーの中心だったオペラ・コミックでは、合唱の使用はごく限られていたので、ニコライは、トラジェディ・リリックにおける合唱演奏の知識をほとんど持ち合わせていなかったと思われる。
イヴァールは、一七八六年九月一七日付[24]の書簡で、次のように述べている。

私は、合唱を動かすために劇場の舞台袖にいなければならないメートル・ド・ミュジック［楽長］にとって役立つ合唱のスコアを筆写させました。このメートル・ド・ミュジックたちは、オペラを指揮するためにオーケストラにいる［別の］メートル・ド・ミュジックを絶えず見つめていなければなりません。このスコアは、《ダナオスの娘たち》の合唱の指揮のために、あなたにとって大変役に立つことでしょう。当地の私たちのメートル・ド・ミュジックは、このスコアがなければ、まったく何もできないでしょう。

イヴァールは、オペラ座で合唱指揮のためのスコアが別に用意されていることを知らせ、オペラ座におけるトラジェディ・リリックの合唱演奏のノウハウを伝授している。さらに、同年九月二七日の書簡[25]で、上演でオーケストラとともに合唱をまとめる方法を具体的に書き送っている。
一方で、ニコライ側の書簡には、合唱について言及したり、質問したりした形跡はみられない。つまり、イヴァールは、日ごろオペラ上演にたずさわっている経験をふまえて、自発的にアドバイスを書き送ったのである。それは同時に、シェレメーチェフ家の劇場が、トラジェディ・リリックのような作品には不慣れであることをイヴァールが見越していたことを意味している。

実際に、この劇場の中心的なレパートリーであったオペラ・コミックと、トラジェディ・リリックにおける合唱とでは、単に、全体に占める楽曲の数だけでなく、規模自体にもかなり大きな差があった。たとえば、オペラ・コミックをレパートリーとしていたパリのコメディ・イタリエンヌの合唱団は、一七八〇年代には、せいぜい一五名程度で構成されていたのに対し[26]、オペラ座の合唱団は、一七八四年に五一名から構成されていた[27]。一口に合唱といっても、トラジェディ・リリックにおける合唱は相当に大規模なものであり、当然、上演にはそれなりのノウハウが欠かせなかったのである。

総合芸術としてのオペラ

さらに、イヴァールは、オペラのリハーサルの手順についても解説している[28]。まず二台のヴァイオリンとともにバレエの練習が行われた後、合唱、歌手、オーケストラが加わってゆき、総稽古が行われることを事細かに説明している。これは、おそらくオペラ座で実際に行われていたリハーサルの手順だろう。この説明文の最後に、イヴァールは「伯爵殿、これらすべてが〝オペラ un opera〟〔傍線はイヴァール自身による〕と呼ばれる所以がここにあるのです」と書いている。この表現によって、イヴァールは、さまざまな要素が一体となった「総合芸術」としてのオペラのあり方をニコライに伝えている。これを受けて、ニコライもバレエや合唱の重要性を再認識したに違いない。

ニコライとイヴァールの書簡で話題の中心となった舞台装置、バレエ、合唱はいずれも、トラジェディ・リリックに欠かせない要素であった。それらが一体となることで、オペラ・コミックのような小さなオペラにはない、トラジェディ・リリック特有のスペクタクル性が生み出されるのである。ニコライは、イヴァールとのやり取りを重ねながら、総合芸術としてのトラジェディ・リリックの魅力にあらためて気づかされ、オペラ座と同じように上演するという野望を大きくしていったようだ。

身の丈に合わない夢

ニコライは《ダナオスの娘たち》の音楽にも魅了されていた。サリエリの音楽について、イヴァールも「《ダナオスの娘たち》の音楽は素晴らしいです」（一七八五年五月一六日付[29]）と称賛しているが、ニコライも次のように書いている。

《ダナオスの娘たち》についてあなたがおっしゃることはきわめて正しいです。劇場には大勢の人々が必要ですが、すべてなんとかなるでしょう。私はただ、舞台装置について正確に詳細を把握しなければなりません。そしてすべてを受け取ったら、私たちの小さな劇場に合わせるために、私にできる限りのことをするつもりです。音楽があまりにも美しいので、私は完全に惚れ込んでしまいました。（一七八五年一二月二二日付[30]）

一行目でニコライが述べているのは、シェレメーチェフ家の劇場は小さいために、大きな作品の上演には向いていないとするイヴァールの意見（一七八五年五月一六日付のイヴァールの書簡[31]）のことである。ニコライは、自身の劇場でトラジェディ・リリックを上演するのは、身の丈に合っていないことだと自覚しながらも、音楽の素晴らしさゆえに、何としてでも上演したかったのである。ニコライが、このオペラの音楽のどのような点に心奪われたのかは定かではない。しかし、この作品には、合唱が多用されているほか、大編成のオーケストラが求められ、緊張感あふれるレシタティフが随所に配置されるなど、トラジェディ・リリックならではの音楽的手法が効果的に取り入れられている。こうした音楽的特性は、それまでオペラ・コミックしか上演したことのなかったニコライには、よほど新鮮に感じられたに違いない。

また、彼は「サリエリの二つのオペラを手に入れられたら、大変ありがたいです。私はこの称賛すべき作曲家をとても愛しています」（一七八六年九月八日付[32]）と述べている。二つのオペラとは、サリエリの新たなトラジェディ・リリック《オラース兄弟》（一七八六年一二月二日、ヴェルサイユ初演）と《タラール》（一七八七年、オペラ座初演）のことである。両作は、このときまだ初演されていなかったが、イヴァールが、同年八月六日付の書簡[33]において、サリエリが二つの新作オペラをたずさえてパリにやってきたことを伝えているため、それを受けての言葉であったと考えられる。つまり、ニコライは、作品の詳細を知らなかったのにもかかわらず、イヴァールに楽譜を注文しているのである。ニコライは、サリエリの音楽自体に非常に強くひかれていたようだ。

さらに、《ダナオスの娘たち》が話題作であったことも、ニコライの上演意欲をかき立てたかもしれない。このオペラは、フランスにおけるサリエリの出世作であり、パリの定期刊行物のなかでも大きく取り上げられていた。ニコライは、パリ初演からそれほど間を置かずしてこの作品に目をつけている。そして、イヴァールに「この作品の成功がどれくらいであり、何回上演されたか教えていただけたら嬉しいです」（一七八六年四月九日送付）[34]と尋ね、「《ダナオスの娘たち》の成功は完全なものでした。この作品が何度上演されたか私は知りません。ただ、たくさん上演され、いまだにしばしば上演されていることを知っています」（日付なし）[35]という回答をもらっている。ニコライは、パリでの評判を非常に気にかけていたのである。

折しもパリでは、グルックの登場により、オペラ・コミックの人気に押されて低迷していたトラジェディ・リリックが、ふたたび脚光を集めていた。ニコライにとって《ダナオスの娘たち》は、最先端のフランス・オペラとして、大きなあこがれの対象になったのである。

《ダナオスの娘たち》の上演は、オペラ・コミックしか上演したことのなかったニコライにとって、きわめて大きな挑戦になった。ニコライは、そのスペクタクル性、音楽性、話題性に心を奪われた。この作品をめぐるニコライの言葉には、自分の劇場で何としてでも上演したいという強い思いがあふれている。しかし、この時点ではまだ、一座にはトラジェディ・リリックを上演できるだけの物も人もノウハウも不足していた。この苦い挫折の経験はニコライの心に深く刻み込まれ、次なる上演活動の大きな糧となってゆく。

2　新たなオペラ劇場へ

ニコライは、一七八〇年代の半ばにかけて《サムニウム人の婚礼》という十八番を確立し、トラジェディ・リリック《ダナオスの娘たち》の上演を試みるなど、ますます劇場運営にのめりこんでいった。しかし、オペラ上演が活発化するにつれ、ニコライは一座の力不足を実感するようになる。パリ・オペラ座と同じようにオペラを上演するのは相当の難題だった。そこでニコライは、次なる一手を打った。劇場の改革である。

一座の組織改革

シェレメーチェフ家の劇場では、一七八九年から一七九二年にかけて、一座のメンバーが増員された。ニコライは、ほぼすべての領地に対して、劇場のために少年少女をモスクワへ送るよう特別な命令を出している。(36) 二つの領地には、農奴の子どもたちに声楽を教えるための学校もつくられた。こうした一座の組織改革は、一七九〇年代はじめまで続いていった。ここでは、エリザーロワが明らかにした一七八九年、一七九〇年、一七九二年の一座の構成を比較して、その組織改革のプロセスを追いかけてみよう。

一七八九年の時点で、一座は一六四名から構成されていた（表5-1）[37]。全体は、俳優、踊り手、合唱団、器楽奏者、衣装、職人に分けられていた。一座の中心メンバーの俳優（一九名）に加えて、合唱団（四一名）と器楽奏者（四九名）もかなり多かったのが特徴である。彼らは合唱とオーケストラを担当してオペラ上演の脇を固めた。また、衣装係（六名）や舞台装置を作成する職人（二三名）などの裏方も三〇名近くいた。演劇に比べると、オペラは大がかりな舞台づくりが行われるため、十分なスタッフが必要だったのだろう。

一座が男性中心に構成されていたことも特徴である。俳優、踊り手、合唱団、器楽奏者のなかで、女性は女優八名と踊り手一二名だけであり、ほかはすべて男性だった。当時のロシアでは、女性が舞台に上がるケースはまだ少なく、「舞台芸術が女性にとっては恥ずべき職業だと考えられていた」[38]。男性中心だったのは、こうした慣習を受けてのことだろう。また、それぞれの仕事に、お付きの少年や見習いがまんべんなく配置されていることも注目される。彼らは先輩メンバーの世話をしながら勉強していた。全体のなかで、お付きの少年は一八名、見習いは二二名を占めている。農奴たちの多くが幼少期にリクルートされ、下積み生活を送ったことが分かる。

一七九〇年になると一座のメンバーは一七九名に増え、一七九二年には二一二名になった。一七八九年からわずか三年のあいだに四八名も増えたことになる。全体としては、女優と男女の踊り手が大

表 5-1　シェレメーチェフ家の一座の構成と人数の推移

一座の構成（1789 年）

俳優（19）		備考	
1 番目の役	2	男 1	女 1
2 番目	3	男 2	女 1
3 番目	4	男 3	女 1
見習い	8	男 3	女 5
お付きの少年	2	男 2	
踊り手（26）			
1 番目の役	2	男 1	女 1
2 番目	2	男 1	女 1
群舞役	20	男 10	女 10
お付きの少年	2	男 2	
合唱団（41）			
指揮者	1		
演奏会の指導者	1		
歌手	32		
グースリ伴奏者	1		
お付きの少年	6		
器楽奏者（49）			
ヴァイオリン首席	1	客員	
第 1 ヴァイオリン	3		
第 2 ヴァイオリン	3		
ヴァイオリン見習い	5		
ヴィオラ	2	欠員 1	
チェロ	3	客員 1	
コントラバス	2		
コントラバス見習い	1	欠員 1	
フルート	2		
フルート見習い	2	欠員 2	
オーボエ	2		
オーボエ見習い	2		
クラリネット	2		
クラリネット見習い	1		
ファゴット	2		
ファゴット見習い	1		
ホルン	4		
トランペット	2		
トランペット見習い	2	欠員 2	
ティンパニ	1		
お付きの少年	5		
音楽家の衣装と劇場にかかわるものすべての管理人	1		

衣装（6）		備考
女性の衣裳係、着付け係	1	
補助	2	
お付きの少年	3	
職人（23）		
舞台装置係	1	
指物師	3	
大工	3	
照明具の清掃と調達係	1	
男性の衣装の裁縫師	1	
女性の衣装の裁縫師	1	
画家	2	
鍛冶工および取付工	1	
理髪師	10	
合計	164	

（うち見習い 22 名，少年 18 名）

人数の推移（1789 ～ 1792 年）

	1789 年	1790 年	1792 年
男優	11	10	10
女優	8	14	16
踊り手（男）	14	19	29
踊り手（女）	12	22	32
音楽家（声楽）	41	36	39
音楽家（器楽）	49	49	57
その他	29	29	29
合計	164	179	212

幅に増員しているほか、器楽奏者も若干増えている。

俳優（歌手）

シェレメーチェフ家の劇場では、俳優が演劇とオペラの両方に出演した。一人の俳優が、作品によっては台詞を話すこともあれば、歌うこともあったのである。当時、役者とオペラ歌手が専業化していた西欧の劇場とは異なり、ロシアの多くの劇場では、演劇とオペラの両方が上演されていたため、こうした兼業のスタイルはごく一般的だった。また、シェレメーチェフ家の一座では、男優はきわめてあいまいなカテゴリーであり、状況に応じて合唱団やオーケストラのメンバーが務めることもあった。作品によって、適宜さまざまな人材が選ばれていたようだ。

男優の数が一七八九～九二年にあまり変わっていないのに対し、女優の数は八名から一六名へと二倍に増えている。女優は男優よりも高い給金を受けるなど、一座のなかで優遇されていた。いわば寄せ集めのメンバーであった男優とは異なり、女優は少数精鋭のメンバーだった。

女優の数が増員されたのは、フランス・オペラ上演を見越してのことだったと考えられる。フランスではカストラート（去勢した男性高声歌手）が禁じられていたこともあり、女性歌手が男性歌手と同じように重用されていた。ニコライが上演を目指していたトラジェディ・リリックでは、特に多くの女性歌手が求められた。表5－2は、一七九一年のパリ・オペラ座、コメディ・イタリエンヌ、ロシアの宮廷劇場の一座の構成をまとめたものである。[39] トラジェディ・リリックを上演していたオペラ座の女性歌手は一四名、オペラ・コミックを上演していたコメディ・イタリエンヌは九名であった（表5−2①）。外国オペラを上演していたロシアの宮廷劇場も、一六名の女性歌手を擁していた。つまり、ニコライは、大がかりなオペラを上演する大劇場にならって、女優（女性歌手）を増員したと考えられるのである。

そして実際に、ニコライによって育成された女優たちは、オペラ歌手として華々しく活躍し、大きな評判を呼ぶことになった。

踊り手

一座の組織改革の過程で最大の増員がなされたのが踊り手である。一七八九年に二六名（男性一四名、女性一二名）だったのが、一七九二年には六一名（男性二九名、女性三二名）となっている。女性は三倍近い増員である。

踊り手の増員は、劇場のレパートリーの拡充に関係しているようだ。ニコライは一七八七年からバレエ作品を取り寄せ始め、イヴァールとの書簡のなかでもさかんにバレエが話題になるようになった。時を同じくして、単独のバレエ作品の上演も増えていった。また、バレエがトラジェディ・リリックで必要不可欠な要素であることは、《ダナオスの娘たち》の例でみたとおりである。この作品では、総勢一〇〇名のダナオスの娘とエジプトゥスの息子が、バレエと合唱で描写されるのである。ニコライにとって、この作品のバレエ・シーンを実現するのは相当の難題で、イヴァールにバレエ・プログラムを作成してもらうなど骨を折った。

トラジェディ・リリックを上演していたパリ・オペラ座では、一七九一年には七三名の踊り手（男性四三名、女性三〇名）を擁していた（表5-2②）。また、バレエ上演がさかんであったロシアの宮廷劇場の踊り手は、五〇名（男性二九名、女性二一名）からなっていた。一方、オペラ・コミックの専用劇場だったコメディ・イタリエンヌの踊り手は、二八名（男性一三名、女性一五名）であった。つまり、シェレメーチェフ家のバレエ団は、当初はコメディ・イタリエンヌと同規模であったが、最終的には、オペラ座や宮廷劇場にも匹敵する大所帯となったのである。こうして、新たなバレエ作品や、バレエの盛り込まれたオペラに対応できるようになった。

合唱団

合唱団のパートは、バス、テノール、アルト、ディスカント（ソプラノ）に分かれていた。すべて男性メンバーであり、アルトとディスカントは少年が受け持った。少年は変声期を迎えると、親元に帰されるか別の仕事に移されるかし、代わりの少年が補充された。合唱の歌手は男優の供給源にもなり、作品によっては主要キャストを務めることもあった。

合唱メンバーの数は、一七八九年から一七九二年にかけてそれほど変動していない（表5-2③）。全体としては、毎年、三〇名前後の人数が確保されていたと考えられる。この人数は、コメディ・イタリエンヌの合唱とほぼ同じである。コメディ・イタリエンヌでは、一七八〇年代からオペラ・コ

④オーケストラ

<table>
<tr><td rowspan="3"></td><td colspan="3">シェレメーチェフ家</td><td colspan="2">ロシア宮廷劇場</td><td>パリ・オペラ座</td><td>コメディ・イタリエンヌ</td></tr>
<tr><td rowspan="2">1789</td><td rowspan="2">1790</td><td rowspan="2">1792</td><td colspan="2">1791</td><td rowspan="2">1791</td><td rowspan="2">1791</td></tr>
<tr><td>第1</td><td>第2</td></tr>
<tr><td>第1ヴァイオリン</td><td>9（うち見習い5）</td><td rowspan="17">49</td><td rowspan="17">57</td><td rowspan="2">21</td><td rowspan="2">16</td><td rowspan="2">24</td><td>9</td></tr>
<tr><td>第2ヴァイオリン</td><td>3</td><td>6</td></tr>
<tr><td>ヴィオラ</td><td>2</td><td>5</td><td>3</td><td>6</td><td>2</td></tr>
<tr><td>チェロ</td><td>3（うち1名は兼第2ヴァイオリン）</td><td>4</td><td>2</td><td>11</td><td>5</td></tr>
<tr><td>コントラバス</td><td>3（うち見習い1）</td><td>3</td><td>2</td><td>5</td><td>2</td></tr>
<tr><td>フルート</td><td>4（うち見習い2）</td><td>2</td><td>4</td><td>3</td><td>1</td></tr>
<tr><td>オーボエ</td><td>4（うち見習い2）</td><td>2</td><td>3</td><td>5（うち3名は兼フルート）</td><td>2</td></tr>
<tr><td>クラリネット</td><td>3（うち見習い1）</td><td>3</td><td>3</td><td>2</td><td>2</td></tr>
<tr><td>ファゴット</td><td>3（うち見習い1）</td><td>2</td><td>3</td><td>4</td><td>3</td></tr>
<tr><td>ホルン</td><td>4</td><td>4</td><td>4</td><td>4</td><td>2</td></tr>
<tr><td>トランペット</td><td>4（うち見習い2）</td><td>0</td><td>3</td><td>3（兼トロンボーン）</td><td>2</td></tr>
<tr><td>ティンパニ</td><td>1</td><td>0</td><td>1</td><td>1</td><td>1</td></tr>
<tr><td>ハープ</td><td>0</td><td>1</td><td>0</td><td>2</td><td>0</td></tr>
<tr><td>チェンバロ</td><td>0</td><td>1</td><td>0</td><td>0</td><td>0</td></tr>
<tr><td>その他の楽器</td><td>0</td><td></td><td></td><td>3（ピッコロ，シンバル，太鼓）</td><td>1（トロンボーン）</td></tr>
<tr><td>小計</td><td>43</td><td>48</td><td>44</td><td>73</td><td>38</td></tr>
<tr><td>その他の仕事</td><td>6</td><td colspan="4" rowspan="2"></td></tr>
<tr><td>合計</td><td>49</td></tr>
</table>

表 5-2　各劇場の一座の構成比較

①俳優（もしくは歌手）

	シェレメーチェフ家			ロシア宮廷劇場	パリ・オペラ座	コメディ・イタリエンヌ
	1789 年	1790 年	1792 年	1791 年	1791 年	1791 年
男	11（うち見習いと少年 5）	10	10	19	18	13
女	8（うち見習い 5）	14	16	16	14	9
合計	19	24	26	35	32	22

②踊り手

	シェレメーチェフ家			ロシア宮廷劇場	パリ・オペラ座	コメディ・イタリエンヌ
	1789 年	1790 年	1792 年	1791 年	1791 年	1791 年
男	14（12）*	19	29	29（17）	43（29）	13（10）
女	12（10）	22	32	21（14）	30（20）	15（12）
合計	26	41	61	50	73	28

* カッコ内は，その内に占める群舞役の人数を示す

③合唱

	シェレメーチェフ家			ロシア宮廷劇場	パリ・オペラ座	コメディ・イタリエンヌ
	1789 年	1790 年	1792 年	1770 年代以降 **	1791 年	1791 年
男	41*	36	39	50	22	17
女	0	0	0	0	18	12
合計	41	36	39	50	40	29

* このなかには，指揮者 1，演奏会の指導者 1，グースリ（ロシアの撥弦楽器）伴奏者 1，お付きの少年 6 の 9 名が含まれており，実質的に歌手は 32 名であった。90 年，92 年の内訳は不明である。

** ロシアの宮廷劇場では，オペラ上演時には，宮廷合唱団が客演した。宮廷合唱団の人数は，1770 年代に固定され，50 名の内訳は，バス 10，テノール 15，アルトとディスカントを担当する少年 25 であった。

ミックにおける合唱の需要が高まったことから、合唱に多くの人数が確保されるようになった。一七九一年の二九名という合唱メンバーの人数は、その結果によるものだった。そのため、シェレメーチェフ家の一座の合唱の規模は、決して小さかったわけではない。むしろ、オペラ座の合唱も四〇名と、シェレメーチェフ家の合唱の人数とそれほど大きな開きはないため、この合唱は、同時期にパリで上演されていたオペラ・コミックとトラジェディ・リリック双方の上演に、十分対応できる規模であったといえる。

なお、ロシアの宮廷劇場におけるオペラ上演では、ロシア人歌手から構成される宮廷合唱団が客演していた。宮廷合唱団には、一七七〇年代からは常に五〇名が所属していたことが分かっている(40)。このメンバー全員がオペラ上演に参加していたかは不明だが、数字だけをみれば、かなりの大所帯だったことが分かる。この合唱団は、そもそも宮廷において教会音楽を提供するための組織であり、オペラ上演に参加するようになったのは、一八世紀半ば以降のことであった。職務の中心はあくまでも教会での演奏だったため、メンバーは、一八世紀を通じてすべて男性から構成されていた。これはシェレメーチェフ家の合唱団と共通する特徴である。シェレメーチェフ家の合唱団もまた、オペラ上演のほかに教会音楽を提供していたので、ニコライはロシアの合唱の伝統を遵守して一座の合唱団を組織したといえる。

オーケストラ

オーケストラを担当する器楽奏者は、一七八九年と一七九〇年の人数はともに四九名で変化はなかったが、一七九二年には五七名と、八名の増員があった。残念なことに、楽器ごとの奏者の数が分かっているのは一七八九年だけなので、どの楽器の奏者が拡充されたのかは明らかではない。

当時、パリ・オペラ座のオーケストラは七三名、コメディ・イタリエンヌは三八名から構成されていた（表5-2④）。ロシアの宮廷劇場は、室内楽と宮廷劇場でのオーケストラ演奏を担う第一楽団と、舞踊の伴奏を担当する第二楽団に分かれていた[41]。劇上演に参加していたのは、第一楽団の四八名ということになる。シェレメーチェフ家の五七名からなるオーケストラは、オペラ座にはおよばないものの、他劇場には劣らない規模だった。

楽器の内訳については、一七八九年を参考にすると、他劇場に比べて総じて弦楽器奏者が少なかったのが特徴だ。最も規模の小さかったコメディ・イタリエンヌでも二四名の弦楽器奏者を擁していたのに対し、シェレメーチェフ家のオーケストラには、第一ヴァイオリンおよびコントラバスの見習いを除くと、弦楽器奏者の総数はわずか一四名（うち一名はチェロと第二ヴァイオリン兼任）である。これは、あまりにも少ない人数であるため、オペラ上演においては、見習いも、正規メンバーと同じように演奏に加わっていたと考えるのが妥当であろう。また、オペラは楽曲によっては、「ヴァイオリン独奏」というように、あるパートを一人の奏者が演奏するケースもある。そうした場合は、正規メンバーがソロを担当し、見習い奏者が総奏を担当するなど、パート内で役割がさらに細分化された可能性もあるだろう。また、第一ヴァイオリン九名（見習い含む）に対し、第二ヴァイオリン三名という人員配置もアンバランスであることから、場合によっては流動的にパートを変えることもあったはずだ。

そのほかに、エキストラ奏者が演奏に加わった可能性も否定できない。たとえば、一七九〇年に、マドックスの劇場に併設された舞踏会場でコンサートが開かれた際、シェレメーチェフ家のオーケストラが客演したこともあった[42]。さらに、当時貴族が運営する農奴劇場がモスクワに多数存在していたことに鑑みると、劇場間で奏者の「貸し借り」があったことも不自然ではないのである。

一方で、管打楽器にはバランスよく人員が配置されている。オペラ上演を担当していた宮廷の第一楽団が、トランペットやティンパニに常任奏者のポストを設けていなかったのに対し、シェレメーチェフ家のオーケストラには、これらのポストが確保されていることが注目される。そして、管打楽器の人員配置は、オペラ座に引けをとらないものだったといえる。シェレメーチェフ家では、見習いの数も含めると、フルート、オーボエ、クラリネット、ファゴット、ホルン、トランペット、ティンパニの各楽器に、オペラ座とほぼ同じ人数が割り当てられているのである。一方で、コメディ・イタリエンヌは、たとえばフルートには一人、ホルンには二人しか配置されておらず、シェレメーチェフ家のオーケストラに比べると、全体として管打楽器奏者の数が少ない。これは、トラジェディ・リリック等のオペラ座のレパートリーの方が、総じて、規模の大きなオーケストラが求められるとともに、多彩な楽器が使われる傾向にあったためである。シェレメーチェフ家のオーケストラは、一七八九年の時点でこうしたニーズに応えられる組織になっており、一七九二年にかけてさらに増強されていったようだ。

教育体制の強化

ニコライは、一座の組織改革を進めつつ、俳優や踊り手のレベル向上にも努めた。こうした動きも、やはり一七八〇年代末から目立つようになる。

プロの指導

シェレメーチェフ家には、一七九〇年代初めから、他劇場で活躍する職業俳優が教師として多数招かれるようになった。このなかには、マリヤ・シニャーフスカヤ、ワシーリー・ポメラーンツェフ、アンナ・ポメラーンツェワ、ヤコフ・シュシェーリン、ピョートル・プラヴィーリシコフといった、マドックスの劇場の優れた男優と女優が含まれていた。さらに、一七九一~九二年には、一座の俳優の一部が、ペテルブルグで活動する俳優

図 5-4　ドミトレーフスキー

のもとへ派遣され、個人レッスンを受けるようになった。このなかには、宮廷劇場の舞台に立っていたサンドゥノーフ（一七五六～一八二〇）やドミトレーフスキー（一七三四～一八二一）（図5‒4）らが含まれていた。ロシアの一流劇場で活躍するベテラン俳優のもとで、一座の俳優たちがより専門的な教育を受ける機会を設けたのである。

農奴俳優のジューコフの教育を任されたドミトレーフスキーは、その教育内容について次のように述べている。

ジューコフは、閣下の寵愛により、（一）演技、（二）歌、（三）イタリア語、（四）多少なりとも必要なものを伴奏できるように、鍵盤楽器を少々教わったと言っておりました。私は、あなたの強く確固たるご意向をふまえ、これらすべてを教えることにいたします。（一七九二年八月三〇日付[43]）

この発言から、ジューコフがすでにシェレメーチェフ家でさまざまな教育を受けており、ドミトレーフスキーがそれらを補強する役目を担ったことが分かる。ここで注目されるのは、ドミトレーフスキーが、俳優として演技指導をしただけでなく、声楽、器楽、イタリア語も教えたという点である。先述したように、当時のロシアの俳優は、演劇の役者でもあり、オペラ歌手でもあった。ドミトレーフスキーもまた、宮廷劇場で演劇とオペラの両方に出演していた。こうして農奴俳優たちは、職業俳優のもとで演劇・オペラの両方に対応できる総合的な力を磨くことができた。

ニコライは、声楽の専門教育のために、オペラの本場イタリアからも教師を招いている。一七八九年には、年間三〇〇ルーブルの契約で、歌手のババリーニという人物を招聘し、一七九一年には、年間七〇〇ルーブルの契約で、テノール歌手のオリンピという人物を招いた。残念ながら、彼らによる声楽教育の記録は残っていないが、オリンピの契約には、自身が演奏を行うことに加え、農奴の男女の歌手を教育することも含まれていた[44]。イタリアからわざわざ歌手を招いたということは、ニコライが俳優の声楽技術の向上を大きな課題としていたことを示している。

メートル・ド・バレエの招聘

踊り手に対する教育も強化された。シェレメーチェフ家では、イタリア人のメートル・ド・バレエ、ジュゼッペ・サロモーニ（生年不詳～一八〇五）が雇われた。彼は、ウィーンで活躍した同名のメートル・ド・バレエ、ジュゼッペ・サロモーニ（一七一〇～一七七七）の息子である。息子のサロモーニは、当初マドックスの劇場でメートル・ド・バレエを務めており、引き抜かれる格好で、一七八八年からシェレメーチェフ家のメートル・ド・バレエとなった。ちょうどこの時期から、シェレメーチェフ家の踊り手の数が増員され、バレエ・レパートリーも充実していく。その背景には、サロモーニの存在もあったようだ。

しかし、一七九〇年七月一六日付のイヴァールの書簡[45]には、外国からメートル・ド・バレエを招聘するための条件についての記述がある。これは、ニコライがイヴァールに相談した内容だった。サロモーニは、一七九二年にメートル・ド・バレエを辞職して祖国に帰っているので、この頃から新たなメートル・ド・バレエを探す準備が始まっていたようだ。結局、一七九一年から、宮廷劇場の踊り手であったチアンファネッリとその妻のコッピーニが、年間三〇〇〇ルーブルの契約で新たに雇われた。(46)彼らとの契約は、劇場におけるすべてのバレエとオペラに出演すること、バレエの新作をつくること、毎週生徒に六回のレッスンをすることであった。(47)メートル・ド・バレエは、バレエ上演を取り仕切るだけでなく、農奴の踊り手に対する教育も、重要な仕事として課せられていたのである。こうして、踊り手の育成も本格的に行われていった。

劇場設備の拡充

ニコライは、自分の劇場が小さく、パリの劇場と同じようにオペラを上演するのには無理があることを自覚していた。西欧遊学時に目にしたきらびやかなパリの劇場の数々も脳裏に焼き付いていたはずである。そこでニコライは、劇場設備の拡充に着手する。

クスコヴォの増築

一七八九〜九二年には、クスコヴォの新劇場（一七八七年完成）が増築された。ロビーの拡大、舞台の両側の楽屋の増築、天井桟敷の設置により、キャパシティが拡大された。一七九〇年には、モスクワに新たな劇場をつくる計画も持ち上がった。この計画にあたり、ニコライはイヴァールに助言を求めている。モスクワの宮殿に二〇〇～三〇〇名を収容できる部屋をそなえつける計画であると伝え(48)、イヴァールを通じて、オペラ座、コメディ・フランセーズ、コメディ・イタリエンヌの平面図と断面図のデッサンを取り寄せている(49)。パリの劇場を手本にして、二〇〇～三〇〇名収容の劇場を建設する予定だったのである。当時、シェレメーチェフ家のモスクワの宮殿には劇場が備わっていたが、ごく小規模なものだったようだ。しかし、この新劇場建設の計画は実現しなかった。

オスタンキノの新劇場

その代わりに、ニコライは、モスクワ北部のオスタンキノに新たに劇場を建設することを決めた（図5-5）。オスタンキノは、もともとニコライの母方のチェルカースキー家が所有していたウサーギヴァであり、ニコライ

図 5-5　オスタンキノの風景（19 世紀）

の父ピョートルが結婚したときに受け継いだ土地であった。ピョートルはクスコヴォのウサーヂヴァを好んだため、オスタンキノは長らく使われていなかった。一七八八年にピョートルが亡くなると、ニコライはオスタンキノを新たな劇場活動の拠点とすることを思い立ち、一七九〇年頃から整備を始める。

オスタンキノもまた、クスコヴォと同じように、いまでも在りし日の姿をとどめ、ニコライが建設した宮殿は博物館として一般公開されている（図5‒6）。八四ヘクタールの広大な土地には、主宮殿のほか、立派な教会がそびえ立ち、人工池や、大理石のさまざまな彫刻が置かれた庭園が広がっている（図5‒7）。主宮殿を設計したのも、シェレメーチェフ家の農奴建築家、アルグーノフ（一七六八～一八〇六）らである。宮殿はすべて木造であり、装飾や彩色によって、壁や柱などが大理石や漆喰にみえるよう繊細に加工されている。そのため、現在でも定期的に修復が行われ、天候が悪い日には宮殿内部の公開が禁止されるなど、きわめてデリケートに扱われている。私もオスタンキノを訪れたとき、雨天によって博物館の入り口で何度も足止めを食って悔しい思いをした。宮殿の内部には、「イタリア・パヴィリオン」「エジプト・パヴィリオン」と名付けられた広間をはじめ、豪華な装飾がほどこされた大小さまざまな部屋がある。ニコライが建設した劇場も、この宮殿の一角にある。

オスタンキノの劇場は一七九二年に着工され、一七九五年に完成した（図5‒8）。キャパシティは二六〇名と、シェレメーチェフ家が所有していた劇場のなかでは最大規模だった。舞台の上と下には機械室があり、最新の舞台機構が備えられていた。また、舞台の前には、オーケストラ・ピットが設

図 5-6　オスタンキノの主宮殿（筆者撮影）

図 5-7　オスタンキノの庭園（筆者撮影）

置されていた。さらに、客席は宴会場に早変わりするという仕掛けがあった。農奴の職人たちがわずか一時間足らずで、機械装置を駆使してやってのけたのだった。[50] こうしたユニークな劇場は、当時のロシアにおいて類を見なかった。

ニコライの劇場改革は、一座のメンバーの増員、メンバーの強化育成、劇場設備の拡充と、多方面から行われた。この改革は実を結び、上演活動はいよいよクライマックスを迎えることになる。

図 5-8　オスタンキノの劇場の内部（*Ракина В. А.* и *Суслова М. Д.* Останкино. М., 2008. С. 42.）

第6章

ロシアのオペラを創る

1　悲願のトラジェディ・リリック上演

《ダナオスの娘たち》の上演はかなわなかったものの、ニコライのトラジェディ・リリックに対するあこがれは膨らむばかりだった。一七八七年八月一七日付の書簡で、ニコライは、送付を希望するオペラのリストをイヴァールに送っている（表6-1）[1]。

パリの話題作を取り寄せる

リストには一五のオペラが挙がっており、そのうち一一作がパリ・オペラ座で上演されていた正歌劇、四作がコメディ・イタリエンヌで上演されていたオペラ・コミックだった。正歌劇のうちトラジェディ・リリックは七作（表のグレーで示したもの）で、いずれも一七八四～八七年に初演された最新作である。リクエストに応えて、イヴァールは、翌一七八八年にリストのなかの一〇作のスコアと台本を送付している。

ニコライが取り寄せたトラジェディ・リリックのなかには、サッキーニの遺作となった《コロヌス

	ジャンル	初演年・場所	イヴァールからの送付物
正	トラジェディ・リリック tragédie lyrique	1786/01/04 ヴェルサイユ	1788年，スコア（写し）
正	オペラ・フェリー opéra-féerie	1787/04/17 オペラ座	1788年，スコア（写し）， 衣装と舞台装置
正	トラジェディ・リリック opéra	1787/06/08 オペラ座	1788年，スコア（印刷）， 台本（写し，印刷），衣装と舞台装置
正	トラジェディ・リリック opéra	1784/09/07 オペラ座	1788年，スコア（写し）
正	オペラ・セリア opera seria	1785 ミュンヘン	なし
正	オペラ・セリア dramma per musica	1774/01/12 ナポリ，サン・カルロ劇場	なし
喜	オペラ・コミック comédie mêlée de musique et de vaudevilles	1784/11/04 コメディ・イタリエンヌ	なし
喜	オペラ・コミック comédie mêlée d'ariettes	1780/02/24 ヴェルサイユ	なし
喜	オペラ・コミック opéra-comique mêlé d'ariettes	1783/11/14 コメディ・イタリエンヌ	なし
正	コメディ・オペラ comédie opéra	1781/09/21 オペラ座	1788年，スコア（写し）
喜	オペラ・コミック divertissement mêlé d'ariettes	1786/07/29 コメディ・イタリエンヌ	1788年，スコア（印刷），パート譜（印刷）
正	トラジェディ・リリック tragédie lyrique	1785/11/02 フォンテーヌブロー	1788年，スコア（写し）
正	トラジェディ・リリック tragédie lyrique	1785/10/13 フォンテーヌブロー	1788年，スコア（写し）
正	トラジェディ・リリック opéra	1786/07/14 オペラ座	1788年，スコア（写し）
正	トラジェディ・リリック tragédie lyrique	1786/12/02 ヴェルサイユ	1788年，スコア（写し）

表6-1　ニコライが1787年にリクエストしたオペラ

注　作品はニコライのリストの順番にしたがって列挙し，表記は原文のまま。
　　正式名称等は［ ］で補足。正：正歌劇，喜：喜歌劇を示す。

	作品	作曲者
1	Œdipe de Sachini [Œdipe à Colone] コロヌスのオイディプス	A. Sacchini サッキーニ
2	Alcindor アルシンドル	N. Dezède ドゥゼード
3	Tarare タラール	A. Salieri サリエリ
4	Diane et Endymion --- Piccini ディアナとエンデュミオン	N. Piccinni ピッチンニ
5	Armide de Prati [Armida abbandonata] 見捨てられたアルミーダ	A. Prati プラーティ
6	Aléxendre de Piccini [Alessandro nelle Indie] インドのアレッサンドロ	N. Piccinni ピッチンニ
7	Amours de chérubin de Piccini 天使の愛	N. Piccinni ピッチンニ
8	Cécile --- Dezède セシール	N. Dezède ドゥゼード
9	Dormeur éveillé --- Piccini 目覚めた眠り人	N. Piccinni ピッチンニ
10	Inconnu persécuté [L'inconnue persécutée] --- Anfossi 迫害された見知らぬ女	P. Anfossi アンフォッシ
11	Mariage d'Antonio --- Grètry アントニオの結婚	A. -D. -L. Grétry リュシル・グレトリ
12	Pénélope --- Piccini ペネロペ	N. Piccinni ピッチンニ
13	Thémistocle --- Philidor テミストクレス	F. -A. D. Philidor フィリドール
14	Rosine ou épouse [l'épouse] abandonnée ロジーヌ，または捨てられた妻	F. -J. Gossec ゴセック
15	Les Horaces オラース兄弟	A. Salieri サリエリ

のオイディプス》(一七八六年、ヴェルサイユ初演。一七八七年二月一日、オペラ座初演)が含まれている。イヴァールは、オペラ座の初演から間もない一七八七年二月一〇日付の書簡で、パリで大きな成功を収めていることを伝え[2]、楽譜を送るときには「《コロヌスのオイディプス》は、サッキーニのオペラのなかで、《ルノー》が最も美しい作品であったように、最も素晴らしい作品です[3]」(一七八八年の計算書)と書き添えている。

六月にオペラ座で初演されたばかりのサリエリの《タラール》が挙がっていることも注目される。ボーマルシェの台本によるこのオペラは、革命を示唆する内容により大きな物議を醸したが、サリエリのトラジェディ・リリックのなかで最大の成功をもたらした作品だった。イヴァールは、オペラ座での初演の一か月前に「私たちは、《タラール》というオペラの稽古を始めました。このオペラの音楽は傑作であり、歌詞もこのスペクタクルにとってまったく新しい種類のものです。それは、かの有名なサリエリによって作曲されるに十分値するものです。サリエリは、崇高な音楽によって歌詞を完全に素晴らしく表現しました」(一七八七年五月七日付[4])と書き、その成功を予見していた。

一七八七年にニコライが作成したリストからは、ニコライの関心がオペラ・コミックよりもトラジェディ・リリックをはじめとする正歌劇へと向かっていたことが読み取れる。その背景には、当時パリで、トラジェディ・リリックの話題作が次々と生まれていたという状況があったようだ。そして、その状況をオペラ座のオーケストラ・ピットからみていたイヴァールの「生の声」も、ニコライの関心をかき立てたに違いない。

オペラの殿堂をロシアに

こうしたなか、いよいよニコライはトラジェディ・リリックの上演を実現する。シェレメーチェフ家の劇場のレパートリーを調査したレープスカヤは、一七八七年にグルックの《アルミード》、一七八八〜九二年頃にサッキーニの《ルノー》が上演されたとしている。[5] いずれもロシア初演だった。

《アルミード》についてレープスカヤは、クスコヴォの新劇場で上演されたと推測している。グルックの四作目のフランス語オペラで、一七七七年九月二三日のパリ・オペラ座での初演は話題を呼んだ。ニコライには一七八四年にイヴァールからスコアが送られ、[6] 一七八六年九月のイヴァールの書簡に舞台装置の話題がみられることから、[7]《ダナオスの娘たち》と並行して上演準備が進められていたようである。しかし、シェレメーチェフ家で実際にどのように上演されたのかはまったく分かっていない。

一方で、《ルノー》は、上演で使われた楽譜が現存するため、上演の様子をうかがい知ることができる。この楽譜の存在はこれまでほとんど知られておらず、レープスカヤをはじめとする先行研究でも、まったく活用されてこなかった。楽譜には、ニコライが試行錯誤をしながら、このオペラの上演にのぞんだ苦労の痕跡がありありと残っている。

ここであらためて、シェレメーチェフ家の劇場がトラジェディ・リリックというジャンルを上演したこと自体が、きわめて画期的な取り組みであったことを強調しておきたい。当時、このジャンルは「オペラの殿堂」であったパリ・オペラ座が独占的に上演しており、フランス以外で上演されることはほとんどなかった（ごくわずかな例として、スウェーデンの王立アカデミーで、一七七〇～八〇年代にグルックのトラジェディ・リリックが上演されたことがあった）。ましてや、オペラ文化の後進国であったロシアでは、宮廷劇場はもとより、どの劇場でも上演されたことがなかったのである。これまでみてきたように、このジャンルに求められる多大なマンパワーや劇場設備を考慮すれば、当然のことである。ニコライは、こうしたハードルを一つずつクリアしていった。

さらに驚くべきことは、シェレメーチェフ家の劇場では、トラジェディ・リリックを全編ロシア語に翻訳して上演したという点である。この劇場では、これまでも外国オペラはすべてロシア語で上演してきた。特にオペラ・コミックは、地の台詞が交じり、声楽曲も少ないので、翻訳は容易だった。一方、トラジェディ・リリックは、すべての台詞に音楽がついている。すべてが声楽曲なのである。それでもニコライは、大変な労力をかけてもれなくロシア語に翻訳させた。これこそが、パリ・オペラ座における上演との最大の違いであり、この劇場のオリジナリティーだった。そして、トラジェディ・リリックのロシア語上演には、ニコライの秘めた狙いもあったのである。

サッキーニの《ルノー》

《ルノー》は、ルブーフの台本にもとづき、サッキーニ（一七三〇～一七八六）（図6-1）によって作曲された。フィレンツェに生まれたサッキーニは、ナポリ、ローマ、ヴェネツィア、ロンドンでオペラや教会音楽によって名声を博した後、一七八一年にパリに移住した。当時のパリは、グルック＝ピッチンニ論争のさなかにあった。グルックのフランス語オペラを支持する人々と、ピッチンニらのイタリア人作曲家のオペラを支持する人々とのあいだで起こったオペラ論争である。この論争は、かつてグルックの生徒だった、オーストリア出身の王妃マリ＝アントワネットに対する批判も下敷きになっており、パリの文壇・楽壇を広く巻き込んだ。結局、論争にははっきりとした決着はつかなかったが、グルックとピッチンニが同じ台本にそれぞれ作曲するという《トーリードのイフィジェニー》の競作（グルック作は一七七九年初演、ピッチンニ作は一七八一年初演）をうながすことになった。

サッキーニがパリに到着した一七八一年に、すでにグルックはウィーンに戻っていたものの、論争はまだ冷めていなかった。グルック擁護派とピッチンニ擁護派の双方が、サッキーニをこの闘いに取り込もうと画策してい

図6-1　サッキーニ

た。こうしたなか、サッキーニが初めて上演したのが《ルノー》だった。

初演は、一七八三年二月二八日にパリ・オペラ座で行われた。否応なく、この作品はパリの人々の大きな関心を集めた。ニコライも購読していた『メルキュール・ド・フランス』の一七八三年三月号では、実に二二ページにわたり、作品の成立過程やあらすじ、台本、音楽、演奏者に対する批評が掲載されたほか、(8)『スペクタクル・ド・パリ』一七八四年号の新作コーナーでも紹介されている。(9)作品に対する評価は、グルック派とピッチンニ派の双方で賛否両論だったものの、サッキーニ初のトラジェディ・リリックとして注目を集めた。

物語は、タッソーの『エルサレム解放』にもとづいている。全体は三幕から構成され、以下のようなあらすじをもつ。

舞台は第一回十字軍の時代のダマスカス。十字軍の戦士ルノーは、ダマスカス王のイドラオの野営地にやってきて、イスラム教徒にエルサレムを解放するよう求める。イドラオの娘で魔法使いのアルミードが登場し、イドラオらの小心ぶりを責める。アルミードは、ルノーを殺した者と結婚すると宣言する。アルミードを助けるべくアマゾネスたちが登場する（第一幕）。

落ち着きを取り戻したアルミードは、ルノーを愛していることを認める。アマゾネスに捕らえられたルノーに愛を告白し、イドラオの戦闘計画を彼に伝えてしまう。ルノーは戦場に戻り、イドラオは娘を叱責する。アルミードは魔法を使って地獄の神々を召喚しようとするが、不思議な力で引き留められてしまう。イドラオはルノーを殺すことを誓って戦場に戻る（第二幕）。

アルミードはイスラム軍が壊滅した戦場で、イドラオとルノーを探す。生存者から、イドラオが捕らえられてルノーの二輪馬車につながれていることを聞く。激しい後悔にさいなまれた彼女は、短剣で自殺しようとする。そこへルノーが現れ、アルミードの手から短剣を奪い取る。ルノーはアルミードへの思いからイドラオの命を救ったのだった。イドラオが二人を祝福し、二人は愛を誓い合う（第三幕）。

主要キャストは、アルミード（ソプラノ）、ルノー（テノール）、イドラオ（バス）を中心とした一三名からなり、そこに合唱とバレエが加わる。台詞はすべて歌唱され、エールやレシタティフ、重唱曲のほか、トラジェディ・リリックに特徴的な合唱やバレエのナンバーもふんだんに取り入れられている。

《ルノー》ロシア初演

ニコライが《ルノー》をレパートリーに選定した経緯は不明だが、一七八七年一一月五日に送付されたニコライの書簡には、スコアを手にしていることが書かれている。(10) イヴァールからニコライに送られた品物については、一七八四年から記録が残っているが、一七八七年までの記録のなかに《ルノー》の楽譜は含まれていないことから、一七八三年にはスコアが送られていた可能性が高い。これは《ルノー》がパリで初演された年であり、ニコライがかなり早い段階でこの作品に目をつけていたことを意味する。話題作は決して見逃さなかったのである。作品の輸入はイヴァールの協力のもとに進められ、主要キャストやバレエの衣装、舞台装置のデッサンが取り寄せられたほか、演出やバレエの振り付けについて細かなアドバイスを受けた。

シェレメーチェフ家の劇場で《ルノー》がどのように上演されたかを具体的に示した文書は、いまのところ見つかっていない。レープスカヤは、ニコライとイヴァールの往復書簡と、使用人アレクサーンドロフの書簡を根拠として、上演は、一七八八〜九二年頃にシェレメーチェフ家のモスクワの劇場で実現したと推察している[11]。

しかしながら、劇場で使用された楽譜を通じて、実際の上演の様子を読み取ることが可能である。《ルノー》の楽譜は、ペテルブルグのロシア芸術史研究所古文書室（図6-2）に所蔵されている。私は、この楽譜の存在を、同室長のガリーナ・コプィトワ女史の論文[12]を通じて知った。いてもたってもいられなくなり、思い切ってガリーナさんに楽譜を閲覧したいとメールした。すると、ガリーナさんは申し出を快く引き受けてくださり、私のペテルブルグ訪問を温かく迎えてくれた。ガリーナさんが用意してくださったこれらの楽譜と対面したときの感動は、いまでも忘れられない。いずれの楽譜も、二〇〇年以上も前のものであるにもかかわらず、きわめて良好な状態で保存さ

図6-2　ロシア芸術史研究所（筆者撮影）

れていた。ページをめくるたびに、この楽譜を使ったニコライや音楽家たちの息づかいが聞こえてくるようだった。調査の合間にガリーナさんに紅茶をごちそうになりながら、研究についてあれこれ語り合ったのもよい思い出である。

さて、ロシア芸術史研究所が所蔵する《ルノー》の楽譜は、以下の三種類である。

①印刷譜（КР РИИИ, ф.2, о.1, No. 774）
②筆写譜（КР РИИИ, ф.2, о.1, No. 757, 830）
③手稿譜（КР РИИИ, ф.2, о.1, No. 1285）

①印刷譜は、一七八三年にパリで出版されたスコアである。②筆写譜は、①を書き写した楽譜で、第二幕と第三幕のみが現存している。譜面にはロシア語のテキストが書き込まれており、加筆修正の跡もみられる。③手稿譜は、複数の楽譜からなり、さまざまな楽器のパート譜、フランス語やロシア語のテキストのついたスコアの断片などが含まれている。楽譜の内容から、シェレメーチェフ家の上演で実際に使われたのは②と③だと考えられる。

①印刷譜と②筆写譜の配役や楽器編成に相違はない。これは、シェレメーチェフ家でも、パリ・オペラ座と同じように、一三名の主要キャストが確保され、大規模な楽器編成に対応できたことを示している。一方で、筆写譜には、ところどころで原曲の改変もみられる。改変の規模は、数十小節に及

ぶ原曲の省略、書き換え、拡大から、音のわずかな変更に至るまでさまざまである。

特に大きな改変は、第二幕第一〇場にみられる。アルミードが地獄の神々を召喚しようとするが、不思議な力で阻まれてしまう場面で、アルミードの独唱、地獄の神々の合唱、復讐の三女神の重唱などが交替し、劇的に展開していく。筆写譜では、この場面の三か所で曲が拡大されており、合計四二五小節が追加されている。この改変が行われた理由は定かではないが、魔法使いのアルミードが神々を召喚するというのは、このオペラの随一のスペクタクル・シーンであるため、音楽的にそれを強調する狙いがあったのかもしれない。筆写譜に残された多くの修正跡は、ニコライが上演にあたり、ただ印刷譜にしたがうだけでなく、よりよい上演をめざして試行錯誤を重ねていたことを示している。

ロシア語への翻訳

トラジェディ・リリックである《ルノー》は、すべての台詞に音楽がついている。特に、対話や劇を進行させる場面では、フランス語の抑揚に沿った朗唱的なレシタティフが多用されている。筆写譜では、レシタティフを含むすべての楽曲にロシア語が書き込まれていることから、ニコライが作品全体をもれなくロシア語に翻訳させたことが分かる。翻訳者は不明である。ここでは、第二幕第六場のルノーのレシタティフとアルミードのエールを例に、翻訳がどのように行われたかをみていこう。

この曲は、アルミードの従者に殺されかけたルノーをアルミードが救い、ルノーが礼を伝える場面で歌われる。

筆写譜には、三つのパターンのロシア語が書かれている。一つ目のテキストは、声楽パートの真下にペンで書き込まれている。このテキストには部分的に打ち消し線が引いてあるため、最初に書き込まれたものだと思われる。二つ目のテキストは、チェロとコントラバスのパート（楽譜の最終段）の下に、やはりペンで書き込まれている。このテキストは、二つ目のテキストの打ち消し線が引いてある箇所だけに書き込まれているので、二つ目のテキストを削除した後に再考された補足的なテキストだと思われる。三つ目のテキストは、声楽パートの上部に鉛筆で書かれている。これは二つ目のテキストと同じであるため、二つ目のテキストを考案する際に覚え書きとして書かれたものだと推測される。これらを照合すると、最初のテキストが書き込まれた後に、部分的に翻訳が再考され、それが楽譜の下部の余白に書き込まれたと断定できる。

次に、この曲のフランス語のテキストと、最初につけられたロシア語のテキスト、修正後のロシア語のテキストを比較してみよう（譜例6-1の①テキスト）。フランス語と二つのロシア語のテキストの大意には目立った違いはなく、フランス語のテキストに沿って翻訳されたことが分かる。

一方、ロシア語のテキストは、おもに最初の二行が全面的に変更されている。最初の翻訳では、フ

②楽譜
フランス語の原曲とロシア語訳（修正前と修正後）の声楽パート

譜例 6-1 〈ルノーのレシタティフ〉(第 2 幕第 6 場より)

①テキスト

注　下線は筆者による。変更点を表す。* は解読できなかったテキスト。

■原曲のフランス語のテキスト

Généreux inconnu, qui prenant ma défense,
Me faites oublier leur lâche trahison ;
Je ne vous parle pas de ma reconnoissance,
Mais ne puis-je savoir votre rang, votre nom ?

私を守ってくださった寛大な見知らぬ方よ,
あなたは彼らの卑怯な裏切りを忘れさせてください。
私はあなたに感謝の気持ちを伝えていない,
あなたのお家柄とお名前を教えていただけないか。

■修正前のロシア語のテキスト

Я храбростью твоей почтенный не знакомец
избавился от сей измени *** столь гнуснных
и благодарности зато ещё вам не принёс
Не можно ли узнать героя столь знаменита

尊敬すべき見知らぬ方よ，私はあなたの勇気によって,
これほどまでに卑劣な (*) 裏切りから免れた。
しかし，あなたにまだ感謝の気持ちを伝えていない。
あなたがどれほど有名な英雄なのか教えていただけないか。

■修正後のロシア語のテキスト

Я храбрость чту твою и мужеству дивлюсь
тобой сражена лесть измена их открыта
и благодарности зато вам не принёс
Не можно ли узнать героя столь знаменита

私はあなたの勇気を尊敬し，その度胸に驚いている。
あなたによって追従は打ち負かされ，彼らの裏切りは暴かれた。
しかし，あなたに感謝の気持ちを伝えていない。
あなたがどれほど有名な英雄なのか教えていただけないか。

ランス語の「寛大な見知らぬ方 Généreux inconnu」という部分が「尊敬すべき見知らぬ方 почтенный не знакомец」と訳されているのに対し、修正後のテキストではそれは削除され、代わりに「度胸 мужеству」という語が追加されている。アルミードの勇敢さをいっそうたたえる翻訳になったといえる。また、最初の翻訳では、最初の二行に動詞が一つしかなく（избавился）、ひと続きになっているのに対し、修正後のテキストには、「尊敬する чту」「驚いている дивлюсь」「打ち負かされる сражена」「暴かれる открыта」と四つもの動詞が置かれている。これにより、文章がこま切れになった印象が生まれるが、この変更の理由は、次にみるように音符の並び方に関係していると考えられる。

譜例6–1②は、フランス語の原曲と筆写譜の声楽パートを並べたものである。音符を見比べると、筆写譜の音符にほとんど変更が加えられていないことが分かる。つまり、あくまでも原曲の旋律線はそのままに、原曲の音楽の流れを変えることなく、ロシア語がつけられている。さらに、二小節目の修正後のロシア語のテキストをみると、「あなたによって追従は打ち負かされた тобой сражена лесть」と「彼らの裏切りは暴かれた измена их открыта」という文の切れ目にちょうど十六分休符があり、文の区切りと音楽的な区切りが一致していることが分かる。この修正からも、原曲の音符の並びを重視して、翻訳を工夫したことが読みとれる。

楽譜にみられる複数のテキストからは、翻訳作業が難航した様子がうかがえる。これは、翻訳者が、トラジェディ・リリックに特有の朗唱的なレシタティフの翻訳に不慣れだったからだろう。そして、翻訳の際に最も重視されたことは、いかに原曲の音楽を変えずに、ロシア語に直すかという点だったようだ。しかしながら、音符とロシア語を対照してみると、音楽の拍節と、ロシア語のアクセントが一致していない箇所が多々あり、非常に不自然な流れが生じている。たとえば、修正後のロシア語のテキストの冒頭の храбрость は、最初の а にアクセントがあるが、この音は裏拍にきており、実際に歌うと表拍にある о が強調されてしまう。この曲には、こうした拍節とロシア語のアクセントのズレが、多くの場所でみられるのである。この曲はレシタティフなので、ある程度語るように歌われるとしても、音楽の拍節感を意識しながらこの翻訳で歌うのは、至難の業だったと推測される。

アルミードのエール

これは、先ほどのレシタティフの後に、アルミードがルノーに向けて歌う曲である。アルミードは、かつてルノーが自分を裏切ったことをとがめながらも、彼を愛している気持ちを伝える。筆写譜に修正の跡はなく、一種類のロシア語のテキストがつけられている（譜例6–2の①テキスト）。フランス語とロシア語のテキストを対照すると、ロシア語の三行目のテキストに、フランス語にはなかった「暗い洞窟で в пещерах мрачных」という表現が追加されているほかは、ほとんど大きな変更はなく、おおよそ原文どおりに翻訳されていることが分かる。

さらに、フランス語とロシア語のテキストが、単語の単位で一致している部分も多い。たとえば、音の跳躍をともなって歌われる「ひどい人 cruel」という二音節の単語には、同じく二音節の「ひど

②楽譜
フランス語の原曲とロシア語訳

譜例 6-2 〈アルミードのエール〉(第2幕第6場より)

① テキスト

■原曲のフランス語のテキスト
Cruel, cruel, pourquoi m'as-tu trahie ?
Cruel, pourquoi m'as-tu trahie ?
Seule avec toi, dans le fond des déserts,
Tu sais qu'Armide, en adorant ses fers,
T'aurait, t'aurait sacrifié sa vie.
Cruel, tu sais qu'Armide, t'aurait, t'aurait sacrifié sa vie, sa vie.
ひどい人,ひどい人,なぜ私を裏切ったの。
ひどい人,なぜ私を裏切ったの。
ただあなたとだけ,砂漠の奥深くで,
アルミードが,彼女の恋のとりこを愛しながら
あなたに命を捧げただろうということは分かるでしょう。
ひどい人,アルミードが,あなたに命を捧げただろうということは分かるでしょう。

■ロシア語のテキスト
Тиран тиран почто мне изменяешь
тиран почто мне изменяешь
одна я с тобой в пещерах мрачных я
с тобой в пустыне обожая мой плен
всю б жизнь тебе на жертву принесла
тиран ! ах знай армида всю бы жйзнь тебе на жертву принесла на жертву принесла
ひどい人,ひどい人,なぜ私を裏切るの。
ひどい人,なぜ私を裏切るの。
私は一人,あなたとともに暗い洞窟にいて,私は
あなたとともに砂漠にいて,私の恋のとりこを愛しながら,
すべての人生をあなたに捧げたでしょう。
ひどい人,あぁ,アルミードがすべての人生をあなたに捧げたことを知ってください。

い人 тиран」という単語が当てはめられ、フランス語のニュアンスが損なわれないように工夫されている。また、「なぜ pourquoi」「あなたは私を m'as-tu」「裏切ったのか trahie」という文も、「なぜ почто」「私を мне」「裏切るのか изменяешь」というように、できる限り、フランス語と同じ音節数の単語を選んで組み立てられている。エールは、歌手にとって音楽的な見せ場となる重要なナンバーである。さらに、この曲はゆったりとしたラルゴのテンポで歌われるため、翻訳によって原曲の旋律線が崩れることのないよう、細心の注意を払って逐語的な翻訳が行われたと考えられる。なお、翻訳にあたって音が変更されたのは、一七小節目と二四小節目の二か所だけであり、それらも、音節の帳尻を合わせるためのもので、大きな変更ではない。

一方で、この曲でも、レシタティフと同じように音楽の拍節とロシア語のアクセントが一致していない箇所が少なくない（譜例6–2②）。たとえば、三小節目の「なぜ私を裏切るのか почто мне изменяешь」という箇所は、一拍目の四分音符のへ音を頂点に旋律が下行するが、почто のアクセントは、二番目の o にあるため、二拍目の変ホ音の八分音符が強調されてしまうことになり、アクセントを意識しながら歌うと、ごつごつした歌い方になってしまう。こうした拍節とロシア語のアクセントのズレは随所にみられ、この曲が滑らかな旋律線に覆われているだけに、なおのことぎこちなく響いてしまう。

なお、このエールには異稿が存在する。これは、先述の手稿譜（③）に収録されたもので、筆写譜と同じロシア語のテキストに三種類の旋律線がつけられている。それらには、それぞれ細かな装飾がほどこされている。この楽譜がオペラ上演で使われたものなのか、コンサートで使われたものなのかは不明だが、実際の演奏では、原曲の旋律線にさらに装飾を加えることで、アルミード役の歌手の技巧を誇示したのだろう。しかし、この異稿においても、装飾がほどこされて引き延ばされている音符と、ロシア語のアクセントとが一致していないケースが目立ち、実際に歌うのはきわめて難しかったと考えられる。

ニコライのこだわり

残された《ルノー》の楽譜からは、大変な労力をかけてテキストを翻訳していたことが明らかになった。その際には、原曲の旋律線をできるだけ変更しないよう気をつけながら、慎重に訳語が検討されていた。注意深く翻訳が行われたのは、ニコライの意向を受けてのことだったと考えられる。ニコライはかつて、オペラの翻訳について次のように述べたことがあった。

オペラ《アルセスト Альцеста》をお送りします。それは、すでに翻訳されているのですが、フランス語の楽譜とまったく一つになっておらず、多くの部分が、柔らかな聴こえ方と音楽との調和を実現するための言葉の心地よさに至っていないのです。[13]

これは、シェレメーチェフ家の劇場で一七八五～九〇年頃に上演準備が進められたグルックのトラジェディ・リリック《アルセスト》の翻訳のやり直しを依頼した手紙である（宛先および日付不明）。この手紙からは、ニコライ自身が翻訳台本を細かく読み込み、翻訳にあたって音楽とロシア語の調和を重視していたことがうかがえる。ニコライは、オペラ上演における翻訳の重要性をしっかりと認識していたのである。

また、ニコライは劇場活動が進むにつれ、オペラの翻訳者の選定にも注意を払うようになった。表6-2は、この劇場で上演されたフランス・オペラの一覧である。[14] このうち、レープスカヤの調査によって翻訳者が判明したものは二〇作品にのぼる。[15] この表からは、劇場活動の初期には、もっぱらヴォロブレーフスキーが翻訳を行っていたことが分かる。ヴォロブレーフスキーは、シェレメーチェフ家の農奴であり、劇場専属の翻訳家として、フランスの作家によるオペラや喜劇の翻訳にたずさわった。ただし、彼は、初めて翻訳したオペラ《赤褐色の靴、またはドイツの靴屋》の序文にみずから書いているように、それまで詩作をしたこともなければ、音楽の知識もない素人の翻訳家だった。[16] そのため、ヴォロブレーフスキーの翻訳の質については、ロシア人研究者から厳しい評価が与えられることも少なくない。

後年になると、ヴォロブレーフスキー以外の人物による翻訳の数も増えていく。これは、先ほどの《アルセスト》の翻訳に関する発言からも分かるように、ニコライがヴォロブレーフスキーの翻訳に満足できなくなり、外部の優れた翻訳家を頼るようになったためだと推察できる。たとえば、《美しきアルセーヌ》（一七八五年初演）は、宮廷劇場で活躍した俳優サンドゥノーフによって翻訳された。

この作品は、シェレメーチェフ家の劇場が一七八五年に初めてロシア語で上演しているので、ニコライがサンドゥノーフに翻訳を特注したと考えられる。

一方で、シェレメーチェフ家の劇場では、こうしたオーダーメイドの翻訳に加え、既成の翻訳を活用することもあった。フランス・オペラでは、少なくとも《二人の猟師と乳しぼり娘》（一七七九〜八四年頃、シェレメーチェフ家初演）、《バラと馬鹿者》（一七九二年初演）、《もの言う絵》（一七九二年初演）の三作品が、宮廷劇場や、マドックスの公衆劇場で使われた翻訳によって上演されている。これらの作品は、いずれも他の劇場で大きな成功を収めており、長年にわたり再演されていることから、ニコライが翻訳の質も認めてレパートリーに加えた可能性がある。

このように、ニコライのオペラの翻訳に対するこだわりは、年を追うごとに強くなっていった。《ルノー》の翻訳者は不明だが、どのような翻訳で上演するかという点は、ニコライにとってきわめて重要なポイントだったようだ。

それではなぜ、ニコライは、トラジェディ・リリックの上演にあたり、ここまでロシア語の翻訳にこだわる必要があったのだろうか。

ロシアの正歌劇を

この劇場で外国オペラが翻訳された理由については、これまでは、単に演じ手の農奴俳優に外国語

注・作品のより詳しい情報は，巻末の表「シェレメーチェフ家の劇場のオペラ・レパートリー」も参照されたい。

フランス初演	初演 （シェレメーチェフ家）	翻訳者
1776.1.11 コメディ・イタリエンヌ	1779.1.11 初演	ヴォロブレーフスキー
1757.7.26 サン・ローラン市場	1779.2.7 初演	ヴォロブレーフスキー
不明	1779.6.28 初演	ヴォロブレーフスキー
1770.11.13 フォンテーヌブロー	1779.6.29 初演	ヴォロブレーフスキー
1768.1.27 コメディ・イタリエンヌ	1779-1780 初め 初演	ヴォロブレーフスキー
1763.7.23 コメディ・イタリエンヌ	1779-1784	クルィジャーンスキー
1775.8.16 コメディ・イタリエンヌ	1780.11.5 ロシア語初演	ヴォロブレーフスキー
1769.3.6 コメディ・イタリエンヌ	1781.2.7 ロシア語初演	ヴォロブレーフスキー
1777.7.23 コメディ・イタリエンヌ	1781 初演	ヴォロブレーフスキー
1752.10.18 フォンテーヌブロー	1782	不明
1765.3.16 コメディ・イタリエンヌ	1783 ロシア語初演	ヘンシュ？
1783.4.4 ヴェルサイユ	1784.8.4 ロシア語初演	ヴォロブレーフスキー
1779 ストラスブール	1784 初演	不明
1761.9.14 コメディ・イタリエンヌ	1784	不明
1776.6.12 コメディ・イタリエンヌ	1785.11.24 初演	ヴォロブレーフスキー

表6-2　シェレメーチェフ家の劇場で上演されたフランス・オペラ

注・フランス初演の日付は新暦で，シェレメーチェフ家の劇場初演の日付は旧暦で表記した。
・シェレメーチェフ家の劇場における上演に付記した情報は次の意味を示す。
初演：ロシア初演
ロシア語初演：ロシア語翻訳によるロシア初演
モスクワ初演：モスクワでの初演（ロシア初演は他の地域でなされた）

	作曲者	作品名	ジャンル
1	フリッゼーリ	赤褐色の靴，またはドイツの靴屋	オペラ・コミック
2	ドゥーニ	モデルに恋した画家	オペラ・コミック
3	デブロッス	二人の従姉妹（二人の姉妹，または親しい女友達）	不明
4	グレトリ	試練を受ける友情	オペラ・コミック
5	ドゥーニ	刈り入れ人	オペラ・コミック
6	ドゥーニ	二人の猟師と乳しぼり娘	オペラ・コミック
7	サッキーニ	植民地	オペラ・コミック
8	モンシニ	脱走兵	オペラ・コミック
9	メロー	ローレット	オペラ・コミック
10	ルソー	村の占い師	アンテルメード
11	ゴセック	樽職人	オペラ・コミック
12	ドゥゼード	ブレーズとバベ，または続三人の農夫	オペラ・コミック
13	パイジェッロ	サモラの王女	オペラ・コミック
14	モンシニ	人はすべてを予測することはできない	オペラ・コミック
15	グレトリ	サムニウム人の婚礼	オペラ・コミック

フランス初演	初演 （シェレメーチェフ家）	翻訳者
1773.11.06 フォンテーヌブロー	1785 ロシア語初演	サンドゥノーフ
1766.4.15 オペラ座	1786.12.10 初演	ラフマーニノフ
1777.9.23 オペラ座	1787 初演	不明
1769.1.5 コメディ・イタリエンヌ	1787-1788 初演	不明
1783.12.5 ヴェルサイユ	1788	不明
1772.3.31 ヴェルサイユ	1780 年代 初演	不明
1771.4.18 コメディ・イタリエンヌ	1780 年代 初演	不明
1787.5.03 コメディ・イタリエンヌ	1788-1790	リョーフシン
1783.2.28 オペラ座	1788-1792 初演	不明
1786.5.15 コメディ・イタリエンヌ	1790.9.17	不明
1764.3.8 コメディ・イタリエンヌ	1792.8.1	スシュコーワ
1769.9.20 コメディ・イタリエンヌ	1792.8.1	ヒルコーフ
1781.10.18 コメディ・イタリエンヌ	1792.8.1 初演	不明
1766.7.24 コメディ・イタリエンヌ	1792 or 1793	リョーフシン
1768.10.26 コメディ・イタリエンヌ	1792-1793	リョーフシン
1761.8.22 コメディ・イタリエンヌ	1795 モスクワ初演	ドミートリエフ

表 6-2　シェレメーチェフ家の劇場で上演されたフランス・オペラ（続き）

	作曲者	作品名	ジャンル
16	モンシニ	美しきアルセーヌ	オペラ・コミック
17	モンシニ	ゴルコンドの女王，アリーヌ	バレ・エロイック
18	グルック	アルミード	トラジェディ・リリック
19	グレトリ	リュシル	オペラ・コミック
20	ピッチンニ	偽の貴族	オペラ・コミック
21	ダルシス	仮面舞踏会	オペラ・コミック
22	マルティーニ	一五歳の恋人，または二重の祭り	オペラ・コミック
23	ダレイラック	アゼミア，または野蛮人たち	オペラ・コミック
24	サッキーニ	ルノー	トラジェディ・リリック
25	ダレイラック	ニーナ，または恋狂い	オペラ・コミック
26	モンシニ	バラと馬鹿者	オペラ・コミック
27	グレトリ	もの言う絵	オペラ・コミック
28	デソジエ	二人の大気の精	オペラ・コミック
29	ドゥーニ	鐘	オペラ・コミック
30	ドゥーニ	木靴	オペラ・コミック
31	フィリドール	蹄鉄工	オペラ・コミック

を操る能力がなかったためだとされてきた。しかし、一座のメンバーには外国語教育がほどこされていた。実際に、ジュヴリおよびシュヴァリエという名のフランス人の教師と、トレッリという名のイタリア人教師が雇われていたことが分かっている。[17] また、オペラの公演とは別に催されるコンサートで、外国の声楽曲が原語で演奏されることもあった。たとえば、一七九二年八月一日にクスコヴォで行われた祭りの際には、「ヴァイオリンやチェロの協奏曲の巧みな演奏と、男性歌手と女性歌手によるイタリア語のアリアの心地よい歌が、耳を楽しませた」という証言が残っているほか、[18] コンサートで使用されたと考えられる原語つきの声楽曲の楽譜も数多く現存している。

こうしたことをふまえると、農奴によるオペラの原語上演も、決して不可能ではなかっただろう。むしろ、《ルノー》の分析から分かったように、多くの時間と手間をかけてフランス語をロシア語に直し、たとえ歌手が歌いづらくとも、ぎこちないロシア語のテキストを覚えさせて歌わせる方が、よほど労力のいることだったのは想像に難くない。

レープスカヤは、その理由について、ロシアのやり方で外国の劇作品を翻案する必要性を説いていたカラムジンらの考えにニコライが賛同していたためだとしている。[19] 当時、ロシアの文芸誌では、ロシア演劇の発展の方向性について活発な議論が繰り広げられており、こうした文芸誌の講読者であったニコライも、議論の渦中にいたと考えられるのである。

もう一つの理由として考えられるのは、モスクワのオペラ文化の慣習である。当時、外国オペラは、ペテルブルグの宮廷劇場や学校劇場では原語で上演されていたが、モスクワでは、一七七八年にモスクワ孤児養育院がルソーのアンテルメード《村の占い師》をロシア語で上演したことを皮切りに、徐々に多くの劇場で翻訳上演されるようになっていった。その背景には、第1章で述べたように、多くの聴衆がオペラの原語上演を理解できなかったというモスクワ特有の事情があった。実際に、一七九二年にモスクワでフランスの一座が原語によるオペラ公演を行った際には、観客を集めることができず、わずか数回で公演が打ち切られてしまうという出来事もあった。[20] モスクワの聴衆を相手に公演を行っていたシェレメーチェフ家の劇場もまた、モスクワのこうした慣習にしたがったと考えられるのである。

しかし、この劇場が特異だったのは、オペラ・コミックだけでなく、トラジェディ・リリックというフランス語の正歌劇をもロシア語で上演したという点である。当時、多くの劇場でフランス語のオペラ・コミックがロシア語で上演されていた背景には、ロシアの作家によるコミーチェスカヤ・オペラのレパートリーが不足し、それに代わるものを多くの劇場が求めたという事情があった。地の台詞がまじるオペラ・コミックは、翻訳もそれほど難しくなかった。一方で、シェレメーチェフ家の劇場では、すべてが歌唱されるトラジェディ・リリックを、拙いながらも、すみずみまでロシア語に翻訳して上演したのである。もちろん、ニコライがトラジェディ・リリックに関心をもち、上演するに至った背景には、イヴァールという協力者の存在があったことも大きいだろうが、それだけではないだろう。

当時のロシアでは、正歌劇の上演は、宮廷劇場におけるイタリア語のオペラ・セリアの上演に限られていた。オペラ・セリアは、イタリア人の宮廷楽長によって作曲され、皇帝の誕生日や戴冠記念日などの祝典において、宮廷のイタリア人一座により、原語で上演されるのがきまりだった。イタリア人一座は、他の劇場でオペラを上演することを禁じられていたため、オペラ・セリアは宮廷劇場が特権的に上演できるジャンルだった。また、宮廷劇場では、一七五五年に《ツェファールとプロクリス》（台本スマローコフ、作曲アライヤ）、一七五八年に《アリツェスタ》（台本スマローコフ、作曲ラウパッハ）というロシア語の正歌劇も上演されているが、こうした試みは一八世紀を通じてこの二作のみであり、ロシア語による正歌劇の上演は他劇場ではまったく行われていなかった。こうした背景をふまえると、シェレメーチェフ家におけるトラジェディ・リリックのロシア語上演が、いかに画期的な取り組みだったかが浮き彫りになる。

ニコライにとって、トラジェディ・リリックのロシア語上演は、単にロシア語のオペラ・レパートリーを補完するという目的にとどまらず、フランス・オペラを通じて正歌劇にアプローチする試みでもあり、ロシア語上演により、正歌劇を「ロシア化」するという意味ももっていたといえる。そして実際に、トラジェディ・リリックのロシア語上演は、ロシア語の正歌劇の創出へと結びついていくことになる。

2　オリジナル・オペラの創作

父の死と革命の足音

一七八八年一一月三〇日、ニコライの父ピョートル・シェレメーチェフが病で亡くなった。ニコライは大きなショックを受け、何週間も眠れない日々を過ごした。しかし、ずっと床に臥せっているわけにはいかない。ニコライはシェレメーチェフ家の跡取りであり、亡き父の代わりに領地経営を行わなければならない。親戚のあいだで起こった遺産相続をめぐるトラブルにも対応しなければならない。だが、これらはニコライの大きな重荷となった。父の死後、彼はますます人を寄せ付けなくなり、一人ふさぎ込むようになった。

一方で、一七八九年には、農奴の生活状況を改善するための命令を出した。農奴に対して、ニコライに直訴する権利が与えられ、非協力的な農奴を軍隊送りにする慣例も取りやめられた。さらに、各地の領地に、農奴のための学校や病院、養老院が建設された。(21) 代替わりをしてニコライがすぐにこうした施策をうったことは、農奴に対して彼が特別な思いを抱いていたことを示している。ニコライにとって農奴は、ともに芸術を創造するかけがえのない人々になっていたのかもしれない。

ピョートルの死をきっかけに、ニコライはますます劇場活動にのめりこんでいった。一座の組織改革を進めたほか、トラジェディ・リリックの上演を実現し、オスタンキノに新たな劇場を建設した（一七九五年完成）。ニコライの手には、ピョートルから受け継いだ莫大な遺産があった。それをどれだけ劇場活動に費やそうと、もう誰も文句を言わない。一七九〇年代のシェレメーチェフ家の劇場の最後の輝きは、シェレメーチェフ家を背負って立たなければならないという重責からのニコライの逃避行の結果でもあった。

イヴァールの方でも、大きな出来事が起こった。一七八九年七月、パリ市民がバスティーユ牢獄を襲撃した。フランス革命の始まりである。ここからフランスは、王政の廃止と共和制の樹立、ルイ一六世の処刑、テルミドールのクーデター、ナポレオンの登場まで、かつてない動乱の時代を迎える。意外なことに、バスティーユ陥落後も、パリ・オペラ座ではそれまでと同じようにオペラ公演が続けられた。演目も、グルックとその追随者のトラジェディ・リリックが中心で、以前と大きく変わらなかった。イヴァールも、パリの不穏な空気に心をざわつかせながら、演奏を続けていたに違いない。

しかし、ニコライとイヴァールのやり取りは、一七八九年に大きく減った。それまでは毎年一〇通前後の手紙が交わされていたが、この年はわずか三通にとどまっている。いずれもイヴァールが書いたもので、このうち一通はバスティーユ襲撃後の一〇月三〇日付である。手紙のなかでイヴァールはこの事件についてまったくふれず、ニコライからの依頼について淡々と返事をしている[22]。その後も、二人のあいだで革命について話題になることはなかった。一七八九年に書簡のやり取りが減ったのは、革命の余波で郵便などのインフラに影響が出たことや、ニコライ自身も父の死による身辺整理に忙しかったことなどが関係しているだろう。いずれにせよ、フランス革命の始まりは、この時点ではまだ、シェレメーチェフ家の劇場活動に大きく影響することはなかった。そして、ロシア皇帝エカテリーナ二世も、フランス革命の推移を静かに見守っていた。

《マッサゲタイの女王トミュリス》

一七九〇年代初め、ニコライは新たな挑戦に乗り出す。オーダーメイドのオペラ上演である。シェレメーチェフ家の劇場では、それまで多くのオペラを上演してきたものの、それらはすべて既成の作品だった。しかし、一座が「オペラ・カンパニー」として体力をつけ、トラジェディ・リリックの上演も果たしたいま、ニコライは既成作の上演だけでは満足できなくなっていた。他の劇場とは異なる、独自のオペラ上演を行いたいという気持ちが募っていた。

オペラのタイトルは《マッサゲタイの女王トミュリス》で、一七九〇年頃に、ニコライの依頼を受けたイヴァールを通じて、フランスの作家によって台本が作成された。この作品について、イヴァールは一七九一年三月二七日付の書簡で次のように書いている。

伯爵殿がお望みのように、今年陛下が伯爵殿のスペクタクルにご臨席になり、《トミュリス》の初演をご覧になることができたら、伯爵殿が覚えられるはずのあらゆる満足を、私はすでに感じています。(23)

「陛下」とは、エカテリーナ二世をさしている。この作品は、エカテリーナ二世がシェレメーチェフ家に来訪する折に上演される予定だった。女帝の来訪は一七八七年六月以来で、前回は、クスコヴォの新劇場で《サムニウム人の婚礼》が上演された。今回ニコライは、他劇場では決してみることのできない、オーダーメイドのオペラによって女帝を歓待しようとしたのである。エカテリーナ二世の来訪は一七九一年の終わりまでに実現する予定だった。(24) しかし、予期せぬ出来事が起こる。一七九一年一〇月五日に、エカテリーナ二世の寵臣（愛人）グリゴリー・ポチョームキンが、突然亡くなったのである。これにより、女帝の来訪は見送られ、オペラの創作も中断してしまった。結局、その後もこの作品の上演は実現しなかったとされている。(25)

完成した台本と舞台装置のデッサン

上演は実現しなかったとはいえ、上演に向けた準備はある程度進んだようだ。この作品については、一七九〇～九一年にイヴァールが書いた五通の書簡と、一七九一年の計算書のなかに言及がみられる。

ニコライの現存書簡には言及はないが、イヴァールの書簡のなかで台本がニコライの注文によって作成されたことが記されているため、書簡自体が失われてしまったと考えられる。

イヴァールは一七九〇年一一月一四日付の書簡で、「私は、二流だが才能のある詩人に、伯爵殿がお望みになっているように、レシタティフのついた三幕からなる大きなオペラをつくらせるところです」[26]（傍線はイヴァール自身による。以下の引用文でも同様とする）と、初めてこの作品にふれている。台本は、ダンクールなる人物によって作成された。[27] この人物は、コンセール・スピリテュエルで一七八三年三月三一日に上演されたリジェル作曲のオラトリオ《イェフテ》の作詞者であったことから、音楽に対する理解もあったと考えられる。イヴァールは、コンセール・スピリテュエルの奏者も務めていたため、そのつながりから台本作成を依頼したのかもしれない。

そして、一七九一年三月二七日付の書簡[28]で、台本が完成し、それを同封することを伝えている。台本の金額は、一七九一年の計算書[29]によれば、一八〇〇リーヴル（現在の一八〇万円程度）であった。イヴァールから送付される既成のオペラの台本が六リーヴル（六〇〇〇円）程度だったことをふまえると、莫大な金額が費やされたことが分かる。

また、イヴァールは同じ書簡のなかで、この作品は「伯爵殿がこの詩に音楽づけをさせる作曲家の才能を輝かせるのに足るものです」と述べている。イヴァールに依頼されたのは、あくまでも台本だけであり、作曲はニコライ側で行うことが想定されていたのである。なぜニコライは、イヴァールに作曲を依頼しなかったのだろうか。イヴァールはオペラ座の現役の音楽家だったので、作曲家にも知り合いがおり、いくらでも「つて」はあったはずである。ニコライの経済状況を考えれば、作曲料がネックになったとも考えにくい。この疑問点については、オペラの内容を確認したうえであらためてふれる。

一七九一年四月には、イヴァールから、このオペラの一六の衣装と四つの舞台装置のデッサンが、説明文を添えて送られた。[30] 作成費用は、七四六リーヴルであった（ただし、この金額には、メローのトラジェディ・リリック《インドのアレクサンドロス大王》の舞台装置と衣装の作成費用も含まれている）。上演に向けた準備は、着々と進んでいたようだ。

《トミュリス》制作の意図

先に述べたように、このオペラの上演計画は頓挫してしまった。イヴァールから送られた台本の所在も不明である。しかし、ニコライが台本の注文にあたってどのような要望を出したかについては、イヴァールの書簡から読み取ることができる。一七九一年三月二七日付の書簡[31]には、次のように書かれている。

あなたが、私に作成させることを命じられたように、合唱と踊りの混じった、レシタティフつきの大きなオペラの歌詞がようやく完成したところです。［……］タイトルは、《マッサゲタイの女王トミュリス》で、三幕のオペラ・エロイックです。この真面目で政治的な作品は、オペラ・コミックでしかない《サムニウム人の婚礼》よりも、大きいスペクタクルのジャンルを内包しています。

この説明から、新しいオペラに合唱、踊り、レシタティフを取り入れることは、ニコライの意向だったことが分かる。これらの構成要素は、トラジェディ・リリックを特徴づけるものである。さらに、「オペラ・エロイック opéra héroïque」（英雄的オペラ）というジャンル名は、「ドラム・エロイック drame héroïque」と名づけられたグルックの《アルミード》を想起させるほか、「真面目」という形容もトラジェディ・リリックの性格に合致する。

また、「大きなオペラ」という表現からは、ニコライが、はじめから大規模な作品を想定していたことが読みとれる。三幕という構成は、一見するとそれほど大きな規模ではなかったように思われるが、グルック以降のトラジェディ・リリックが従来よりも幕数を減らし、三幕から構成されることが多かったことをふまえると、当時のトラジェディ・リリックのスタイルに合わせたと考えることもできる。

そしてイヴァールは、このオペラの規模の大きさを強調するために、《サムニウム人の婚礼》を引き合いに出している。先にみたように、これは、グレトリによるオペラ・コミックで、シェレメーチェフ家の劇場で一七八五年に初演されて以来、一座の十八番となった。一七八七年のエカテリーナ二世のクスコヴォ来訪時にも上演されている。この作品は、古代イタリアを舞台として、フェミニズムをテーマとした英雄的な筋書きをもち、合唱の多用や大規模なオーケストラを特徴としていたものの、あくまでも、地の台詞と歌唱からなるオペラ・コミックであった。ここでイヴァールは、「オペラ・コミックでしかない qui n'est qu'un opéra comique」(傍点は筆者による)という表現を用いることにより、新しいオペラとの格の違いを強調している。この発言は、ニコライがオペラ・コミックというジャンルに飽き足らず、それに代わるオペラ・ジャンルを求めていたことを示唆している。

エカテリーナ二世の功績を称える

続けてイヴァールは、作品の内容について次のように説明している。

このオペラの作者であるダンクール氏が、求められているあらゆる礼儀作法を守りながら、エカテリーナ二世の治世を大変立派に特徴づける、輝かしく記憶すべき諸々の行為、特に現在の状況に関係のある、彼女の徳と稀有なる功績を大いに尊重した行為を呼び起こしながら、この作品のなかで伯爵殿の意向をかなえたかどうか判断なさるのは伯爵殿です。

ここに、このオペラに登場する予定だった四名の王家の人物を挙げます。

女王トミュリス役として皇帝陛下、フェードルとパンタジレー役として大公殿下と大公妃、総督のバルス役として伯爵殿です。

この説明からは、この作品がエカテリーナ二世の功績をたたえるものであったことが分かる。作中には、エカテリーナ二世をはじめとする皇族と、ニコライ自身を暗示する登場人物が現れることになっていた。この点で、先のイヴァールの説明にあったように、この作品は多分に「政治的」な内容であったといえる。

トミュリスとは、紀元前五三〇年頃に実在した人物であり、カスピ海の東側に住むマッサゲタイ族を治めていた女王だった。この人物については、ヘロドトスの『歴史』に記述があり、マッサゲタイ族の国を侵略したうえに彼女の息子を殺したペルシア王キュロス二世を、報復のために殺害し、ペルシア軍を打ち破ったとされている。つまり、きわめて勇敢な女君主であり、その人物像はエカテリーナ二世に重なる部分がある。

当時ロシアでは、一七八七年に開戦した第二次露土戦争が終盤を迎えていた。一七九〇年からは、海上戦においてロシア軍が連戦連勝を重ね、同年一二月には、トルコの最重要拠点であったイズマイル占領を成し遂げるなど、エカテリーナ二世の治世は絶頂期を迎えていた。こうしたロシアの状況についてはイヴァールの耳にも伝わっており、この作品の台本が作成されているさなかに書かれた、一七九一年三月四日付の書簡[32]には、「こちらのすべての人々が、あなたのお国のトルコ征服に沸いています。こうして戦争を続け、あなた方はまもなくコンスタンチノープルに達するのでしょうね」という記述がみられる。《トミュリス》の台本には、こうした社会情勢が反映されたのである。

エカテリーナ二世が作品のなかで暗示されるという点で、このオペラは、ロシアの宮廷劇場で上演されていたイタリア語のオペラ・セリアと同様の性格をもっていたといえる。オペラ・セリアの上演は、皇帝の誕生日や戴冠記念日などに限られ、その都度、イタリア人楽長が新作を作曲する習わしになっていた。そして上演では、「舞台上の出来事は、象徴的に、また寓意的に、女帝とその帝国と結びつけられた」[33]。オペラ・セリアは、皇帝個人と深く結びついた特別なジャンルだったのである。

エカテリーナ二世の来訪に合わせ、ニコライが《トミュリス》の上演を計画したのは、宮廷劇場のオペラ・セリアに比肩するようなオペラ上演を行って、女帝を驚かせる狙いからかもしれない。実際、前回のクスコヴォ訪問で、エカテリーナ二世は《サムニウム人の婚礼》の上演をいたく気に入り、花形のジェムチュゴーワに豪華な褒美を与えて周囲の人々を驚かせた。この出来事は大きな話題となり、シェレメーチェフ家の劇場の名声をいっそう高めた。今度は、エカテリーナ二世を賛美するオーダーメイドのオペラで、女帝を迎えようとしたのである。これは、ニコライの育てた「オペラ・カンパニー」の実力を世間に知らしめるうってつけのチャンスだった。

そして、《トミュリス》は、「ロシア版トラジェディ・リリック」を創作する試みでもあったと考えられる。

ロシア語の正歌劇を創出する

先に述べたように、ニコライがイヴァールに注文したのはオペラの台本のみであり、作曲はニコライ側で行うことになっていた。これは、ニコライが、この作品のロシア語での上演を想定していたからではないだろうか。シェレメーチェフ家の劇場では、あらゆる外国オペラをロシア語で上演していた。当然《トミュリス》もロシア語で上演するつもりだったはずである。そうだとしたら、どのタイミングで翻訳するのがよいだろうか。

《トミュリス》は、トラジェディ・リリックのような性格をもつ作品だった。つまり、レシタティフも入っている。フランス語の抑揚に合わせて音楽がつけられたレシタティフの翻訳がいかに骨の折れることかは、《ルノー》の翻訳からも明らかである。それをふまえると、まずはフランスでトラジェディ・リリックの台本を作成し、それをロシア語に直したうえで音楽をつけるという手順をふむのが効率的である。さらに、イヴァールが「伯爵殿がこの詩に音楽づけをさせる作曲家の才能を輝かせるのに足るものです[34]」と述べたように、ニコライも作曲家の目星をつけていたのかもしれない。ニコライのもとでは、《サムニウム人の婚礼》の編曲を行ったデフチャリョーフなど、優れた農奴作曲家が育成されていたし、ニコライの人脈をもってすればロシア側でしかるべき作曲家を探すこともたやすかったはずだ。こうして、「ロシア版トラジェディ・リリック」が生み出された可能性もあるのである。

《トミュリス》の創作は、この劇場における一方的なフランス・オペラの「受容」から、正歌劇の「創出」への重要な転換を示すものだった。そして、その創作プロセスをふまえると、トラジェディ・リリックの枠組みを使って、ロシア語の正歌劇を創出するという試みにもなりえたと考えられる。残念ながらこの試みは成就することはなかったものの、ニコライにとって、上演活動の重大な新機軸となったことは間違いないだろう。

3　ロシア・オペラの誕生――《ゼルミーラとスメロン》

フランス革命の影響

一七九三年一月二一日、パリの革命広場（現在のコンコルド広場）で一人の男がギロチンにかけられた。ルイ一六世の処刑である。そのニュースはすぐさまロシアに伝わり、エカテリーナ二世を震撼させた。一七八九年のバスティーユ襲撃以来、彼女はフランス革命の推移を静観していたが、前国王が処刑されるに至り、革命の影響がいよいよロシアにまで飛び火するのではないかと恐れるようになった。

イヴァールとの交流停止

この一件からまもない二月八日に、エカテリーナ二世は「フランス国王ルイ一六世の憤怒と殺害に関連して、フランスとの交流を停止すること、及びフランスの革命原則への誓いを拒否した人間を除いて、フランス人をロシアから追放することについて、フランスからロシアへの新聞、雑誌、その他の作品の輸入禁止について」と題する勅令を出した[35]。この勅令の前文には、「一七八九年のフランスの混乱に多くの国が関心を寄せている。……国王に対する凶暴さと言語道断な態度、無神論からくる国家権力に対する反抗的態度や公序良俗を乱す行為は、フランス国内だけでなく、多くの国に悪影響を与え、拡大している。……これ以上、わが国とフランスとのあいだにあった関係は、ありえない[36]」と書かれた。この文言には、エカテリーナ二世のフランスに対する不信感が顕著に表れている。勅令には、フランスとの貿易停止、ロシア国民のフランスへの渡航禁止、フランスで発行されている新聞、雑誌、およびその他の定期刊行物の輸入禁止、フランス人の入国禁止といった措置が明記された[37]。

この勅令に呼応するかのように、ニコライとイヴァールの関係にも変化が現れた。現存する往復書簡をみる限り、二人のやり取りは、一七九二年一〇月一五日付のニコライの書簡[38]をもって中断してしまうのである。その次に現存する書簡は、一八〇三年一月三日付のニコライのもの[39]である。二人のやり取りは、一〇年余り途絶えてしまったことになる。

もちろん、書簡が失われてしまっただけで、実際にはやり取りがあった可能性もある。しかし、一八〇三年七月一五日付のイヴァールの書簡[40]から、やはりこの間に、二人のあいだで何らかの変化があったことがうかがえる。この書簡には、一七九二～九五年にイヴァールのもとで起こったトラブルについて、以下のような報告が書かれている。

一七九二年にニコライが新しい邸宅を建てるにあたり、イヴァールがニコライからの依頼を受けて、そのデッサンをドゥラバールなる人物に注文した。イヴァールは二四〇〇リーヴルを支払うことで合意し、前金を支払った。デッサンが出来上がり、残りの代金を支払うようしつこく催促された。そのため、イヴァールは、一七九二年にニコライへ送った品物の代金を催促する手紙を、一七九五年にニコライに書かざるを得なくなった。こうして、一七九五年にパリの銀行家を通じて、アシニャ紙幣で三万五〇〇〇フランを受け取り、そのなかから、ドゥラバールに、手数料を含む二六〇九リーヴル一〇ソルを支払った。しかし、一七九二年から一七九五年のあいだにアシニャ紙幣の価値が急落したため、ドゥラバールがニコライに補償金を請求してくる可能性がある。しかし、それは法的に補償されるものではないので、そのような行為は間違っているとイヴァールがドゥラバールを諭した。

この書簡から、一七九二年にもイヴァールからニコライへ品物が送付されていたことが分かる（ただし、計算書は現存していない）。しかし、送付物の代金は、一七九五年にイヴァールから催促されるまで、ニコライから支払われることがなかったようだ。これまでの二人のやり取りをみる限り、送付品の支払いをニコライが滞らせることはなかった。やはり、一七九二年以降に、二人のやり取りに何らかの支障が出たことは明白である。また、イヴァールが、一七九二〜九五年という一〇年も前の出来事を、このときになって事細かに説明しているのも不可解である。それまでイヴァールは、ニコライからの依頼をめぐってトラブルが起こった場合、その都度こまめに報告していた。これらをふまえると、ニコライとイヴァールのやり取りは、一七九二年を境に、中断あるいは極端に減少したと考えることができる。これはまさに、エカテリーナ二世がフランスとの交流停止に関する勅令を出したタイミングに一致する。

劇場の「フランス排除」

イヴァールとの交流が絶たれたことは、ニコライにとってかなりの痛手となったはずだ。それに追い打ちをかけるように、エカテリーナ二世は、劇場政策においてもフランス排除の方針を決めた。一七九三年から一年以上にわたり、宮廷のフランスの一座による上演活動を制限したのである。[41] 宮廷劇場では、この年にフランス・オペラが一作も上演されなかった。これらの動きを受けて、ニコライは劇場活動の方向転換を余儀なくされたようだ。もはや「他の劇場ではみることのできないフランス・オペラ上演」をセールス・ポイントにすることはできなくなった。

レープスカヤの目録[42]によれば、一七九三年から劇場が閉鎖された一七九七年までに、シェレメーチェフ家の劇場では六つのオペラが初演された（巻末の「シェレメーチェフ家の劇場のオペラ・レパートリー」参照）。単純計算で一年に一作品のペースだが、それまでは年に複数作品が初演されることもあったので、この時期に新作の上演自体が減ったことになる。六作品の原語の内訳は、フランス三、イタリア二、ロシア一である。

三つのフランス・オペラは、ドゥーニの《鐘》（一七六六年、コメディ・イタリエンヌ初演）と《木靴》（一七六八年、コメディ・イタリエンヌ初演）、フィリドールの《蹄鉄工》（一七六一年、コメディ・イタリエンヌ初演）で、すべて比較的古い作品だった。しかも、これらはいずれもすでに他劇場がロシア初演をしており、この頃にはマドックスの劇場などのレパートリーとして定着していた。それまでニコライが最新のフランス・オペラのロシア初演に躍起になっていたことをふまえると、こうした作品の選定は異例である。

一方で、この時期に上演されたオペラのうち、パイジェッロのオペラ・ブッファ《ニーナ、または恋狂い》とコズローフスキーの《ゼルミーラとスメロン》は、ロシア初演だった。《ゼルミーラとスメロン》は、一七九五年のオスタンキノの新劇場の開館にあわせて創作・上演された作品である。ニコライは、この一大イベントに、フランス・オペラではなくあえてロシア・オペラを上演したのである。これまでの劇場活動を振り返れば、これはニコライにとって悲願のロシア・オペラ上演ということになるが、当時の政治情勢を考慮すると、ニコライなりのエカテリーナ二世に対する配慮だったと捉えることもできる。いずれにせよ、このオペラは、シェレメーチェフ家の劇場のフィナーレを飾る一作となった。

コズローフスキーの《ゼルミーラとスメロン》

この作品が創作されたプロセスについては、詳しいことが分かっていない。しかし、上演が頓挫した《トミュリス》と同じように露土戦争（一七八七〜九一年）をテーマとした物語であることから、オスタンキノ劇場のオープンにあたり、ニコライがあらためて特注したと推測できる。

台本と作曲

台本は、パーヴェル・ポチョームキン（一七四三～一七九六）が作成した。彼は、エカテリーナ二世の寵臣グリゴリー・ポチョームキンのまた従兄弟にあたる人物で、露土戦争ではロシア軍を指揮し、一七九〇年一二月のイズマイル占領を成功させる立役者となった。また、軍人としてだけでなく、文学者としても優れた才覚を示したことで知られる。彼は、宮廷勤務のかたわら、劇作品や詩を創作したほか、ヴォルテールやルソーらの著作の翻訳を行った。

作曲は、コズローフスキー（一七五七～一八三一。ポーランド語読みではコズヴォフスキ）が担当した。ポーランドに生まれたコズローフスキーは、音楽教師などを務めたのちに一七八〇年代初頭にペテルブルグにやってきて、一七八六年からロシア軍の軍人となった。露土戦争では、オチャーコフ包囲戦（一七八八年）などに参加している。彼は、軍人時代にグリゴリー・ポチョームキンの寵愛を受け、一七九一年四月二八日にタヴリーダ宮殿でエカテリーナ二世のために開かれた、イズマイル占領の記念式典において音楽監督を務めた。このとき、コズローフスキーは、合唱曲や舞曲を作曲しているが、とりわけ、ポロネーズ《勝利の雷鳴よ、鳴り響け》は、一九世紀前半までロシアの国歌となるほど好評を得た。一七九一年一〇月のグリゴリー・ポチョームキンの死後も、コズローフスキーは、おもに宮廷に仕える貴族や音楽愛好家のために、ポロネーズやロシア歌曲などの小品を書き続け、作曲家として名声を高めていった。

同時期に、コズローフスキーはより大規模な作品の創作も行っており、カンタータ《ピョートル一世のための賛歌》（一七九四年）のほか、オペラ《オリンカ、または初恋》（一七九六年）の一部を作曲している。一七九五年に初演された《ゼルミーラとスメロン》も、この時期にニコライから委嘱された作品だと考えられる。そのほかに、コズローフスキー作曲のフランス語のオペラ・コミック《新生児》の断片が現存していることから、フランス語の劇作品にも精通していたようだ。

このように、パーヴェル・ポチョームキンもコズローフスキーも露土戦争に深くかかわっていたため、このテーマによるオペラ創作にはうってつけの人材だった。また、両者ともにフランスの文芸に造詣が深かったことも、ニコライの共感を呼んだのかもしれない。《ゼルミーラとスメロン》の創作にあたり、ニコライ自身がどの程度関与したかは定かではない。しかし、《トミュリス》創作時に、彼が作品内容にかなり細かく注文をつけていたことを考慮すれば、同じようにさまざまな指示を出した可能性が高い。

オスタンキノ新劇場での初演

初演は、一七九五年七月二二日に、オスタンキノの新劇場で行われた。初演の様子を具体的に知るための記録は残っていないが、観客の一人（詳細は不明）が次の韻文を残している。

イズマイルの壁で君の刀が光ったとき、

君は、敗北者の唸り声と叫び声を引き出した。
ここでは、それほど生き生きと、明るく、
魂の感覚をもって、理性にしたがって、
ロシア人のあらゆる栄誉を描写するのに成功した。
君は、勝利者たちの涙を誘った。[43]

この詩からは、上演が成功を収めたことがうかがえる。また、一七九五年八月二六日に、ポーランドのポトツキー伯爵がオスタンキノに来訪した際に、この作品が再演されたようだ。[44]

物語

残念ながら、《ゼルミーラとスメロン》の楽譜は現存しないとされている。しかし、一七九五年にペテルブルグで出版された台本は現存している（図6-3）。[45] 台本の表紙には、『ゼルミーラとスメロン、またはイズマイル占領。叙情劇』と書かれている。「叙情劇 лирическая драмма」というジャンル名は、フランス語の「トラジェディ・リリック tragédie lyrique」を想起させるし、グレトリのオペラ・コミック《サムニウム人の婚礼》（一七七六年版）の「ドラム・リリック drame lyrique」というジャンル名の訳語だと解釈することもできる。そして実際に、このオペラは、この劇場がこれまで幾度となく上演してきたフランス・オペラと多くの類似点をもっている。ここでは、まず作品の大まかな内容を

表 6-3 《ゼルミーラとスメロン》の登場人物とキャスティング

登場人物	役どころ	キャスティング
オスマン，ムハフィズ	イズマイルで町の全軍隊を指揮する	ポドロシュコ
ゼルミーラ	オスマンの娘	ジェムチュゴーワ
スメロン	ロシア軍の連隊長	スマーギン
ファティマ	ゼルミーラの友人	イズムルードワ
ムハフィズの護衛		キリュシェンコフ
総督の砲兵（捕虜）		ジューコフ
軍司令官		ヤムポーリスキー
トルコの役人		12 名
トルコ軍親衛兵		12 名
警備のためのトルコ人戦士		10 名
トルコの使者		2 名
トルコ軍		不明
トルコ人捕虜		不明
枢密院の出席者		不明
ロシア人士官		8 名
ロシア人戦士		25 名

確認したうえで、作品の特徴について現存台本を手がかりにみていきたい。

表6‐3は、台本およびエリザーロワの研究にもとづいて、登場人物とキャスティングをまとめたものである。主要キャストは七名で、それ以外に少なくとも六九名もの出演者がいたことが分かる。トラジェディ・リリックの出演者に匹敵する大人数である。また、ヒロインのゼルミーラと主人公のスメロンに、一座の花形のジェムチュゴーワと、優れた男

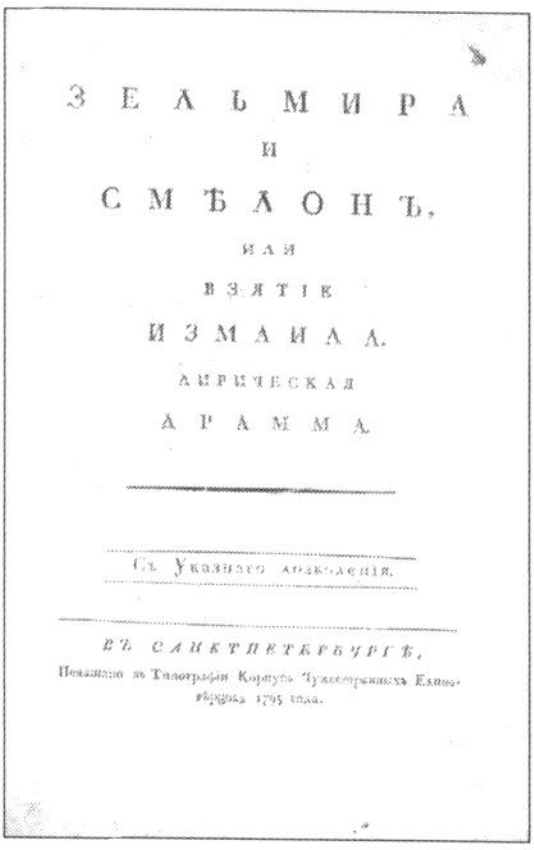
ЗЕЛЬМИРА
И
СМѢЛОНЪ,
ИЛИ
ВЗЯТІЕ
ИЗМАИЛА.
ЛИРИЧЕСКАЯ
ДРАММА.

Съ Указнаго дозволенія.

ВЪ САНКТПЕТЕРБУРГѢ,
Печатано въ Типографіи Корпуса Чужестранныхъ Единовѣрцовъ 1795 года.

図 6-3 《ゼルミーラとスメロン》台本（ロシア国立図書館［ペテルブルグ］所蔵）

声歌手スマーギン（生没年不詳）がそれぞれキャスティングされていることも注目される。作品は全三幕から構成され、以下のあらすじをもつ。

露土戦争時のイズマイル。トルコの捕虜となったスメロンは、オスマンによって手厚い保護を受けた。いつしかオスマンの娘ゼルミーラと恋仲になったが、逃亡し、いまはロシア軍の連隊長となった。スメロンは、トルコ側の降伏を求めて、ロシア軍が包囲するイズマイルへやってくる。スメロンと再会したゼルミーラは、一緒に逃げてほしいと訴えるが、拒否される（第一幕）。スメロンが直接オスマンに降伏を求めるが、オスマンは受け入れない。スメロンはゼルミーラに最後の愛の言葉をかけて立ち去る（第二幕）。ロシア軍の攻撃によって負傷したオスマンのもとへスメロンがやってきて、捕虜になるよう命じる。ロシア軍は祝勝行進をし、捕虜となったゼルミーラも連行されてくる。スメロンはゼルミーラとの再会を喜び、求婚する。オスマンは二人の結婚を許し、ゼルミーラのたっての願いで、スメロンはすべての捕虜を解放する。ロシア人、トルコ人すべてが、ロシアと女帝を賛美する（第三幕）。

「救出オペラ」との類似性

《ゼルミーラとスメロン》は、多くの点でトラジェディ・リリックと共通する特徴をそなえている。その一方で、「救出オペラ」と呼ばれる当時の最新のオペラ・コミックとも類似性を認めることができる。ニコライは、トラジェディ・リリックというジャンルに強くひかれつつも、パリで流行する最先端のオペラ・コミックに目配りすることも忘れなかったのである。

最先端のオペラ・コミック

救出オペラとは、フランス革命期に流行したオペラ・コミックの一つのタイプで、「クライマックスに、主人公が、もう一人の主人公もしくは数名の他人によって、精神的・(または)肉体的な危機から救出される」[46]という筋書きをもつ。そしてその救出は『機械仕掛けの神 deus ex machina』ではなく、生身の人間の英雄的ともいえる努力によって成し遂げられる。これは当時の世俗的理想主義を反映しており、社会的メッセージを含むことも多かった。[47]」「機械仕掛けの神」とは、オペラ・セリアやトラジェディ・リリックの終盤で、困難な状況を神が収束させ、物語をハッピーエンドに導く演出法である。救出オペラは、それを「生身の人間」が行うことに最大の特徴があった。絶対的な権力をもつ「神」ではなく、「人間の努力」によって問題を解決するという筋書きは、まさにフランス革命期の思潮に一致したため、このジャンルは広く人気を集めることになった。

救出オペラの代表作は、一七九〇年代にパリで初演された。たとえば、ベルトンの《過酷な僧院》(一七九〇年、コメディ・イタリエンヌ初演)は、ある修道院を舞台に、若い修道女が堕落した女子修道院長の手によって生き埋めにされようとしていたところを救い出されるという筋書きである。ガヴォーのオペラ・コミック《レオノール、または夫婦愛》(一七九八年、フェドー劇場初演)は、実話をもとにしており、政治犯として捕われた夫を、男性に変装した妻が救出するという物語である。この作品は、ベートーヴェンの《フィデリオ》（一八〇五年、ウィーン初演）と同じ題材を扱い、その原型となったことでも知られる。さらに、ケルビーニの《二日間》（一八〇〇年、フェドー劇場初演）も実話を下敷きにしており、不当に迫害された貴族を、水運び人一家が救い出すという内容である。

一般にこうした作品が救出オペラとみなされるが、その原型が「『解放freedom』の側面を強調した」スデーヌ台本のオペラ・コミックにあるとする解釈もある。(48) こうした作品には、モンシニ作曲の《王と農夫》（一七六二年、コメディ・イタリエンヌ初演）、グレトリ作曲の《獅子心王リチャード》（一七八四年、コメディ・イタリエンヌ初演）や《脱走兵》（一七六九年、コメディ・イタリエンヌ初演）が挙げられる。たとえば、このうちの《獅子心王リチャード》では、オーストリアの城に捕えられた英国王リチャードが、家来と恋人の知略によって見事に救い出される。この作品は、グレトリのオペラ・コミックのなかで最大の成功を収めた作品の一つである。

《ゼルミーラとスメロン》の筋書きは、一連の救出オペラのそれと酷似している。つまり、作品の前半（第一幕と第二幕）で、ゼルミーラとスメロンという主役の恋人たちを取り巻く危機的な状況が緊張感たっぷりに描かれ、後半（第三幕）において、捕われの身となったゼルミーラとトルコ人捕虜たちがスメロンの手で救出される。その救出は、まさに「機械仕掛けの神」ではなく、スメロンの英雄的な努力によって成し遂げられるのである。そして最後は、あらゆる救出オペラと同じように、登場人物一同でその救出を称賛し、大きな歓喜をもって幕となる。つまり、このオペラは「ロシア版救出オペラ」ともいうべき性格をそなえているのである。

救出オペラの輸入と上演

《ゼルミーラとスメロン》の創作過程がはっきりしていないため、このオペラが救出オペラとのかかわりのなかで生まれたことを示す証拠はない。しかし、シェレメーチェフ家の劇場では、一部の救出オペラが輸入・上演されていた。

まず、ニコライは、救出オペラについて身をもって知っていた可能性がある。彼が一七七二〜七三年にパリに滞在していたとき、救出オペラの先駆けとなった《王と農夫》や《脱走兵》が空前のヒットを飛ばし、再演を重ねていたのである。無類の劇場好きだったニコライが、これらの作品を観劇しなかったとは考えにくい。このうち《脱走兵》は、一七八一年にシェレメーチェフ家の劇場で上演されている（ロシア語初演）。同作は、モンシニのオペラ・コミックのなかで最大の成功作で、軍隊から脱走して逮捕された主人公が、処刑される直前に恋人の計らいによって赦免されるという物語である。

ニコライは、グレトリの《獅子心王リチャード》の上演にも強い意欲を示していた。イヴァールとの往復書簡には、この作品をめぐるやり取りが多くみられる。まず、一七八五年五月と九月に、この作品の一部のエールとアリエットがイヴァールから送付され、イヴァールは「パリの名士たちを陶酔させている魅力的なアリエット」だと述べている（一七八五年九月九日付）[49]。その後も、この作品の舞台装置や衣装に関するやり取りがみられ、同年九月一八日付の計算書には、スコアとパート譜、および舞台装置や衣装のデッサン、第三幕の舞台装置の模型が送付されたことが記されている[50]。

二人のやり取りのなかで注目されるのは、要塞の崩壊の舞台装置に関するものである。これは、第三幕でリチャードが救出されるシーンの舞台装置で、舞台上で要塞が崩れ落ちる様子を表現した。イヴァールは、一七八六年六月一四日付の書簡のなかで、素材や仕組みについて細かく説明し、コメディ・イタリエンヌの舞台装置にもとづいた模型を送ることを約束した[51]。そして実際に、詳細な説明書きとともに模型が送付された（日付なし[52]）。それに対してニコライは、「あなたが《獅子心王リチャード》のために注文したすべてのものは、とてもよくつくられています。今後、私たちの劇場で上演されうる作品を同様につくってください」と感謝の意を示している（一七八六年七月九日付[53]）。二人のやり取りからは、救出シーンの要塞の崩壊がオペラの山場であり、二人がその再現に骨を折ったことが読み取れる。

要塞の崩壊は、《ゼルミーラとスメロン》で、まったく同じように起こる。第三幕で、ロシア軍の攻撃によってイズマイルの町が陥落する場面で、要塞が崩壊するのである。レープスカヤは、要塞の舞台装置は、聴衆の目の前で崩れ落ちるようにつくられており、要塞が陥落するシーンは、音と光の効果をともなったとしている[54]。舞台装置のこうした仕掛けは、まさに《獅子心王リチャード》との関連性を強く感じさせる。つまり、筋書きの点でも演出の点でも、二つの作品には強い近似性を認めることができるのである。

結局、《獅子心王リチャード》の上演は実現しなかったとされるが[55]、往復書簡からは、上演準備がかなりの程度まで進められ、ニコライも上演に強い意欲を示していたことがうかがえる。一七九一年には、最新の救出オペラもイヴァールから送られた。一七九一年九月一五日付の計算書には、クロイツェルの《ポールとヴィルジニー》（一七九一年、コメディ・イタリエンヌ初演）の印刷スコアとパート譜および台本、メユールの《ウフロジーヌ》（一七九〇年、コメディ・イタリエンヌ初演）の印刷スコアとパート譜、ベルトンの《過酷な僧院》の印刷スコアとパート譜が挙がっている。(56) いずれもパリで初演されたばかりのオペラ・コミックであり、典型的な救出オペラのプロットをもっていた。つまり、ニコライはこうした最新の救出オペラにも通じていたのである。

《ゼルミーラとスメロン》の創作時に、ニコライが台本や音楽にどの程度口出ししたのかは分からない。しかし、シェレメーチェフ家の劇場における救出オペラの輸入と上演の状況をみると、救出オペラもまた、トラジェディ・リリックと同じように、創作上のインスピレーションを与えた可能性がある。さらに、フランス文学の翻訳に長けていたパーヴェル・ポチョームキンと、フランス語のオペラ・コミック創作の経験があったコズローフスキーも、救出オペラに通じていたかもしれない。

トラジェディ・リリックとの類似性

最後に、《ゼルミーラとスメロン》とトラジェディ・リリックとの類似性について、台本をもとに舞台装置と音楽面からみていこう。

舞台装置

エリザーロワによれば、《ゼルミーラとスメロン》の舞台装置は、ヒルフェルディング（生没年不詳）なる外国人の舞台装置家と、シェレメーチェフ家の農奴画家ムーヒン（一七七一〜没年不詳）が担当した。[57] ヒルフェルディングは、マドックスの劇場でも舞台美術家を務めていた人物で、シェレメーチェフ家の劇場では、そのほかに《エコーとナルキッソス》の舞台装置を作成したことが分かっている（上演は実現しなかった）。ムーヒンは、一七九二年からシェレメーチェフ家の劇場に仕え、多くの舞台美術を担当した優秀な人物だった。一七九二〜九四年には、ニコライの指示により、著名なイタリア人舞台美術家ゴンザーガ（一七五一〜一八三一。一七九二年よりペテルブルグの宮廷劇場に招聘されていた）のもとで舞台美術を学んでいる。舞台装置は、この精鋭二人によって制作されたのだった。

この作品はイズマイルの町を舞台としているが、三幕それぞれが異なる場面設定をもつ。第一幕は、ゼルミーラの居室である。台本には、「大きな窓のついたトルコ趣味による、豪華に飾り付けられた部屋を表している。窓からは、ロシア軍の陣営の一部と、ドナウ川が見え、島にはロシア軍の別の陣営が見える」と書かれている。エリザーロワは、舞台には豪華な東方のじゅうたんが敷かれ、珍しい家具が飾られたとしている。[58] 第二幕は、高い場所に枢密院が見える、円柱に囲まれた広間である。そして第三幕は、要塞の広場である。この広場の片方には建物が建っており、もう片方は防護壁に囲まれている。要塞の門もそびえ立っている。こうした場面設定をみるだけでも、舞台装置がかなり大がかりにしつらえられたことが想像できる。

さらに、上演にあたっては、機械仕掛けを駆使して聴衆を驚かせる音響および視覚効果が生み出されたようだ。先述したように、第三幕の要塞の舞台装置は、救出オペラ《獅子心王リチャード》と同じように、聴衆の目の前で崩れ落ちるという仕掛けをもった手の込んだものだった。

そのほかに、舞台装置として目を引くものが、第二幕第一一場（第二幕の最終場）から第三幕にかけて現れる。ここでは、オスマンの護衛がロシア軍を迎え撃つことを宣言すると、開戦を告げるトルコ軍の大砲の発砲音が鳴らされる。第二幕の台本の終わりには、「第二幕と第三幕のあいだに、音楽は興奮と恐怖、巨大な騒音を表現しなければならない」というト書きがある。これは、幕間の音楽によって戦いの様子が描写され、休みなく第三幕が開始されることを意味する。この音楽がどれくらいの長さだったかは定かではないが、第三幕で舞台を広場に移すにあたり、相当に早い舞台転換が求められたことは間違いないだろう。

こうした音響および視覚効果を用いたスペクタクル・シーンは、トラジェディ・リリックの見どころの一つであり、ニコライがイヴァールを通じてトラジェディ・リリックを輸入する際に、最もこだわったポイントでもあった。このオペラの舞台づくりにおいても、トラジェディ・リリック上演で培ったノウハウが存分に生かされたのである。

音楽の特徴

《ゼルミーラとスメロン》の台本のテキストはすべて韻文で書かれている。台本には、部分的に「アリア」「二重唱」「合唱」といった見出しがあるものの、多くの部分には見出しがついていない。それらの部分が歌唱されたのか、地の台詞だったのかは不明である。しかし、《ルノー》のように、レシタティフつきのトラジェディ・リリックが全編ロシア語に翻訳されて歌われていたことや、《トミュリス》の創作時に、ニコライがわざわざレシタティフを入れることを台本作家に注文していたことをふまえると、これらの部分に音楽がつけられ、レチタティーヴォのように歌われた可能性も十分にある。

楽譜が現存していないため、コズローフスキーがこのオペラにどのような音楽をつけたかを明らかにすることはできない。しかし、台本をみるだけでも、劇的で効果的な音楽が構想されていたことが読み取れる。

まず、アリアや二重唱が作品全体に効果的に配置されている。第一幕第一場の最後に置かれたアリアは、ゼルミーラが、親友のファティマにスメロンを愛していることを告白し、彼がかつて口ずさんでいた歌を紹介する際に歌われる。このアリアでは、図6-4のテキストにより、捕虜となったスメロンがゼルミーラに出会って愛に目覚めながらも、ロシア人戦士としての義務感にさいなまれる様子が描かれる。

図6-4　ゼルミーラ（またはスメロン）のアリアのテキスト（第1幕第1場より）

注　ロシア語のテキストは原文のまま。

Кто въ службѣ отличаться	兵役で手柄を立てる
Усердїемъ горитъ,	熱意に燃え,
И славой увѣнчаться,	人生を犠牲にしてもいいほど
На жертву жизнь стремитъ;	栄誉に輝きたい
Тѣхъ счастье хоть превратно,	そんな人々の幸せは移ろいやすいけれども,
Всегда гнать устаетъ.	いつも疾走するのは疲れるものだ
И рокъ невѣроятно	運命は，信じられないほど
Отраду подаетъ.	楽しみを与えてくれるだろう
Жизнь славѣ посвящая,	人生を栄誉に捧げている私は,
Я мнилъ, отрадъ мнѣ нѣтъ.	私には楽しみはないと思っていた。
Любовь съ войной смѣшая,	愛と戦いとを経験した私は,
Иной я вижу свѣтъ.	今までと違う目で人生を見るようになった
Когда съ тобой бываю;	君とともにいるとき,
Твой взоръ Зельмира зря,	ゼルミーラ，君のまなざしをみると,
Печаль позабываю,	悲しみを忘れ
Любовїю горя.	愛に燃える
Къ войнѣ мой духъ стремится;	私の魂は戦いに向かっている
Въ неволѣ слезы лью:	束縛されて涙を流している
Ты взглянешъ, мысль затмится;	君が視線を向け，思いがぼんやりする
Чту щастьемъ жизнь мою.	今の暮らしを幸せに思う
Но долгъ какъ тмить любовью?	しかし，愛がどうして義務を覆い隠すのか
Въ тебѣ душа моя,	君のなかに私の魂があり,
Отечеству всей кровью,	私は，すべての血と人生を,
И жизнью долженъ я.	祖国に捧げる義務がある

この曲が、回想シーンのようにしてスメロン自身によって歌われたのか、スメロンの気持ちを代弁するようにしてゼルミーラによって歌われたのかは定かではない。しかしながら、オペラの冒頭に情熱的な雰囲気に包まれたアリアを置くことによって、音楽的に強い印象を与えたことは間違いないだろう。

また、ゼルミーラとスメロンが対話する場面では、二重唱が重要な役割を担っている。たとえば、第二幕第七場は、オスマンに降伏を勧めてほしいとするスメロンの申し出を、ゼルミーラが卑劣な提案だとして受け入れず、スメロンを非難する場面だが、最後に図6-5のテキストによる二重唱が歌われる。

この二重唱では、はじめに、ゼルミーラがスメロンを非難する様子と、ゼルミーラの身に降りかかる災難を免れさせたいというスメロンの気持ちが、それぞれに歌われる。その後「二人で」と書かれたところからは、ゼルミーラがスメロンへの過去の恋心を歌うのに対し、スメロンは、今でもゼルミーラを愛しているという現在の恋心を歌う。この部分のテキストには同じ動詞の過去形と現在形が対置されることで、両者の気持ちがうまく対照されている。そして音楽的にも、ここで初めて二人が一緒に歌うことによって、相思相愛だった二人の姿が暗示されることになる。この二重唱では、別れを目前にした恋人たちの複雑な気持ちの交錯が見事に描かれているのである。

また、実際の上演でゼルミーラとスメロンをジェムチュゴーワとスマーギンが演じたことを考えると、アリアや二重唱のナンバーが、技巧的にも華やかな性格をもつものであったことは想像に難くな

図 6-5　ゼルミーラとスメロンの二重唱のテキスト（第 2 幕第 7 場より）

[ЗЕЛЬМИРА.]	[ゼルミーラ]
Нѣтъ жестокой ! ты не знаешъ,	なんて無慈悲な人！あなたは
Ни быть честенъ ни любить;	誠実であることも愛することも知らない
Ты любовью презираешъ	あなたは愛をさげすみ,
Ищешъ друга погубить.	愛する人を破滅させようとしている
[СМѢЛОНЪ.]	[スメロン]
Нѣтъ ! всю вѣрность нѣжной страсши,	違う！君に対する心からの愛情を
Сохраню къ тебѣ любя.	まったく忠実に優しく保っている
Удалить хотѣлъ напасти	君を災難と破滅から
И погибель отъ тебя.	守りたいだけだ
[ЗЕЛЬМИРА.]	[ゼルミーラ]
Как въ любви прямой возможно,	どうしてまっすぐな愛のなかで
То, что любитъ, презирать ?	愛することをさげすむことができるのか？
Чей языкъ вѣщаетъ ложно,	うそをのたまう者は
Сердцу въ томъ не льзя згорать.	愛に燃えることはできない
[СМѢЛОНЪ.]	[スメロン]
Какъ въ любви прямой возможно,	どうしてまっすぐな愛のなかで
То, что любитъ, не хранить ?	愛する人を大切にしないでいられるというのか？
Жизнь твою ищу не ложно	私は偽りなく，君の人生を求め
Я своею замѣнить.	自分の人生と取り換えよう
[Оба.]	[二人で]
[ЗЕЛЬМИРА.] [СМѢЛОНЪ.]	[ゼルミーラ] [スメロン]
Той любви, что ощущала,	私が感じたこの愛の,
Ту любовь, что ощущаю,	私が感じているこの愛を
Всей открыть я не могла,	すべてを開けることはできなかった
Я въ свидѣтельство зову:	私は証拠にこう呼ぶ
Тобой мыслила, дышала,	私はあなたによって考え，あなたを生きがいにし,
Что тебя я обожаю;	君を心から愛していると
Твоимъ серцемъ я жила.	あなたの愛情によって生きていた
Въ твоемъ сердцѣ я живу.	君の愛情のなかで私は生きているの

い。

合唱とバレエ

そのほかに、このオペラの特徴として、合唱がふんだんに使用されていることが挙げられる。表6-4(後出)は、このオペラの構成をまとめたものである。合唱曲は五か所にわたって配置されている。群衆場面に加えて、各幕の最後には必ず合唱が置かれ、華やかなクライマックスを形作っている。

特に大規模な合唱曲は、このオペラの終盤(第三幕の最後)に置かれている。第三幕第七場から第八場にかけて、スメロンやオスマン、総督の砲兵、ロシア士官といった主要登場人物の前に、ロシア軍の祝勝行列が戦利品をたずさえてやってくる。ここでは行進曲が演奏され、合唱がイズマイルにおけるロシア軍の勝利を賛美する。そして最終場では、図6-6のテキストが歌われる。

テキストはロシアとエカテリーナ二世の栄光を高らかに賛美する内容で、威厳に満ちている。この合唱曲は、主要な登場人物に加え、ロシア人戦士およびトルコ人捕虜という舞台上の出演者全員で歌われたため、相当な迫力によって聴衆を圧倒したに違いない。合唱の使用はトラジェディ・リリックの大きな特徴であるが、このオペラでもまた、合唱が要所に配置されることで、いっそう劇的な雰囲気が生み出されたのである。

さらに、このオペラにはバレエ・シーンも取り入れられている。バレエ・シーンはやはり第三幕最終場に置かれ、台本には「合唱を背景とした、ロシア人、トルコ人の男女の全体の踊り пляска

図 6-6　合唱曲のテキスト（第 3 幕最終場より）

注　ロシア語のテキストは原文のまま。

Славьтесь Россы, восклицайте	栄えあれ，ロシア人よ
Вы Монархиню и Мать.	母なる女帝をたたえよ
Турки блага уповайте,	トルコ人よ，希望をもて
Вамъ потщатся помощь дать.	あなたたちに助けを与えるよう努める
Быстры слухи пронесите,	すばやく噂を広め，
Громъ побѣдъ, во всѣ концы;	いたるところに，勝利の轟きを伝えなさい
И Царицѣ поднесите	そして，女帝に，
Лавровъ новые вѣнцы.	新たな月桂冠を贈りなさい
Какъ ей въ жертву жизнь приносятъ,	彼女のためにいかに人生を捧げるのか
Дайте цѣну всю познать ?	すべての代償を知りえるだろうか？
Славятъ, любятъ, превозносятъ,	彼女をすべての人が心の中で優しい母として
Всѣ сердца въ ней нѣжну мать.	ほめたたえ，愛し，激賞する
Ея благость прославляютъ	ギリシャ人，トルコ人，兵士たちが，
Греки, Турки и солдатъ. ;	彼女の慈悲をほめたたえる
Въ Ней блаженство поставляютъ;	彼女を最上の幸せを与える存在と考える
Ей поютъ: виватъ, виватъ!	彼女のために歌う。万歳，万歳！

注　○は，台詞があることを示す。△は，台詞がないことを示す。

	備考（曲種など）
その他	
	最後にアリア（ゼルミーラ？/スメロン？）
	最後に二重唱（ゼルミーラ，スメロン）
数人のトルコの役人	最後に合唱，フィナーレ（オスマン，スメロン，ゼルミーラ，合唱）
	最後に合唱（トルコの警備隊と枢密院？）
役人，戦士たち△	
役人，戦士たち△	
役人，戦士たち△	
	最後に二重唱（ゼルミーラ，スメロン）
	最後に合唱，フィナーレ（護衛，ファティマ）
役人○，使者○，護衛隊△	
役人○，使者2○，使者△，護衛隊△	
役人○，使者△，使者2△，護衛隊△	
役人△，護衛隊△，ロシア戦士△	
役人△，護衛隊△，ロシア戦士△，兵士○	
役人△，護衛隊△，ロシア戦士△，兵士△，士官○	
役人△，護衛隊△，ロシア戦士△，兵士△，士官△，派遣された士官○	
役人△，護衛隊△，ロシア戦士△，兵士△，士官△，派遣された士官△，護衛隊△	合唱（ロシア軍？）
役人△，護衛隊△，ロシア戦士△，兵士△，士官△，派遣された士官○，護衛隊△	最後にフィナーレ（ゼルミーラ，スメロン，ファティマ，護衛，総督の砲兵，オスマン，捕虜全員） 合唱（全員「合唱を背景とした，ロシア人，トルコ人の男女による全体の踊り」）

表6-4 《ゼルミーラとスメロン》構成表

幕と場		出演者					
		オスマン	ゼルミーラ	スメロン	ファティマ	護衛	総督の砲兵
第1幕	第1場		○		○		
	第2場		○		○	○	
	第3場		○	○	△	△	
	第4場		△	△	△	○	
	第5場	○	○	○	△	△	
第2幕	第1場	○		○			
	第2場			○			
	第3場			○			
	第4場	○		○			
	第5場	○		△		○	
	第6場	○	○	○		△	
	第7場		○	○			
	第8場		△	○		○	
	第9場		○				
	第10場		○		○		
	第11場		○		○	○	
第3幕	第1場						
	第2場						
	第3場	○					
	第4場	○		○			
	第5場	△		○			○
	第6場	○		○			○
	第7場	△		△			△
	第8場	△		△			△
	最終場	○	○	○	○	○	○

общая」と書かれている。この「全体の踊り」というロシア語は、フランス語の「バレ・ジェネラル ballet général」の訳語だろう。バレ・ジェネラルとは、トラジェディ・リリックの最終場で踊られる大がかりなバレエのことであり、シェレメーチェフ家の劇場で上演された《ルノー》の台本にも書かれている。エリザーロワによれば、《ゼルミーラとスメロン》のバレエの衣装として、およそ三〇のバラ色と緑色の琥珀の冠が用意されたことから[59]、バレエは大人数によって華やかに踊られたと考えられる。台本には、ほかにバレエについて書かれた箇所は見当たらない。しかし、このオペラには群衆場面が数多く存在することから、それらの場面でバレエが踊られた可能性も十分にあるだろう。

このように、《ゼルミーラとスメロン》は、トラジェディ・リリックとも多くの共通点をもっていた。楽譜が現存しないことが惜しまれるばかりだが、残された資料から読み取れる作品内容は、まさにニコライが目指してきたオペラを思わせるものであった。

シェレメーチェフ家の劇場の「白鳥の歌」とロシア・オペラ史

《ゼルミーラとスメロン》は、シェレメーチェフ家の劇場の「白鳥の歌」、つまり最後の作品となった。この作品については、これまでの研究で、露土戦争でのロシアの勝利を受けて創作された「愛国的・英雄的なオペラ」と位置づけられてきた。確かにそのとおりであるが、ロシア・オペラ史という大きな文脈に置いたとき、そのような単純な位置づけは妥当ではないことが分かる。

《ゼルミーラとスメロン》は、多くの点でトラジェディ・リリックという正歌劇と類似した性格をもっていた。オペラ文化の黎明期にあった一八世紀ロシアでは、ロシア語によるオペラ創作が行われることはあっても、それはより小規模な喜歌劇（コミーチェスカヤ・オペラ）のジャンルに限られていた。オペラ・セリアやトラジェディ・リリックに比肩するようなロシア語の正歌劇の創作や上演は、ほとんど例がなかったのである。このジャンルの本格的な出現は、一九世紀半ばの国民オペラの創作を待たねばならなかった。この点で、ロシアをテーマとしたロシア語のオペラである《ゼルミーラとスメロン》は、その先駆けをなす重要な試みとして再評価されるべきである。

さらに、このオペラがトラジェディ・リリックや救出オペラといったフランス・オペラを下敷きに生み出されたことも、見逃せない事実である。本書の冒頭にも書いたように、従来の一八世紀のロシアのオペラ史は、宮廷に招かれたイタリア人楽長によるイタリア・オペラ上演を軸に描かれてきた。イタリアはオペラ発祥の地であるし、一八世紀のヨーロッパの音楽界で、イタリア人音楽家が最も尊敬を集める存在であったことをふまえれば、こうしたオペラ史観が形成されるのは当然のことかもしれない。また、実際にロシアで初めて本格的な作曲家の一人となったボルトニャーンスキーも、イタリアに留学してオペラの書法を学んだし、「国民楽派の祖」とされるグリンカが、イタリア・オペラを手本にしてロシア語オペラの創作にのぞんだことも事実である。ロシアのオペラ史におけるイタリアからの影響力は絶大だった。

しかし、シェレメーチェフ家の劇場における《ゼルミーラとスメロン》上演の事例をみると、イタリア・オペラ受容を軸としたロシア・オペラ史の見方が、いかに一面的なものであるかが分かる。農奴劇場では、宮廷劇場とはまったく違うレベルで、フランス・オペラ受容をもとに、新たなロシアのオペラを生み出そうとする動きがあったのである。確かに、シェレメーチェフ家の劇場の取り組みは、皇帝が主催した宮廷劇場のイタリア・オペラ上演に比べれば、ごくプライベートなものであり、ロシア・オペラ史の大きな流れのなかでは取るに足らないものかもしれない。

しかし翻ってみれば、宮廷劇場のオペラ上演は、宮廷に出入りするロシア内外の一握りのエリート層に向けたものであり、ロシア社会に残したインパクトは決して大きかったとはいえない。一方、農奴劇場のオペラ上演は、ロシア貴族が主導し、農奴が演じ手になり舞台制作にかかわることで、ロシアの幅広い階層をオペラ文化に取り込むものであった。さらに、農奴劇場は、周囲の種々の劇場（農奴劇場だけでなく公衆劇場とも）と競合することで、ロシアのオペラ文化を盛り上げるのにも寄与した。その意味で、ロシア・オペラ史において農奴劇場が果たした役割は想像以上に大きかったと考えられる。そして、農奴劇場のオペラ活動の原動力の一つに、ロシア貴族があこがれたフランスのオペラ文化の存在があったという点も、決して無視することのできない事実である。

このように、《ゼルミーラとスメロン》の上演からは、従来とは異なるまったく新しいロシア・オペラ史の見方が浮かび上がってくる。ロシアのオペラ文化は、一八世紀を通じて、各国のオペラ文化から強い影響を受けつつ、さまざまなレベルで成熟を遂げていった。その過程には、間違いなく農奴劇場も深くかかわっていたのである。

そして最後に、私は、この作品がシェレメーチェフ家の劇場活動の集大成であったこととともに、その背景にイヴァールがいたことも強調しておきたい。

《ゼルミーラとスメロン》は、一見すると、イヴァールの手を離れてニコライが自前でプロデュースしたオペラのように解釈できる。確かに、このオペラが上演された当時、二人の交流は絶たれ、ニコライはイヴァールに頼ることができなかった。しかし、このオペラの台本には、幾度となくニコライが挑んできたトラジェディ・リリックや救出オペラと多くの共通点が見受けられる。こうしたフランス・オペラの輸入を手助けし、上演のバックアップをしたのは、ほかでもないイヴァールだった。

つまり、このオペラは、ニコライとイヴァールの二人三脚によるオペラ上演活動の延長線上にあったと位置づけられる。言い換えれば、フランス・オペラ上演に情熱を注いだニコライと、それに応えて惜しみない援助を続けたイヴァールの長年にわたる交流が、一つのオペラとして結実したとも捉えられるのである。シェレメーチェフ家の劇場の「白鳥の歌」は、ニコライとイヴァールの友情の終着点でもあったのだ。

おわりに——シェレメーチェフ家の劇場が残したもの

一七九六年一一月六日、エカテリーナ二世が亡くなった。その死は、ニコライとシェレメーチェフ家の劇場の運命を大きく変える出来事となった。女帝の死を受けて皇帝に即位したパーヴェル一世が、ただちにニコライを宮廷財務長官（三等宮内官）に任命したのである。パーヴェルは、ニコライにとって兄弟同然の仲だったので、さすがのニコライも断ることはできなかったのだろう。宮廷財務長官は、宮廷における皇帝の世話係ともいえる立場であり、ニコライは「大きな式典の準備、ツァーリ［皇帝］の食べ物の温度の確認、宮廷の財政管理から、テーブルに常に十分な炭酸水があるか確かめることまで、宮廷生活のあらゆる面に責任を負った」[1]。こうして彼は、一七七七年以来遠ざかっていたペテルブルグでの国家勤務に、およそ二〇年ぶりに復帰することになった。

しかし、もともと立身出世にまったく関心のなかったニコライにとって、窮屈な宮廷勤務は苦痛でしかなかったようだ。彼は事あるごとにその役職を解いてほしいとパーヴェルに願い出たが、皇帝に聞き入られることはなかった。一七九九年には、宮廷人事長官（二等宮内官）へ昇進させられ、さらに忙しい日々を送ることとなった。

ニコライの身辺の変化により、モスクワとその近郊での劇場活動は、休止せざるを得なくなった。シェレメーチェフ家の劇場におけるオペラ上演として記録が残る最後のものは、一七九七年五月七日にポーランド前王ポニャトフスキがオスタンキノに来訪した際に行われた、グレトリの《サムニウム人の婚礼》の再演である。その上演が招待客に大きな印象を残したことは、第4章ですでに述べたとおりである。

劇場の解体

その後、ニコライは、モスクワにいた一座をペテルブルグへ移したものの、一座を徐々に解散していった。まず、一七九九年四月二四日付の命令書において、一座の俳優たちはその職を解かれ、ペテルブルグの屋敷でのさまざまな仕事をあてがわれた[2]。さらに、一八〇〇年一月三一日付の命令書により、一座にはわずか一四名の踊り手が残るのみとなった[3]。そして、一八〇四年には、これらの踊り手とオーケストラのメンバーも解散され、一座は完全に解体された。

それにしても、パーヴェル一世の即位によってニコライの境遇が変わったとはいえ、この幕引きはあまりにもあっけなくないだろうか。なぜニコライは、一七九七年を最後に劇場活動を休止し、ほどなくして一座を解体したのだろうか。そこにはいくつかの理由があったと考えられる。

まず挙げられるのが、これまでに考えられてきたように、ニコライ自身が多忙な宮廷勤務に追われることで、劇場活動に費やす時間がなくなってしまったことである。ニコライは宮廷の要職に起用されており、四六時中パーヴェルとともに過ごし、あらゆる世話をしなければならなかった。また、当時、彼の健康状態が芳しくなかったことも分かっており、宮廷での職務をまっとうするのが精いっぱいで、劇場活動にまで手が回らなくなってしまった可能性がある。

ジェムチュゴーワの健康状態の悪化も、劇場閉鎖に影響したと考えられる。ジェムチュゴーワは一座の花形であり、ニコライの長年にわたる愛人であった。ニコライは、ペテルブルグに彼女を同行した。ジェムチュゴーワはもともとあまり身体が丈夫ではなかったようだが、ペテルブルグにやって来てからは、しばしば頭痛や食欲不振に悩まされ、床に臥せる日々を送った[4]。スミスによれば、一七九八年には、「彼女の傷ついた両肺は、歌うのに十分な空気をどうしても取り込むことはできなかった[5]」。それまでのジェムチュゴーワの活躍ぶりをふまえると、もはや彼女なしでの劇場活動は不可能だったはずである。

三つ目に挙げられるのは、劇場を取り巻く環境の変化である。演劇好きの貴族が集まり、公衆劇場や農奴劇場を中心として自由な劇場文化が育まれていたモスクワとは異なり、演劇事業が一七八三年に国営化されていたペテルブルグでは、劇場文化の中心はあくまでも宮廷劇場であり、農奴劇場は一九世紀になるまでほとんど存在しなかった。したがって、こうした環境のなかで、ニコライが独自の劇場活動を展開することは難しかったと考えられる。さらに、シェレメーチェフ家のペテルブルグの屋敷に劇場がなかったことも、物理的な障壁になったと思われる。

そして、ロシアとフランスとの交流の断絶も、ニコライの劇場運営への意欲をそいでしまったかもしれない。前章で述べたように、ニコライとイヴァールのやり取りが一七九二年頃から休止または極端に減ったことで、ニコライは最新のフランス・オペラの情報を仕入れたり、作品そのものを輸入したりする術がなくなってしまった。フランス・オペラに強く入れ込んでいたニコライにとって、これは致命傷となったはずである。もし、イヴァールとの交流が続いていたら、状況は変わっていたかもしれない。というのも、ニコライは、一八〇三年にイヴァールに書いた手紙[6]のなかで、なおもまだ、新たなフランス・オペラの取り寄せに意欲を示しているからである。つまり、フランス・オペラに対するニコライの興味は生涯にわたり継続していたのである。歴史に「もし」はないが、もし一七九七年に劇場活動を継続するか否かの岐路に立ったときに、イヴァールとの交流が続いていたとしたら、違う答えが出された可能性もあるだろう。こうした複数の要因が重なり、ニコライは劇場活動に終止符を打った。

身分違いの結婚

ニコライは、ジェムチュゴーワとの関係にもけじめをつけた。まず、一七九八年に彼女を農奴の身分から解放した。とはいえ、ペテルブルグの貴族社会のなかでジェムチュゴーワに対する風当たりは強く、ジェムチュゴーワとニコライは孤立を深めていった。それでもニコライは、ジェムチュゴーワを正式な妻として迎えるために力を尽くした。彼は「ジェムチュゴーワが生まれたコワリョーフ家は、実はポーランド貴族の家系だった。先祖の一人ヤコフ・コワレフスキーが一六六七年に捕虜となって、残された孤児たちがボリス・シェレメーチェフ（ニコライの祖父）の屋敷に引き取られた」という史実をでっち上げ、ジェムチュゴーワの出自を偽った。[7] そのうえで、一八〇一年一一月六日に、ジェムチュゴーワと結婚式を挙げ、正式な婚姻関係を結んだのだった。

それから約一年後の一八〇三年二月三日、ジェムチュゴーワは長男ドミトリーを出産する。しかし、そのわずか三週間後に、彼女は帰らぬ人となった。結核で弱った身体は、もはや出産のダメージに耐えることはできなかった。ニコライは深い悲しみに暮れ、宮廷勤務を辞した。その後は、一八〇九年に没するまで、恵まれない人々のために慈善活動に精を出した。それは、ジェムチュゴーワら「農奴身分の人びとに対する罪ほろぼし」だったとする解釈もある。[8] こうして、ニコライの生涯も静かに幕を閉じたのであった。

農奴劇場の真実

これまでロシアの歴史において「農奴劇場」は、負のイメージをもって語られることが多かった。帝政ロシアの農奴制が生み出したいびつな劇場文化、暇を持て余したロシア貴族の一時的な気晴らし、農奴俳優や歌手たちの悲惨な運命の舞台……。しかし、シェレメーチェフ家の劇場活動をみるにつけ、これらがあくまでも、農奴劇場の一つの側面を切り取ったものでしかないことが分かる。最後に、シェレメーチェフ家のオペラ上演からみえてきた「農奴劇場」の実像を整理し、農奴劇場がロシアの劇場・オペラ史に残した意味を考えてみたい。

シェレメーチェフ家の劇場を運営したのは、ニコライ・シェレメーチェフという大貴族であったが、彼の、オペラという西欧の芸術への並々ならぬあこがれと、それをロシアという国へ移入しようとする情熱が、劇場活動のすべての原動力となった。ニコライにとっては、大国フランスのトラジェディ・リリックを舞台にかけることが第一の目標となり、そのために多大な労力と金を費やした。しかし、その取り組みは、見よう見まねで西欧の舞台を模倣するだけにとどまらなかった。ニコライは、トラジェディ・リリック上演の経験をもとに、オペラを「ロシア化」し、ロシア・オペラを創出した。ロシア貴族が、西欧文化の単なる受容に甘んじることなく、それを咀嚼・吸収したうえで、創意工夫をこらしてロシアの新たな文化として昇華したことは、注目すべきである。

こうしたニコライの取り組みの背景には、一人のフランス人の協力があった。パリ・オペラ座の音楽家イヴァールである。彼は、自分の名誉のために、あるいは報酬のために、ニコライに協力していたとも考えられる。しかし、イヴァールがニコライに宛てた手紙からは、決してそうではなかったことが読み取れる。どの便箋にも、丁寧な文字で、オペラ上演をめぐるたくさんの情報がびっしりと書き込まれている。オペラ座やコンセール・スピリテュエルのチェロ奏者として一年中多忙な日々を送りながらも、ましてや革命期のパリで不安な日々を過ごしながらも、イヴァールがニコライから頼まれた仕事に対して手を抜くことは一度もなかった。イヴァールは、ニコライの友人として、音楽仲間として、芸術を愛する「同志」として、オペラに対するニコライの情熱を真摯に受け止め、誠心誠意力を尽くしたのである。そこには、よりよいオペラ上演を実現するために、国を越えて手を取り合った二人の姿が確かにあった。

そして、実際にオペラ上演を行ったのは、シェレメーチェフ家の農奴たちであった。彼らは、シェレメーチェフ家の「所有物」であり、強制的に一座にリクルートされ、劇場の仕事に従事した。わずかな給金をもらっていたとはいえ、幸せな境遇にあったとは決していえない。しかし、私はどうしても、ニコライが彼らを劇場運営のための「コマ」のように扱っていたとは思えない。一部の農奴劇場では、領主による農奴への体罰が横行し、力ずくで農奴たちがコントロールされた。一方で、ニコライは体罰をしなかったばかりか、農奴の能力を伸ばすために、何よりも教育に力を入れたのである。ロシア内外の優れた芸術家を教師として招いたほか、時には、農奴俳優を他劇場で活躍する職業俳優に預けて修行させたり、マドックスの劇場の舞台を見学させたりした。こうした多様な教育内容からは、ニコライが農奴一人一人の能力を見極め、それを向上させるために知恵を絞っていたことがうかがえる。そして、ニコライが最終的にジェムチュゴーワを人生の伴侶としたことは、彼が何よりも、農奴である彼女を一人の人間として尊重していたことを示している。シェレメーチェフ家の一座がオペラ・カンパニーとして大きな名声を得たのは、ニコライが農奴たちの力を信じ、その成長に心血を注いだことと、農奴たちがそれに応えて努力したからではないだろうか。

オペラを愛した聴衆

最後に、シェレメーチェフ家の劇場を取り巻く環境にも目を向ける必要があるだろう。ニコライがユニークなオペラ上演を志した背景には、モスクワの聴衆の存在があった。モスクワには、宮廷劇場のオペラ上演を知るペテルブルグ帰りの貴族たちが大勢おり、彼らのなかには農奴劇場を運営する者もいた。さらには、マドックスが運営する公衆劇場もあり、幅広い階層の人気を集めていた。シェレメーチェフ家の劇場は入場無料で招待制だったとはいえ、こうしたライバル劇場の存在は、劇場活動の大きな刺激になったはずである。農奴劇場は、貴族の個人趣味として単独で存在したわけではなく、さまざまな劇場や聴衆とのかかわりがあったからこそ、ユニークな活動を展開したことも忘れてはいけないだろう。

このように、シェレメーチェフ家の劇場のオペラ上演からは、従来語られてきたような農奴劇場のイメージとは異なる、農奴劇場の多様な姿が浮かび上がってくる。そこに共通するのは、「オペラ」という芸術に対する多くの人々のひたむきな情熱である。劇場を運営した貴族、それを支えたフランスの音楽家、舞台に立った農奴たち、劇場に通った聴衆、彼らは国籍も身分も異なったが、多かれ少なかれ、農奴劇場で上演される「オペラ」にそれぞれ夢を見たはずである。オペラに対する人々の情熱と、それによって醸し出される熱気、こうしたオペラをめぐる「空気感」のようなものが、この時代のロシアに根付いていったのではないだろうか。

続く一九世紀に、ロシアではさらにオペラ上演が活発になり、ロシア人作曲家によるロシア語の傑作オペラが次々と生み出されるようになる。世界屈指のオペラ市場としても注目され、西欧の優れたオペラ歌手がモスクワやペテルブルグの帝室劇場で歌い、有名作曲家のヴェルディも帝室劇場からの依頼を受けて《運命の力》を書いた。オペラ文化の黄金時代の到来である。さらに二〇世紀には、ロシアは、日本にオペラを伝える役目を果たすなど「オペラ大国」の一つとみなされるまでになった。

ロシアにおけるこうした急速なオペラ文化の発展の根底には、本書でみてきたように、一八世紀という時代があった。そして、シェレメーチェフ家の農奴劇場の取り組みから分かるように、何よりもオペラを愛した無数の人々と、よりよい舞台を目指した彼らのひたむきな努力が、オペラ文化の推進力となったのである。

あとがき

私がロシア人の舞台芸術に対する愛着を身をもって感じたのは、大学院の修士課程在学中、初めてサンクト・ペテルブルグを訪れたときだった。街角には劇場の演目を知らせるポスターが貼られ、あらゆる劇場のチケットを取り扱う「カッサ」が点在している。街の売店には、劇場関係の情報誌がずらりと並んでいる。私はペテルブルグ大学の短期のロシア語講座に通っていたのだが、休み時間になると、見知らぬおばあさんが大学のロビーにやってきて、オペラやバレエのチケットを学生に販売した。おばあさんは、「ロシアに来て劇場に行かないなんてもったいないわよ」と言わんばかりに、熱心にチケットを勧めてきた。実際に、私もおばあさんからオペラ《ボリス・ゴドゥノフ》(ムソルグスキー作曲)とバレエ《白鳥の湖》(チャイコフスキー作曲)のチケットを買って劇場に足を運んだ記憶がある。劇場では、老若男女のロシア人が舞台に夢中で見入っていた。ロシア人にとって劇場へ行くことは、日常生活の一部をなす大きなエンターテインメントであることを実感したのだった。

本書では、ロシアのオペラ文化の創成期について、農奴劇場という視点からひもといた。西欧からオペラが伝わり、さまざまなかたちで受容された一八世紀後半に、ロシア人のあいだではオペラに対するあこがれが膨らみ、オペラ文化が一気に醸成されていった。ニコライ・シェレメーチェフが運営した農奴劇場は、その旗手の一つとなったと位置づけられるだろう。ニコライが劇場運営にたずさわった期間は約二〇年とそれほど長くなかったのにもかかわらず、最終的に、一座は自前のロシア語のオペラを上演するほどまでのレベルになった。その背景に、オペラにかける無数の人々の情熱と努力があったことは、本書でみてきたとおりである。舞台芸術に対するロシア人の情熱は、およそ二五〇年経った現代でも、ロシア社会で脈々と受け継がれているように思う。

残念なことに、ロシアはいまウクライナとの戦争のただなかにある。安直かもしれないが、ロシアとウクライナの人々がともに舞台芸術を心から楽しめる世の中に戻るよう、一刻も早くこの不毛な戦争が終わることを願っている。

本書は、私が二〇一五年に提出した博士論文「シェレメーチェフ家の農奴劇場（一七七五〜九七年）におけるトラジェディ・リリック上演――フランス・オペラ受容からロシア・オペラの創出へ」（愛知県立芸術大学大学院音楽研究科）にもとづいている。提出から約九年が経過してしまったわけだが、博士論文の完成までにもかなりの時間を費やしたので、このテーマにずいぶん長い間向き合ってきたことになる。

そもそも私が農奴劇場の存在を知ったのは、矢沢英一先生の著書『帝政ロシアの農奴劇場――貴族文化の光と影』（新読書社、二〇〇一年）であった。私はかねてからロシアの劇場文化に興味があり、卒業論文でも修士論文でも、プロコフィエフの舞台作品をテーマとした。しかし、農奴劇場のことはまったく知らなかった。同書はロシア語の資料をもとに農奴劇場の歴史やその活動の実態を詳述したもので、私は、ロシアの劇場史の裏側に農奴劇場の存在があったことを知って大きな衝撃を受けた。また、農奴劇場の多くで、演劇やバレエとともにオペラが上演されていたという事実にも興味をそそられ、「農奴劇場のオペラ上演とは、一体どのようなものだったのだろうか」という素朴な疑問を抱いた。これが、博士論文執筆の出発点となった。

しかし、その道のりは想像以上に困難だった。農奴劇場についての外国語文献は日本では入手しづらいし、シェレメーチェフ家の劇場をめぐる史料もロシアに眠っている。国内外で少しずつ資料を収集し、それを読み解いていく日々である。正直に言うと、何度もこのテーマに手を出したことを後悔し、博士論文の執筆を挫折しそうになった。しかし、そんな私を救ってくれたのは、やはり農奴劇場というテーマの奥深さ・面白さだったと思う。気づけばどんどん研究にのめりこんでいった。足掛け六年でなんとか博士論文を完成させ、こうしていま、一冊の本にすることができて感無量である。

このように本書が日の目を見るまでには、とても長い時間がかかってしまった。私をこのテーマに導いてくださった矢沢英一先生には、ご労作をまとめられた功績に対し心より敬意を表したい。また、博士後期課程修了に至るまで私を指導してくださった井上さつき先生には、とりわけお世話になった。私がこの研究を継続できたのは、先生がいつも温かく、熱心に、辛抱強く、側で見守ってくださったからである。そのほかに、本研究の過程では、数えきれないほど多くの方々に叱咤激励と協力をいただいた。本来ならば、その全員のお名前をここに記してお礼を伝えるべきであることは承知しているが、あまりにも大勢になってしまうので、差し控えさせていただくことをお詫びする。

実はいま、私はパリにいる。イングランドの北東部の古都ダラムで、一柳富美子先生とともに学会発表をした帰り道に、ロンドンを経由して一人当地にやってきた。思えばこれは、ニコライ・シェレメーチェフがグランド・ツアーでたどったルートである。ロンドンとパリの街を実際に歩きながら、約二五〇年前のニコライの姿を想像した。当時のロシアは、急速に西欧化を推し進めていたとはいえ、モスクワは相変わらず古めかしい街だったし、ペテルブルグも発展の途中だった。グランド・ツアーでロンドンやパリの近代的な街並みを目の当たりにしたニコライは、ロシアの後れを痛感したのではないだろうか。その苦い体験が、ニコライに西欧の大劇場に引けをとらないオペラを上演するという野望を芽生えさせたのではないかと、両都市を歩きながらあらためてしみじみと想像したところである。

最後に、農奴劇場というなじみのないテーマで本を刊行することに対して背中を押してくださっただけでなく、よい本にす

オペラ座があったパレ・ロワイヤルの中庭（現在はパリジャンの憩いの場になっている。筆者撮影）

べく渾身の力を注いでくださった道和書院の片桐文子さんに、心よりお礼申し上げる。また、永井文音さんには、本書の最初の読者になっていただき、すみずみまで本文を校閲していただいた。なお、本書のロシア語およびフランス語の翻訳はすべて私自身によるものだが、訳文校閲にあたって、ロマーエヴァ・マリーナさんおよび平野貴俊さんに協力いただいた。この四名の懇切丁寧なチェックがなければ、本書が完成することはなかった。最後の最後に、私の研究活動を多方面からいつもサポートしてくれている夫と母、研究に対する活力を与えてくれるお転婆な二人の娘たちに感謝する。

そして、私を温かく見守りながら、昨年八月に天国へ旅立った父にこの本を捧げたい。

二〇二四年二月　パリにて

森本頼子

人名索引

■ア行

■カ行

■サ行

■タ行

■ハ行

■マ行

■ヤ行

■ラ行

関連地図

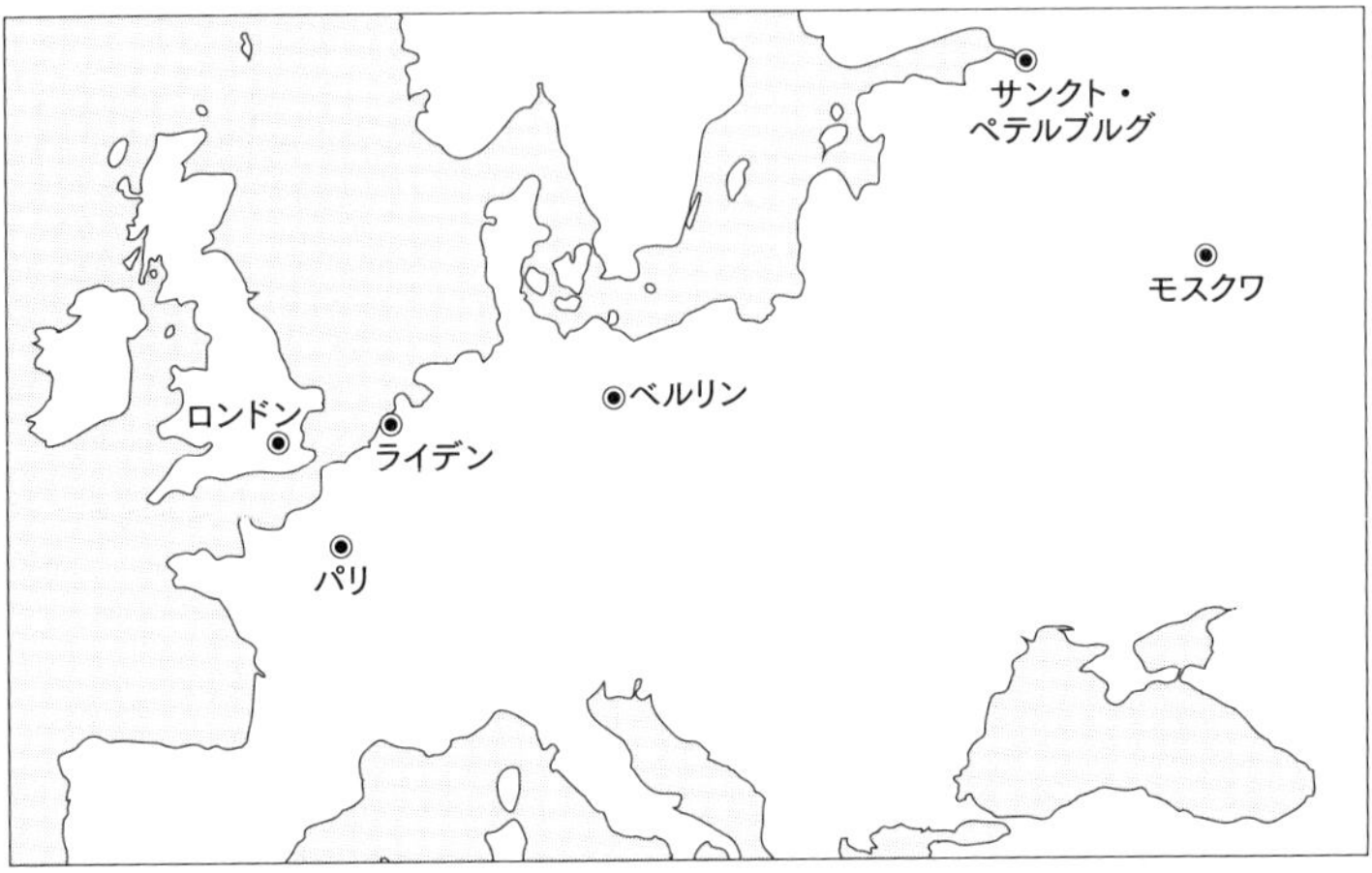

ヨーロッパ地図
主要都市，およびニコライ・シェレメーチェフがグランド・ツアーで訪れた都市を示す

現在のモスクワの
中心部と郊外
シェレメーチェフ家の劇場のあったクスコヴォとオスタンキノ，シェレメーチェフの名を冠した空港の位置を示す

年表　シェレメーチェフ家の劇場と18世紀ロシアのオペラ文化

注　日付はすべて旧暦による。この表は，以下の文献をもとに作成した。

Елизарова Н. А. Театры Шереметевых. М., 1944.

Лепская Л. А. Репертуар крепостного театра Шереметевых. Каталог пьес. М., 1996.

Келдыш Ю. В., Левашёва О. Е. и *Кандинский А. И.* (ред.) История русской музыки. Т. 1-5. М., 1983-1988.

Порфирьева А. Л. (ред.) Музыкальный Петербург: энциклопедический словарь. Т. 1-3. СПб., 1996-1999.

Mooser, R. –A. *Annales de la musique et des musiciens en Russie au XVIIIe siècle.* 3 vols. Genève: Mont-Branc, 1948-1951.

Ritzarev, Marina. *Eighteenth-Century Russian Music.* Aldershot: Ashgate, 2006.

年	シェレメーチェフ家の劇場にかかわる出来事
1730	
1731	
1736	
1740	ピョートル・ボリソヴィチ・シェレメーチェフ，合唱団とオーケストラを組織（～60年代）
1741	
1742	
1751	6月28日，ニコライ・ペトロヴィチ・シェレメーチェフ誕生
1755	
1757	
1758	
1759	ニコライ，ペテルブルグでの国家勤務に就く
1760	クスコヴォに野外劇場が作られる
1761	
1762	
1763	
1764	
1765	
1768	プラスコーヴィヤ・ジェムチュゴーワ誕生
1769	ピョートル，国家勤務を辞し，モスクワへ移る。クスコヴォの屋敷を整備する

年	ロシアのオペラ文化にかかわる出来事
1730	1月，アンナが皇帝に即位（～40）
1731	ペテルブルグに陸軍幼年学校創設
1736	1月29日，ペテルブルグの宮廷劇場でアライヤ《愛と憎しみの力》上演。以降，オペラ・セリアが定期的に上演されるようになる。アライヤが宮廷楽長に就任，断続的に宮廷に仕える（～62）
1740	10月，イワン6世が皇帝に即位（～41）
1741	11月，エリザヴェータが皇帝に即位（～61，新暦では62）
1742	5月29日，モスクワでハッセ《皇帝ティートの慈悲》上演
1751	
1755	2月27日，ペテルブルグの宮廷劇場でアライヤのロシア語オペラ《ツェファールとプロクリス》初演 モスクワ大学創設
1757	芸術アカデミー創設
1758	6月28日，ペテルゴフの宮廷劇場ででラウパッハのロシア語オペラ《アリツェスタ》初演。この頃，ラウパッハが宮廷楽長に就任（～61）
1759	
1760	
1761	12月，ピョートル3世が皇帝に即位（～62）。マンフレディーニが宮廷楽長に就任（～65）
1762	ピョートル3世，「貴族の自由の詔書」発布 6月，エカテリーナ2世が皇帝に即位（～96）
1763	ペテルブルグの冬の宮殿内にオペラ劇場が開館（～87） モスクワに孤児養育院創設
1764	ペテルブルグに貴族女学校創設
1765	ガルッピが宮廷楽長に就任（～68）
1768	4月21日，ペテルブルグの宮廷劇場でガルッピ《タウリデのイフィジェニーア》上演 トラエッタが宮廷楽長に就任（～75）
1769	

年	シェレメーチェフ家の劇場にかかわる出来事
1770	ニコライ，西欧に遊学（～ 73）
1772	春，ニコライがパリに到着。同地でオペラ座のチェロ奏者イヴァールと知り合う
1773	6 月，ニコライ帰国。数年間，パーヴェルの宮廷に仕える
1774	
1775	8 月 22 日，クスコヴォにエカテリーナ 2 世訪問。フランスの一座がオペラ・コミック上演 ピョートル，ヴォロブレーフスキーにフランスの喜劇を翻訳させる（～ 76）
1776	モスクワの屋敷の離れに，劇場が建設される
1777	クスコヴォに劇場が建てられる ニコライ，国家勤務を辞し，モスクワへ移る。ピョートルより劇場運営を任される
1778	モスクワの屋敷で，イタリアのバレエ教師モレッリが働き始める 12 月末，フリッゼーリの《赤褐色の靴，またはドイツの靴屋》と喜劇（詳細不明）が上演される
1779	1 月 11 日，フリッゼーリの《赤褐色の靴，またはドイツの靴屋》上演により，劇場活動が正式に始まる 6 月 29 日，ジェムチュゴーワ，グレトリの《試練を受ける友情》でデビュー
1780	11 月 5 日，ジェムチュゴーワ，サッキーニの《植民地》で主役のベリンダを演じる ドイツの音楽家でチェロ奏者のファツィウスが雇われる（音楽家を教え，チェロを担当し，オーケストラの指揮をした）
1781	クスコヴォで祭りが開かれる
1782	6 月 29 日，クスコヴォで祭りが開かれる。ピョートルの病からの快復を祝う出し物が上演される
1783	
1784	イヴァールの現存する最古の手紙（8 月 15 日付） 《ダナオスの娘たち》の上演準備が進められる（～ 87）
1785	クスコヴォの新劇場，建設開始（87 年夏に完成） クスコヴォで祭りが開かれる
1786	
1787	1 月，ピョートルが，エカテリーナ 2 世来訪時に彼女のオペラを上演しようと準備を始める。 クスコヴォの新劇場，完成 6 月 30 日，クスコヴォにエカテリーナ 2 世来訪。クスコヴォの新劇場，グレトリの《サムニウム人の婚礼》上演で開館 グルック《アルミード》上演

年	ロシアのオペラ文化にかかわる出来事
1770	
1772	ツァールスコエ・セローで《アニュータ》（初のロシア語のコミーチェスカヤ・オペラ）が上演される。以降，コミーチェスカヤ・オペラの創作・上演がさかんになる 11月11日，ペテルブルグの宮廷劇場でトラエッタ《アンティゴナ》上演
1773	
1774	エカテリーナ2世によって新たに雇われたフランスの一座が，宮廷劇場でオペラ・コミックを上演し始める（～96）
1775	
1776	パイジェッロが宮廷楽長に就任（～84） モスクワでマドックスの一座が活動を開始
1777	
1778	モスクワの孤児養育院で，ルソーのアンテルメード《村の占い師》のロシア語上演（ロシアにおける初のフランス・オペラの翻訳上演）
1779	
1780	この頃から，モスクワでヴォルコーンスキー家の劇場が活動（～19世紀初頭） 12月，モスクワにペトローフスキー劇場開館。マドックスの一座，拠点を同劇場に移す
1781	
1782	9月15日，ペテルブルグでパイジェッロ《セビリャの理髪師》上演
1783	ペテルブルグの演劇事業の国営化。宮廷の一座が，マールイ劇場（別名ジェレヴャンヌイ劇場）およびボリショイ劇場（別名カーメンヌイ劇場）でも公演を行うようになる
1784	サルティが宮廷楽長に就任（～87）
1785	11月，エルミタージュ劇場（宮廷劇場の一つ）開館
1786	パヴロフスクのパーヴェルの宮廷で，ボルトニャーンスキーのオペラ・コミック《領主の祭り》上演
1787	チマローザが宮廷楽長に就任（～91）

年	シェレメーチェフ家の劇場にかかわる出来事
1788	11月30日，ピョートル死去 イタリアのバレエダンサー，サロモーニが働き始める サッキーニ《ルノー》上演（～92頃）
1789	ニコライによる劇場の改革が始まる イタリアの歌手のババリーニ，ドイツのヴァイオリン奏者ファイエルが働き始める 7月，モスクワの劇場，改修始まる 10月，クスコヴォの新劇場，改修始まる
1790	8月，モスクワのニコリスカヤ通りに劇場つきの「大きな屋敷」と，オスタンキノに夏用の劇場を建設する案が生まれる。92年に，クスコヴォの祭りにエカテリーナ2世を招待する計画が持ち上がり，準備が始まる（実現せず）。 《マッサゲタイの女王トミュリス》の創作・上演準備が進む（～91） 俳優兼教師を多数招く
1791	一座の俳優をペテルブルグの俳優のもとへ送り，教育を受けさせる（～92） イタリアのバレエダンサー，チアンファネッリ，イタリアの歌手オリンピが働き始める
1792	1月，オスタンキノの劇場つき宮殿，建設開始（劇場は95年完成，全体は98年完成） 4月，サロモーニが辞職 8月1日，クスコヴォで大規模な祭りが開かれる 10月15日付のニコライの書簡をもって，イヴァールとのやり取りが中断（～1803）
1793	
1794	
1795	メートル・ド・バレエのチアンファネッリ辞職 7月22日，コズローフスキーの《ゼルミーラとスメロン》上演により，オスタンキノの劇場開館 8月26日，オスタンキノにポトツキー伯爵来訪。《ゼルミーラとスメロン》の再演
1796	
1797	4月3日，オスタンキノにパーヴェル1世来訪 5月7日，オスタンキノにポーランド前王ポニャトフスキが来訪。《サムニウム人の婚礼》上演 ニコライ，宮廷財務長官（三等宮内官）に任命され，ペテルブルグへ移住
1799	4月24日，一座の一部を解散
1800	1月31日，14名を残し，一座を解散
1801	10月，オスタンキノにアレクサンドル1世来訪。俳優が舞台に出演（詳細不明） 11月6日，ニコライとジェムチュゴーワが結婚
1803	2月3日，ドミトリー・ニコラエヴィチ・シェレメーチェフ誕生 2月23日，ジェムチュゴーワ死去
1804	一座の解散。シェレメーチェフ家の劇場の歴史が終わる

年	ロシアのオペラ文化にかかわる出来事
1788	
1789	
1790	12月，露土戦争にて，ロシア軍によるイズマイル征服。91年にかけて，海上戦にてロシア軍が勝利を重ねる
1791	
1792	サルティが宮廷楽長に再就任（～1801）
1793	2月8日，エカテリーナ2世，フランスとの交流を制限する勅令を出す エカテリーナ2世，宮廷のフランスの一座の上演活動を禁じる（～94）
1794	ウラジーミル県の領地アンドレーエフスコエで，ヴォロンツォーフ家の劇場が活動開始（～1805）
1795	
1796	11月，パーヴェル1世が皇帝に即位（～1801）
1797	
1799	
1800	
1801	3月，アレクサンドル1世が皇帝に即位（～1825）
1803	
1804	

シェレメーチェフ家の劇場のオペラ・レパートリー

注　・おもに *Лепская Л. А.* Репертуар крепостного театра Шереметевых. Каталог пьес. М., 1996. を参照して作成した。ただし，各作品の詳細については，筆者があらためて調査した。
・シェレメーチェフ家の劇場初演の日付は旧暦で，ロシア以外の世界初演の日付は新暦で表記した。
・シェレメーチェフ家の劇場における上演情報に付記した情報は，次の意味を示す。
初演：ロシア初演
ロシア語初演：ロシア語翻訳によるロシア初演
モスクワ初演：モスクワでの初演（ロシア初演は他の地域でなされた）
単独：その後，ロシアでは，シェレメーチェフ家の劇場以外で上演されなかった

	作曲者	作品名	原語
1	A. Fridzeri（1741-1825） フリッゼーリ	Les souliers mordorés, ou La cordonnière allemande Башмаки мордоре, или Немецкая башмачница 赤褐色の靴，またはドイツの靴屋	仏
2	E. R. Duni（1708-1775） ドゥーニ	Le peintre amoureux de son modèle Живописец, влюбленный в свою модель モデルに恋した画家	仏
3	R. Desbrosse（1719-1799） デブロッス	Les deux cousines Две сестры, или Хорошая приятельница 二人の従姉妹（二人の姉妹，または親しい女友達）	仏
4	A. -E. -M. Grétry（1741-1813） グレトリ	L'amitié à l'épreuve Опыт дружбы 試練を受ける友情	仏
5	E. R. Duni（1708-1775） ドゥーニ	Les moissonneurs Жнецы 刈り入れ人	仏
6	E. R. Duni（1708-1775） ドゥーニ	Les deux chasseurs et la laitière Два охотника 二人の猟師と乳しぼり娘	仏
7	A. Sacchini（1730-1786） サッキーニ	Le colonie Колония, или Новое селение 植民地（植民地，または新たな村落）	仏
8	В. А. Пашкевич（1742 頃 -1797） パシケーヴィチ	Несчастье от кареты 馬車からの不幸	露
9	P. -A. Monsigny（1729-1817） モンシニ	Le déserteur Беглый солдат (Дезертир) 脱走兵	仏
10	いくつかのフランスの オペラから音楽を引用	Тщетная ревность, или Перевозчик кусковский 無駄な嫉妬，あるいはクスコヴォの渡し守	露
11	N. -J. Méreaux（1745-1797） メロー	Laurette Лоретта ローレット	仏
12	不明	Анюта アニュータ	露
13	不明	Кусковская нимфа クスコヴォのニンフ	露
14	N. Piccinni（1728-1800） ピッチンニ	La buona figliuola maritata Добрая девка (Добрая дочка) 結婚したよい娘	伊

ジャンル	初演 (シェレメーチェフ家)	世界初演
opéra-comique オペラ・コミック	1779.1.11 初演	1776.1.11 Paris, Comédie-Italienne パリ，コメディ・イタリエンヌ
opéra-comique オペラ・コミック	1779.2.7 初演	1757.7.26 Paris, Foire St. Laurent パリ，サン・ローラン市場
comédie mêlée d'ariettes オペラ・コミック	1779.6.28 初演・単独	1763.5.21 Paris, Comédie-Italienne パリ，コメディ・イタリエンヌ
comédie mêlée d'ariettes オペラ・コミック	1779.6.29 初演・単独	1770.11.13 Fontainebleau フォンテーヌブロー
comédie en vers mêlée d'ariettes オペラ・コミック	1779-1780 年代初め 初演・単独	1768.1.27 Paris, Comédie-Italienne パリ，コメディ・イタリエンヌ
comédie mêlée d'ariettes オペラ・コミック	1779-1784	1763.7.23 Paris, Comédie-Italienne パリ，コメディ・イタリエンヌ
comédie オペラ・コミック	1780.11.5 ロシア語初演	1775.8.16 Paris, Comédie-Italienne パリ，コメディ・イタリエンヌ
комическая опера コミーチェスカヤ・オペラ	1780-1781	1779.11.7 St. Petersburg, Hermitage ペテルブルグ，エルミタージュ劇場
drame en prose mêlée de musique オペラ・コミック	1781.2.7 ロシア語初演	1769.3.6 Paris, Comédie-Italienne パリ，コメディ・イタリエンヌ
постушья опера 牧歌的オペラ	1781 夏 (世界) 初演・単独	
opéra-comique オペラ・コミック	1781 初演	1777.7.23 Paris, Comédie-Italienne パリ，コメディ・イタリエンヌ
комическая опера コミーチェスカヤ・オペラ	1781-1782	1772.8.26 St. Petersburg ペテルブルグ
пролог プロローグ	1782.6.29 (世界) 初演・単独	
opera buffa オペラ・ブッファ	1782.7.2 ロシア語初演	1761.5 Bologna, Formagliari ボローニャ，フォルマリアーリ劇場

	作曲者	作品名	原語
15	J. -J. Rousseau（1712-1778） ルソー	Le devin du village Деревенский колдун 村の占い師	仏
16	F. -J. Gossec（1734-1829） ゴセック	Le tonnelier Бочар 樽職人	仏
17	N. Dezède（1740/45?-1792） ドゥゼード	Blaise et Babet, ou La suite des trois fermiers Три откупщика. С послесловием «Степан и Танюша» ブレーズとバベ，または続三人の農夫 （三人の徴税代理人。「ステパンとタニューシャ」のあとがきつき）	仏
18	G. Paisiello（1740-1816） パイジェッロ	L'infante de Zamora Инфанта Заморы サモラの王女	仏
19	P. -A. Monsigny（1729-1817） モンシニ	On ne s'avise jamais de tout Не все предвидеть можно 人はすべてを予測することはできない	仏
20	不明	Разлука, или Отьезд псовой охоты из Кускова 別れ，あるいはクスコヴォからの猟犬隊の出発	露
21	A. -E. -M. Grétry（1741-1813） グレトリ	Les mariages samnites Браки самнитян サムニウム人の婚礼	仏
22	P. -A. Monsigny（1729-1817） モンシニ	La belle Arsène Прекрасная Арсена 美しきアルセーヌ	仏
23	G. Paisiello（1740-1816） パイジェッロ	Il duello comico Смешной поединок（Комическая дуэль） こっけいな決闘	伊
24	G. Paisiello（1740-1816） パイジェッロ	Il barbiere di Siviglia, ovvero La precauzione inutile Севильский цирюльник セビリャの理髪師	伊
25	P. A. Monsigny（1729-1817） モンシニ	Aline, reine de Golconde Алина, королева Голкондская ゴルコンドの女王，アリーヌ	仏
26	В. А. Пашкевич（1742 頃 -1797） パシケーヴィチ	Февей フェヴェイ	露
27	C. W. Gluck（1714-1787） グルック	Armide Армида アルミード	仏
28	Е. М. Фомин（1761-1800） フォミーン	Новгородский богатырь Боеслаевич ノヴゴロドの勇士ボエスラヴィチ	露
29	A. -E. -M. Grétry（1741-1813） グレトリ	Lucile Люсиль リュシル	仏
30	N. Piccinni（1728-1800） ピッチンニ	Le faux lord Ложный лорд 偽の貴族	仏
31	F. -J. Darcis（1759/60-1783 頃） ダルシス	Le bal masqué Бал-маскарад 仮面舞踏会	仏
32	不明	Тига ティガ	露

ジャンル	初演（シェレメーチェフ家）	世界初演
intermède アンテルメード	1782	1752.10.18 Fontainebleau フォンテーヌブロー
opéra-bouffe オペラ・コミック	1783 ロシア語初演	1765.3.16 Paris, Comédie-Italienne パリ，コメディ・イタリエンヌ
comédie mêlée d'ariettes オペラ・コミック	1784.8.4 ロシア語初演	1783.4.4 Versailles ヴェルサイユ
comédie mêlée d'ariettes オペラ・コミック	1784 初演・単独	1779 Strasbourg ストラスブール
opéra-comique オペラ・コミック	1784	1761.9.14 Paris, Comédie-Italienne パリ，コメディ・イタリエンヌ
комическая опера コミーチェスカヤ・オペラ	1785.6.29 （世界）初演・単独	
drame lyrique オペラ・コミック	1785.11.24 初演・単独	1776.6.12 Paris, Comédie-Italienne パリ，コメディ・イタリエンヌ
comédie-féerie オペラ・コミック	1785 ロシア語初演	1773.11.6 Fontainebleau フォンテーヌブロー
commedia per musica オペラ・ブッファ	1785-1788	1782 Tsarskoye Selo ツァールスコエ・セロー
dramma giocoso オペラ・ブッファ	1785-1792	1782.9.15 St. Petersburg, Hermitage ペテルブルグ，エルミタージュ劇場
ballet héroïque バレ・エロイック	1786.12.10 初演・単独	1766.4.15 Paris, Opéra パリ，オペラ座
комическая опера コミーチェスカヤ・オペラ	1787 頃	1786.4.19 St. Petersburg, Hermitage ペテルブルグ，エルミタージュ劇場
drame héroïque トラジェディ・リリック	1787 初演・単独	1777.9.23 Paris, Opéra パリ，オペラ座
комическая опера コミーチェスカヤ・オペラ	1787-1788	1786.11.27 St. Petersburg, Hermitage ペテルブルグ，エルミタージュ劇場
comédie mêlée d'ariettes オペラ・コミック	1787-1788 初演・単独	1769.1.5 Paris, Comédie-Italienne パリ，コメディ・イタリエンヌ
comédie mêlée d'ariettes オペラ・コミック	1788	1783.12.5 Versailles ヴェルサイユ
opéra-comique オペラ・コミック	1780 年代 初演・単独	1772.3.31 Versailles ヴェルサイユ
малая опера 小オペラ	1780 年代	不明

	作曲者	作品名	原語
33	G. Paisiello（1740-1816） パイジェッロ	La finta amante Притворная любовница 見せかけの愛人	伊
34	J. -P. -G. Martini（1741-1816） マルティーニ	L'amoureux de quinze ans, ou La double fête Пятнадцатилетняя любовь, или Двойной праздник 一五歳の恋人，または二重の祭り	仏
35	N. -M. Dalayrac（1753-1809） ダレイラック	Azémia, ou Les sauvages Аземия, или Дикие アゼミア，または野蛮人たち	仏
36	A. Sacchini（1730-1786） サッキーニ	Renaud Рено ルノー	仏
37	N. -M. Dalayrac（1753-1809） ダレイラック	Nina, ou La folle par amour Нина, или Безумная от любви ニーナ，または恋狂い	仏
38	D. Cimarosa（1749-1801） チマローザ	Le donne rivali Две невесты 恋敵の女たち	伊
39	P. -A. Monsigny（1729-1817） モンシニ	Rose et Colas Роза и Кола バラと馬鹿者	仏
40	A. -E. -M. Grétry（1741-1813） グレトリ	Le tableau parlant Говорящая картина もの言う絵	仏
41	M. -A. Desaugiers（1742-1793） デソジエ	Les deux sylphes Два сильфа 二人の大気の精	仏
42	A. Salieri（1750-1825） サリエリ	La fiera di Venezia Венецианская ярмарка ヴェネツィアの定期市	伊
43	G. Paisiello（1740-1816） パイジェッロ	I filosofi immaginari Мнимые философы 偽りの哲学者	伊
44	E. R. Duni（1708-1775） ドゥーニ	La clochette Колокольчик 鐘	仏
45	E. R. Duni（1708-1775） ドゥーニ	Les sabots Черевики 木靴	仏
46	G. Paisiello（1740-1816） パイジェッロ	Nina ossia La pazza per amore Нина, или Безумная от любви ニーナ，または恋狂い	伊
47	О. А. Козловский（1757-1831） コズローフスキー	Зельмира и Смелон, или Взятие Измаила ゼルミーラとスメロン，またはイズマイル占領	露
48	F. -A. D. Philidor（1726-1795） フィリドール	Le maréchal ferrant Кузнец 蹄鉄工	仏
49	M. Portugal（1762-1830） ポルトゥガル	La ramoneur prince et le prince ramoneur Трубочист（Князь-трубочист） 煙突掃除人	伊

ジャンル	初演 （シェレメーチェフ家）	世界初演
opera buffa オペラ・ブッファ	1780年代	1780.5.25 Mogilev モギリョフ
comédie en prose, mêlée d'ariettes オペラ・コミック	1780年代 初演・ロシア語単独	1771.4.18 Paris, Comédie-Italienne パリ，コメディ・イタリエンヌ
comédie mêlée d'ariettes オペラ・コミック	1788-1790	1787.5.3 Paris, Comédie-Italienne パリ，コメディ・イタリエンヌ
tragédie lyrique トラジェディ・リリック	1788-1792 初演・単独	1783.2.28 Paris, Opéra パリ，オペラ座
comédie mêlée d'ariettes オペラ・コミック	1790.9.17	1786.5.15 Paris, Comédie-Italienne パリ，コメディ・イタリエンヌ
intermezzo in musica インテルメッゾ	1790-1796 モスクワ初演	1780 Rome, Teatro Valle ローマ，ヴァッレ劇場
comédie オペラ・コミック	1792.8.1	1764.3.8 Paris, Comédie-Italienne パリ，コメディ・イタリエンヌ
comédie mêlée d'ariettes オペラ・コミック	1792.8.1	1769.9.20 Paris, Comédie-Italienne パリ，コメディ・イタリエンヌ
comédie mêlée d'ariettes オペラ・コミック	1792.8.1 初演・単独	1781.10.18 Paris, Comédie-Italienne パリ，コメディ・イタリエンヌ
commedia per musica オペラ・ブッファ	1792 モスクワ初演	1772.1.29 Vienna, Burgthater or Kärntnertortheater ウィーン，ブルク劇場またはケルントナートーア劇場
dramma giocoso オペラ・ブッファ	1792 ロシア語初演	1779.2.3 St. Petersburg, Hermitage ペテルブルグ，エルミタージュ劇場
comédie mêlée d'ariettes オペラ・コミック	1792または1793	1766.7.24 Paris, Comédie-Italienne パリ，コメディ・イタリエンヌ
opéra-comique オペラ・コミック	1792-1793	1768.10.26 Paris, Comédie-Italienne パリ，コメディ・イタリエンヌ
commedia in prosa ed in verso per musica オペラ・ブッファ	1793-1796 初演・単独	1789.6.25 Caserta, San Leucio カゼルタ，サン・レウチョ
лирическая драма 叙情劇	1795.7.22 （世界）初演・単独	
opéra-comique オペラ・コミック	1795	1761.8.22 Paris, Comédie-Italienne パリ，コメディ・イタリエンヌ
不明	1795-1796 モスクワ初演	1795.7.4 St. Petersburg ペテルブルグ

主要参考文献

文書館等の史料

Кабинет рукописей сектора источниковедения, Российский институт истории искусств (КР РИИИ), ф.2, о.1, №774, 757, 830, 1285.

Российский государственный исторический архив (РГИА), ф. 1088 [Шереметевы, графы], оп. 1, д. 121, 186.

France, Archives nationales (F-Pan), AJ[13] 15. Comptabilité. Appointements du personnel. 1750–1783.

F-Pan, AJ[13] 77. Correspondance des musiciens de l'orchestre concernant les pensions de retraite.

France, Bibliothèque de l'Opéra (F-Po), CO 11. Comptabilité. Recettes. Recettes à la porte.

F-Po, *Journal de l'Opéra.*

定期刊行物

Almanach musicale.

Journal de Paris.

Les Spectacles de Paris, ou Calendrier historique & chronologique des théâtres.

Mercure de France.

楽譜

Grétry, André-Ernest-Modeste. *Les mariages samnites, drame lyrique en trois actes et en prose.* Paris: Houbaut; Lyon: Castaud, 1776.

———. *Les mariages samnites, drame lyrique en trois acts. Collection complète des oeuvres de Grétry.* Vol. 35. Leipzig and Bruxelles: Breitkopf und Härtel, 1884–1936.

Sacchini, Antonio. *Renaud, tragédie lyrique en trois actes.* Paris: Des Lauriers.

Salieri, Antonio. *Les Danaïdes: tragédie lirique en cinq actes.* Paris: Des Lauriers, 1784. (Reprint, Bologna: Forni Editore. 1969.)

台本

De Rozoi. *Les mariages samnites, drame lyrique en trois actes, et en prose. Nouvelle édition.* Paris: La Veuve Duchesne, 1776.

Leboeuf. *Renaud, tragédie lyrique en trois actes.* Paris: Mlle Olyer, 1791.

Roullet, Marie-Francois-Louis Gand Leblanc du and Jean-Baptiste-Louis-Theodore Tschudi. *Les Danaïdes.* Paris: Didot l'aîné, 1784.

Зельмира и Смелон, или Взятие Измаила. Лирическая драма. СПб., 1795.

その他

Асеев Б. Н. Русский драматический театр XVII-XVIII веков. М., 1958.

――――. Русский драматический театр от его истоков до конца XVIII века. М., 1977.

Бескин Э. Крепостной театр. М.; Л., 1927.

Бессонов П. Прасковья Ивановна графиня Шереметева. М., 1872.

Благово Д. Рассказы бабушки из воспоминаний пяти поколений, записанные и собранные её внуком. СПб., 1885.

Вольф А. И. Хроника петербургских театров: С конца 1826 до начала 1855 года. СПб., 1877.

Всеволодский-Гернгросс В. Н. История русского театра. Т. 1–2. СПб., 1929.

――――. Русский театр. От истоков до середины XVIII в. М., 1957.

――――. Театр в России при императрице Елизавете Петровне. СПб., 2003.

Глинка С. Н. Записки. М., 2004.

Гозенпуд А. Музыкальный театр в России: От истоков до Глинки: Очерк. Л., 1959.

Дризен Н. В. Материалы к истории русского театра. М., 1905.

Дынник Т. Крепостные актеры. М., 1927.

――――. Крепостной театр. М.; Л., 1933.

Евреинов Н. Н. Крепостные актеры. Л., 1925.

Елизарова Н. А. Театры Шереметевых. М., 1944.

Злочевский Г. Д. Русская Усадьба. Историко-библиографический обзор литературы (1787–1992). М., 2003.

Кашин Н. П. Театр Н. Б. Юсупова. М., 1927.

Келдыш Ю. В. Русская музыка XVIII века. М., 1965.

Келдыш Ю. В., Левашёва О. Е. и *Кандинский А. И.* (ред.) История русской музыки. Т. 1–5. М., 1983–1988.

Копытова Г. В. Шереметевское собрание // Из фондов кабинета рукописей Российского Института Истории Искусств. СПб., 1998. С. 203–230.

Краско А. В. Три века городской усадьбы графов Шереметевых. Люди и события. М., 2009.

Кузьмина В. Д. Театр. Гл. 6. Искусство Москвы // История Москвы. Т. 2. Ч. 2. Москва в 1725–1800 гг. М., 1953. С. 589–608.

Лепская Л. А. Репертуар крепостного театра Шереметевых. Каталог пьес. М., 1996.

Ливанова Т. Н. Русская музыкальная культура XVIII века. Т. 1–2. М., 1952–53.

Марков П. А. (ред.) Театральная Энциклопедия. М., 1967.

Моров А. Г. Три века русской сцены. Кн. I. От истоков до Великого Октября. М., 1978.

Моисеева Г. Н. Русская драматургия XVIII века. М., 1986.

Петровская И. Ф. и *Сомина В. В.* Театральный Петербург. Начало XVIII века-октябрь 1917 года. СПб., 1994.

Пивоварова Н. С. (ред.) История русского драматического театра от его истоков до конца XX века. М., 2009.

Погожев В. П., *Молчанов А. Е.* и *Петров К. А.* Архив дирекции императорских театров. СПб., 1892.

Порфирьева А. Л. (ред.) Музыкальный Петербург: энциклопедический словарь. Т. 1–3. СПб., 1996–1999.

Прокофьева Л. С. Крестьянская община в России во второй половине XVIII–первой половине XIX в. (На материалах вотчин Шереметевых) Л., 1981.

Прокофьева Л. С. и *Шаркова И. С.* О библиотеке Шереметевых // Книга в России. XVI – сердина XIX в. Л., 1987.

Ракина В. А. и *Суслова М. Д.* Останкино. М., 2008.

Рындзюнский П. Г. и *Сивков К. В.* Изменения в составе населения. Гл. 2. Население и территория Москвы. // История Москвы. Т. 2. Ч. 2. Москва в 1725–1800 гг. М., 1953. С. 305–332.

Семевский М. И. и *Смольянинов В Н.* (ред.) Архив Кн. Ф. А. Куракина. Книга 6. СПб., 1890–1902.

Солоницын Г. П. (ред.) Шереметевы, в судьбе России: Воспоминания. дневники. письма. М., 2001.

Станюкович В. Домашний крепостной театр Шереметевых XVIII века. Л., 1927.

Старикова Л. М. Театральная жизнь старинной Москвы. Эпоха. Быт. Нравы. М., 1988.

———. К истории домашних крепостных театр и оркестров в России конца VII-VIII вв. // Памятники культуры. Новые открытия. 1991 (1997). С. 53–65.

———. История московской публичной антрепризы второй половины XVIII в. в документальных подробностях // Памятники культуры. Новые открытия. 1996 (1998). С. 95–140.

———. Театр в России XVIII века: Опыт документального исследования. М., 1997.

———. Новый источник сведении по истории театра в Росси XVIII в. (эпоха Елизавету Петровну) // Памятники культуры. Новые открытия. 2000 (2001). С. 97–159.

———. (ред.) Театральная жизнь россии в эпоху Елизаветы Петровны. Документальная хроника. 1741–1750. Вып. 2. Ч. 2. М., 2005.

Федорченко В. И. Императорский Дом. Выдающиеся сановники: Энциклопедия биографий. Т. 1–2. Красноярск; М., 2001.

Фёдоров В. В. Репертуар большого театра СССР 1776–1955. Т. 1. 1776–1856. New York: Norman Ross, 2001.

Ходорковская Е. С. Опера-сериа в России XVIII в. // Серия проблемы музыкознания. Вып. 6. СПб., 1991. С. 146–158.

Холодов Е. Г. (ред.) История русского драматического театра. Т. 1–7. М., 1977–1987.

Чаянова О. Театр Маддокса в Москве, 1776–1805. М., 1927.

Шереметев Н. П. Дополнения к «Переписке графа Н. П. Шереметева» // Русский архив 3, 1896. С. 526–35.

———. Из бумаги и перериски графа Н. П. Шереметева // Русский архив 2, 1896. С.

189-216, 305-340, 457-520.
———. Письмо графа Н. П. Шереметева к графу П. А. Палену // Русский архив 1, 1896. С. 326-27.
———. Из бумаги и перериски графа Н. П. Шереметева // Русский архив 2, 1897. С. 497-521.
———. Письма графа Н. П. Шереметева к В. С. Шереметеву и заметки по их поводу // Русский архив 1, 1899. С. 391-395, 675-78.
Опись библиотеки, находившейся в Москве, на Воздвиженке, в доме графа Дмитрия Николаевича Шереметева до 1812 года. СПб., 1883.
Русский биографический словарь. СПб., 1911.
Angermüller, Rudolph. *Antonio Salieri, Dokumente seines Lebens.* 3 vols. Bad Honnef: K. H. Bock., 2000.
Balaiev, V. "An English Operatic Manager in Eighteenth Century Russia," *The Dominant*, January, 1928.
Brenner, Clarence. D. *The Théâtre Italien, its Repertory, 1716-1793: with a Historical Introduction.* Berkeley: University of California Press, 1961.
Charlton, David. *Grétry and the Growth of Opéra-comique.* Cambridge: Cambridge University Press, 1986.
———. *French Opera 1730-1830: Meaning and Media.* Aldershot: Ashgate, 2000.
Coxe, William. *Travels into Poland, Russia, Sweden, and Denmark: Interspersed with Historical Relations and Political Inquiries.* Vol.1. London: J. Nichols, for T. Cadell, 1784.
Demuth, Norman. *French Opera: Its Development to the Revolution.* Sussex: Artemis, 1963.
Fétis, Edouard. Introduction to *Les mariages samnites, drame lyrique en trois acts. Collection complète des oeuvres de Grétry.* Vol. 35. Leipzig and Bruxelles: Breitkopf und Härtel, 1884-1936, iii-v.
Figes, Orlando. *Natasha's Dance: A Cultural History of Russia.* London: Penguin, 2003.
Findeizen, Nikolai. *History of Music in Russia from Antiquity to 1800.* (Очерки по истории музыки в России. М.; Л. 1928-1929.) Vol. 2, *The Eighteenth Century.* Translated by S. W. Pring. Edited by M. Velimirović and C. R. Jensen. Bloomington: Indiana University Press, 2008.
Grétry, André-Ernest-Modeste. *Mémoires, ou Essais sur la musique.* 3 vols. Paris, 1789. (Reprint, New York: Da Capo Press, 1971.)
Jullien, Adolphe. *La Cour et l'Opéra sous Louis XVI/ Marie-Antoinette et Sacchini/ Salieri/ Favart et Gluck, D'aprés des documents inédits conservés aux Archives de l'Éta et à l'Opéra.* Paris: Didier, 1878.
Kopp, James Butler. "The Drame Lyrique: a Study in Esthetics of Opéra Comique, 1762-1791." Ph. D. diss., University of Pennsylvania, 1982.

Kopytova, G. V. "The Sheremetev Collection," *Fontes Artis Musicae*. Vol. 53 Part 3, 2006, pp. 159-164.

Levin, Jurij D. (ed.) *Schöne Literatur in russischer Übersetzung: Von den Anfängen bis zum 18. Jahrhundert.* Teil II. *Drama und Lirik.* Köln: Böhlau Verlag, 1996. (Ю. Д. Левин. (ред.) История русской переводной художественной литературы. Древняя Русь. XVIII век. Том. II. Драматургия. Поэзия. СПб., 1996.)

Mooser, R. -A. *Annales de la musique et des musiciens en Russie au XVIIIe siècle.* 3 vols. Genève: Mont-Branc, 1948-1951.

———. *L'opéra comique français en Russie au XVIIIe siècle.* Genève: René Kister et Union européenne d'éditions, 1954.

———. *Opéras, intermezzos, ballets, cantates, oratorios joués en Russie durant le XVIIIe siècle.* Bâle: Bärenreiter, 1964.

Mueller von Asow, Hedwig and E. H. Mueller von Asow. (eds.) *The Collected Correspondence and Papers of Christoph Willibald Gluck.* Translated by Stewart Thomson. London: Barrie & Rockliff, 1962.

Naroditskaya, Inna. *Bewitching Russian Opera: The Tsarina from State to Stage.* Oxford: Oxford University Press, 2012.

Parouty, Michel. *L'Opéra-Comique.* Paris: ASA Editions, 1998.

Pierre, Constant. *Histoire du Concert spirituel: 1725-1790.* Paris: Heugel, 1975.

Rice, John A. "The Staging of Salieri's *Les Danaïdes* as Seen by a Cellist in the Orchestra." *Cambridge Opera Journal*, 26, 1, 2014, pp. 65-82.

Ritzarev, Marina. *Eighteenth-Century Russian Music.* Aldershot: Ashgate, 2006.

Sadie, Stanley (ed.) *The New Grove Dictionary of Music and Musicians, Second Edition.* London: Macmillan, 2001.

Seaman, Gerald. R. *History of Russian Music.* Vol.1, *From its Origins to Dargomyzhsky.* New York: Praeger, 1967.

———. "An Eighteenth Century Russian Pocket: Book," *Slavonic and East European Review.* 60, 2, 1982, pp. 262-272.

———. "A Musical Entertainment," *Russia and World of the Eighteenth Century.* Edited by Roger Bartlett, Anthony G. Cross and Karen Rasmussen. Bloomington: Slavica Publishers, 1988, pp. 651-665.

———. "Michael Maddox, English Impresario in Eighteenth-Century Russia," *Slavic Themes: Papers from two Hemispheres.* Neuried: Hieronymus, 1988.

Ségur, Louis Philippe de. *Memoirs and recollections of Count Segur, Ambassador from France to the Courts of Russia and Prussia.* 3 vols. London: Henry Colburn, 1825.

Serre, Solveig. *L'Opéra de Paris (1749-1790) : Politique culturelle au temps des Lumières.* Paris: CNRS, 2011.

Smith, Douglas. *The Pearl. A True Tale of Forbidden Love in Catherine the Great's Russia.* New Haven: Yale University Press, 2008.

Stanislas II, Auguste. *Mémoire secrets et inédits de Stanislas Auguste comte Poniatowski, dernier roi de Pologne*. Leipzig: Wolfgang Gerhard, 1862.

Thierstein, Eldred A. "Antonio Maria Gaspero Sacchini and his French Operas," Ph.D. diss., University of Cincinnati, 1974.

Vendrix, Philippe. (ed.) *Grétry et L'Europe de l'opéra-comique*. Liège: Mardaga, 1992.

———. (ed.) *L'opéra-comique en France au XVIIIe siècle*. Liège: Mardaga, 1992.

Wotquenne, Alfred. "Commentaire critique." *Les mariages samnites, drame lyrique en trois acts. Collection complète des oeuvres de Grétry*. Vol. 35. Leipzig and Bruxelles: Breitkopf und Härtel, 1884-1936, xxv-xxxii.

伊藤恵子『革命と音楽――ロシア・ソヴィエト音楽文化史』音楽之友社，2002年。

今谷和徳，井上さつき『フランス音楽史』春秋社，2010年。

小野理子『女帝のロシア』岩波新書，1994年。

カラムジン，ニコライ『ロシア人の見た十八世紀パリ』福住誠訳，彩流社，1995年。

クリューコフ他『ロシア音楽史』上・下，森田稔，梅津紀雄訳，全音楽譜出版社，1995年。

コバヒゼ，マイヤ『ロシアの演劇――起源，歴史，ソ連崩壊後の展開，21世紀の新しい演劇の探求』荒井雅子訳，生活ジャーナル，2013年。

コワリョフ『ロシア音楽の原点――ボルトニャンスキーの生涯』高井寿雄監修，ウサミ・ナオキ訳，新読書社，1996年。

坂内知子『ロシア庭園めぐり』東洋書店，2005年。

シーマン，ジェラルド　R.「モスクワとサンクト・ペテルブルグ」長妻由香訳，リンガー，アレグザンダー編『西洋の音楽と社会7ロマン主義と革命の時代　初期ロマン派』西原稔監訳，音楽之友社，1997年。

田中陽兒，倉持俊一，和田春樹編『世界歴史大系　ロシア史――18～19世紀』山川出版社，1994年。

チャノン，ジョン，ロバート・ハドソン『地図で読む世界の歴史　ロシア』戸川継男監修，桃井緑美子訳，河出書房新社，1999年。

土肥恒之『「死せる魂」の社会史――近世ロシア農民の世界』日本エディタースクール出版部，1989年。

――――『図説　帝政ロシア――光と闇の200年』河出書房新社，2009年。

――――『ロシア社会史の世界』日本エディタースクール出版部，2010年。

トロワイヤ，アンリ『女帝エカテリーナ』上・下，工藤庸子訳，中公文庫，1985年。

――――『恐るべき女帝たち』福住誠訳，新読書社，2002年。

中神美砂『エカテリーナII世の出版統制政策――貴族文化人の知的活動の変容』東京外国語大学大学院地域文化研究科博士論文，2011年。

日本・ロシア音楽家協会編『ロシア音楽事典』カワイ出版，2006年。

沼野充義，望月哲男，池田嘉郎編集代表『ロシア文化事典』丸善出版，2019年。

バクスト，ジェームズ『ロシア・ソヴィエト音楽史』森田稔訳，音楽之友社，1971年。

橋本伸也『帝国・身分・学校――帝政期ロシアにおける教育の社会文化史』名古屋大学出版会，2010 年。

平野恵美子『帝室劇場とバレエ・リュス――マリウス・プティパからミハイル・フォーキンへ』未知谷，2020 年。

ファイジズ，オーランドー『ナターシャの踊り――ロシア文化史』上・下，鳥山祐介，巽由樹子，中野幸男訳，白水社，2021 年。

藤本和貴夫，松原広志編著『ロシア近現代史――ピョートル大帝から現代まで』ミネルヴァ書房，1999 年。

マース，フランシス『ロシア音楽史――《カマリーンスカヤ》から《バービイ・ヤール》まで』森田稔，梅津紀雄，中田朱美訳，春秋社，2006 年。

水谷彰良『サリエーリ――モーツァルトに消された宮廷楽長』音楽之友社，2004 年。

村山久美子『知られざるロシア・バレエ史』東洋書店，2001 年。

――――『バレエ王国ロシアへの道』東洋書店新社，2022 年。

モリソン，サイモン『ボリショイ秘史――帝政期から現代までのロシア・バレエ』赤尾雄人監訳，加藤裕理，斎藤慶子訳，白水社，2021 年。

森本（鳥山）頼子「シェレメーチェフ家の農奴劇場におけるオペラ上演と一座について」『愛知県立芸術大学紀要』第 40 号，2011 年，209-220 頁。

――――「ニコライ・ペトロヴィチ・シェレメーチェフとイヴァールの往復書簡――翻訳と注解」『愛知県立芸術大学紀要』第 41 号，2012 年，209-221 頁。

森本頼子「シェレメーチェフ家の農奴劇場（1775 ～ 97 年）におけるトラジェディ・リリック上演の試み――領主ニコライとパリ・オペラ座の音楽家イヴァールの往復書簡を手がかりに」『音楽学』第 60 巻 1 号，2014 年，78-91 頁。

――――「シェレメーチェフ家の農奴劇場におけるフランスのトラジェディ・リリック上演――サッキーニ作曲《ルノー》のロシア語上演はどのように行なわれたか」『藝術研究（広島芸術学会）』第 27 号，2014 年，33-48 頁。

――――「シェレメーチェフ家の農奴劇場（1775 ～ 97 年）におけるトラジェディ・リリック上演――フランス・オペラ受容からロシア・オペラの創出へ」愛知県立芸術大学大学院音楽研究科博士論文，2015 年。

――――「エリザヴェータ女帝時代（1741 ～ 62 年）のロシアにおけるオペラ・セリア受容再考――上演作品の題材に注目して」『早稲田オペラ／音楽劇研究』創刊号，2018 年，55-68 頁。

――――「18 世紀ロシアにおけるオペラ・セリア上演の歴史（1）――アンナ女帝時代からエリザヴェータ女帝時代まで」『金城学院大学論集，人文科学編』第 14 巻 2 号，2018 年，157-168 頁。

――――「18 世紀ロシアにおけるオペラ・セリア上演の歴史（2）――エカテリーナ時代（1）：1762 ～ 75 年」『金城学院大学論集，人文科学編』第 15 巻 2 号，2019 年，146-157 頁。

――――「18 世紀ロシアにおける『改革オペラ』上演の実態――トラエッタの《アンティゴナ》（1772 年）を中心に」『名古屋音楽大学研究紀要』第 38 号，2019 年，55-78 頁。

――――「18世紀ロシア宮廷におけるオペラ・セーリア上演の実態――ギリシア悲劇を原作とした作品に注目して」大崎さやの，森佳子編著『バロック・オペラとギリシア古典』論創社，2024年，89-118頁。

モングレディアン，ジャン「パリ：アンシャン・レジームの終焉」関根敏子訳，ザスロー，ニール編『西洋の音楽と社会6 古典派　啓蒙時代の都市と音楽』樋口隆一監訳，音楽之友社，1996年。

矢沢英一『帝政ロシアの農奴劇場――貴族文化の光と影』新読書社，2001年。

――――「イワン・ドルゴルーコフの回想記から見えてくるもの」『日本18世紀ロシア研究会年報』第7号，2011年，32-44頁。

ロートマン，ユーリー・ミハイロヴィチ『ロシア貴族』桑野隆，望月哲男，渡辺雅司訳，筑摩書房，1997年。

和田春樹『ヒストリカル・ガイド　ロシア』山川出版社，2001年。

注

はじめに

(1) *Дыиник Т.* Крепостной театр. М.; Л. 1933. С. 42.

(2) Ritzarev, Marina. *Eighteenth-Century Russian Music.* Aldershot: Ashgate, 2006, pp. 2–8.

第1章　一八世紀ロシアの劇場文化

(1) 土肥恒之『図説　帝政ロシア――光と闇の200年』河出書房新社，2009年，16頁。

(2) *Петровская И. Ф.* Елизавета Петровна // *Порфирьева А. Л.* (ред.) Музыкальный Петербург: Энциклопедический словарь. Спб., 1996. Т. 1. С. 336.

(3) ポーランド生まれの音楽家で，ペテルブルグで活躍した人物。

(4) *Петровская.* Елизавета Петровна. С. 337.

(5) *Чудинова И. А.* Придворный певческий хор // *Порфирьева А. Л.* (ред.) Музыкальный Петербург: Энциклопедический словарь. Спб., 1998. Т. 2. С. 458–459.

(6) 土肥恒之『「死せる魂」の社会史――近世ロシア農民の世界』日本エディタースクール出版部，1989年，107頁。

(7) *Крюков А. Н.* 1996. Екатерина II // *Порфирьева А. Л.* (ред.) Музыкальный Петербург: Энциклопедический словарь. Спб., 1996. Т. 1. С. 322.

(8) 土肥，『図説　帝政ロシア――光と闇の200年』，25–26頁。

(9) *Петровская И. Ф.* Придворный театр // *Порфирьева А. Л.* (ред.) Музыкальный Петербург: Энциклопедический словарь. Спб., 1998. Т. 2. С. 478.

(10)「オペラ・セリア」は後世になって生まれた用語である。18世紀においては，こうしたジャンルにこの用語が使われることはほとんどなく，通常は「音楽劇 dramma per musica」という用語が使われた。しかし，ロシアでは早い時期から，喜劇的なオペラと区別するために，オペラ・セリアの訳語にあたる「まじめなオペラ серьёзная опера」という用語が使われた。本書ではこうした事情をふまえて，宮廷劇場で上演された一連の作品を「オペラ・セリア」という語で表すこととする。

(11) *Ходорковская Е. С.* Опера-Сериа // *Порфирьева А. Л.* (ред.) Музыкальный Петербург: Энциклопедический словарь. Спб., 1998. Т. 2. С. 289.

(12) オペラ・コミックは，地の台詞が交じるフランス・オペラのジャンルである。詳細は，第4章を参照されたい。

(13) トラジェディ・リリックは，おもにパリ・オペラ座で上演されていたフランス・オペラのジャンル。詳細は第5章を参照されたい。

(14) *Петровская И. Ф.* Русская придворная (императорская) труппа // *Порфирьева А. Л.* (ред.) Музыкальный Петербург: Энциклопедический словарь. Спб., 1999. Т. 3. С. 57.

(15) *Петровская.* Русская придворная (императорская) труппа. С. 58.

(16) ボルトニャンスキーについては，コワリョフ『ロシア音楽の原点――ボルトニャン

スキーの生涯』高井寿雄監修・ウサミ・ナオキ訳（新読書社，1996年）を参照されたい。

(17) *Рындзюнский П. Г.* и *Сивков К. В.* Изменения в составе населения. Гл. 2. Население и территория Москвы. // История Москвы. Т. 2. Ч. 2. Москва в 1725-1800 гг. М., 1953. С. 307.

(18) *Рындзюнский П. Г.* и *Сивков К. В.* Изменения в составе населения. Гл. 2. Население и территория Москвы. С. 329.

(19) *Дынник.* Крепостной театр. С. 243-247.

(20) 矢沢英一『帝政ロシアの農奴劇場――貴族文化の光と影』新読書社，2001年，81頁。

(21) 矢沢，『帝政ロシアの農奴劇場――貴族文化の光と影』，144頁。

(22) *Дынник.* Крепостной театр. С. 257-305.

(23) 矢沢，『帝政ロシアの農奴劇場――貴族文化の光と影』，145-146頁。

(24) Mooser, R. -A. *L'opéra comique français en Russie au XVIIIe siècle.* Genève: René Kister et Union européenne d'éditions, 1954, p. 135.

(25) Mooser, *L'opéra comique français en Russie au XVIIIe siècle,* p. 108.

(26) Coxe, William. *Travels into Poland, Russia, Sweden, and Denmark: Interspersed with Historical Relations and Political Inquiries.* Vol.1. London: J. Nichols, for T. Cadell, 1784, p. 419.

(27) Mooser, *L'opéra comique français en Russie au XVIIIe siècle,* p. 110.

(28) *Чаянова О.* Театр Маддокса в Москве, 1776-1805. М., 1927. С. 23. マドックスの劇場を現在のボリショイ劇場の前身とみなすこともある。マドックスの劇場に関しては，モリソン，サイモン『ボリショイ秘史――帝政期から現代までのロシア・バレエ』（赤尾雄人監訳，加藤裕理，斎藤慶子訳，白水社，2021年）も参照されたい。

(29) *Чаянова.* Театр Маддокса в Москве, 1776-1805. С. 132.

(30) *Чаянова.* Театр Маддокса в Москве, 1776-1805. С. 102.

(31) *Чаянова.* Театр Маддокса в Москве, 1776-1805. С. 212-214.

(32) *Глинка С. Н.* Записки. М., 2004. С. 213

(33) 中神美砂「エカテリーナII世の出版統制政策――貴族文化人の知的活動の変容」東京外国語大学大学院地域文化研究科博士論文，2011年，70頁。

(34) 同前。

(35) 表1-1は，*Чаянова О.* Театр Маддокса в Москве, 1776-1805. М., 1927. および *Фёдоров В. В.* Репертуар большого театра СССР 1776-1955. Т. 1. 1776-1856. New York: Norman Ross, 2001. を参照して作成した。

(36) *Чаянова.* Театр Маддокса в Москве, 1776-1805. С. 123.

第2章　パリ・オペラ座の衝撃

(1) *Елизарова Н. А.* Театры Шереметевых. М., 1944. С. 25.

(2) ここではスミスによる英訳を参照した（Smith, Douglas. *The Pearl. A True Tale of Forbidden Love in Catherine the Great's Russia.* New Haven: Yale University

Press, 2008, p. 268.)。同書によれば，遺書の出典は以下のとおり。Российский государственный исторический архив (РГИА), ф. 1088 [Шереметевы, графы], оп. 1, д. 69, л. 1-12, 36-51об, д. 72, л. 1-10.

(3) ニコライのグランド・ツアーの足跡については，Smith, Douglas. *The Pearl. A True Tale of Forbidden Love in Catherine the Great's Russia.* New Haven: Yale University Press, 2008. に詳しいため，ここでの記述はおもに同書を参照した。

(4) *Семевский М. И.* и *Смольянинов В Н.* (ред.) Архив Кн. Ф. А. Куракина. Книга 6. СПб., 1890-1902. С. 338.

(5) オペラ座の売上表（France, Bibliothèque de l'Opéra (F-Po), CO 11. Comptabilité. Recettes. Recettes à la porte.）および，19世紀にまとめられたオペラ座の上演記録表『ジュルナル・ド・ロペラ』による。これらの調査にあたっては，七條めぐみ氏に協力いただいた。

(6) 同前。

(7) Charlton, David. *Grétry and the Growth of Opéra-comique.* Cambridge: Cambridge University Press, 1986.

(8) これらの資料は，井上さつき氏より提供していただいたものである。

(9) France, Archives nationales (F-Pan), AJ^{13} 77. Correspondance des musiciens de l'orchestre concernant les pensions de retraite.

(10) F-Pan, AJ^{13} 15. Comptabilité. Appointements du personnel. 1750-1783.

(11) Российский государственный исторический архив (РГИА), ф. 1088 [Шереметевы, графы], оп. 1, д. 186, л. 4об.

第3章　シェレメーチェフ家の劇場

(1) シェレメーチェフ家の劇場については，おもにロシアを中心として充実した研究が行われてきたが，ここで主要なものを挙げておきたい。*Станюкович В.* Домашний крепостной театр Шереметевых XVIII века. Л., 1927.（スタニュコーヴィチ『18世紀シェレメーチェフ家の家庭農奴劇場』）は，同劇場に関する最初のモノグラフ。70頁余りの小さな著書ながら，豊富な一次資料をもとにおもに農奴一座について概説している。*Дынник Т.* Крепостной театр. М.; Л., 1933.（ディンニク『農奴劇場』）は，徹底した史料調査により，ロシアに存在した173の農奴劇場の存在とそのレパートリーを明らかにした，農奴劇場研究の嚆矢である。シェレメーチェフ家の劇場についても，レパートリー分析などをふまえて，領主の個人的な趣味に依存した「自分のための劇場」だったと性格づけている（С. 103）。*Елизарова Н. А.* Театры Шереметевых. М., 1944.（エリザーロワ『シェレメーチェフ家の劇場』）は，モスクワのオスタンキノ宮殿博物館が刊行したモノグラフで，シェレメーチェフ家の劇場にかかわるあらゆる事柄について詳述している。*Лепская Л. А.* Репертуар крепостного театра Шереметевых. Каталог пьес. М., 1996.（レープスカヤ『シェレメーチェフ家の農奴劇場のレパートリー――作品目録』）は，モスクワのバフルーシン記念国立演劇博物館が刊行した，シェレメーチェフ家の劇場のレパートリーの総合目録である。このように，同劇場については豊富な研究の積み重ねがあるものの，先行研究の多くはロシアの演劇史研究

の文脈で行われてきたこともあり，劇場のオペラ上演に焦点をあてた研究はなく，ロシア音楽史の文脈においては，同劇場は確固たる位置を与えられていないのが現状である。

(2) *Лепская Л. А.* Репертуар крепостного театра Шереметевых. Каталог пьес. М., 1996. С. 18.

(3) *Станюкович В.* Домашний крепостной театр Шереметевых XVIII века. Л.,1927. С. 5.

(4) *Елизарова.* Театры Шереметевых. С. 25.

(5) 土肥，『「死せる魂」の社会史——近世ロシア農民の世界』，74 頁。

(6) 矢沢，『帝政ロシアの農奴劇場——貴族文化の光と影』，177-178 頁。

(7) *Елизарова.* Театры Шереметевых. С. 274-275.

(8) *Елизарова.* Театры Шереметевых. С. 275-276.

(9) レープスカヤの上演作品目録（*Лепская Л. А.* Репертуар крепостного театра Шереметевых. Каталог пьес. М., 1996.）の情報による。

(10) ファイジズ，オーランドー『ナターシャの踊り——ロシア文化史』上，白水社，2021 年，66-67 頁。

(11) ニコライとジェムチュゴーワの関係についての詳細は，Smith, Douglas. *The Pearl. A True Tale of Forbidden Love in Catherine the Great's Russia.* New Haven: Yale University Press, 2008. を参照されたい。

第４章　ニコライの野望

(1) 表 4-1 は，おもに *Елизарова Н. А.* Театры Шереметевых. М., 1944. を参照して作成した。

(2) *Елизарова.* Театры Шереметевых. С. 171.

(3) *Благово Д.* Рассказы бабушки из воспоминаний пяти поколений, записанные и собранные её внуком. СПб., 1885. С. 205.

(4) *Елизарова.* Театры Шереметевых. С. 169.

(5) *Лепская Л. А.* Репертуар крепостного театра Шереметевых. Каталог пьес. М., 1996.

(6) *Дынник Т.* Крепостной театр. М.; Л., 1933.

(7) Российский государственный исторический архив（РГИА），ф. 1088 [Шереметевы, графы], оп. 1, д. 121, 186. なお，この往復書簡は，スタニュコーヴィチによってロシア語に翻訳され，*Елизарова Н. А.* Театры Шереметевых. М., 1944. の巻末に収録されているが，訳し漏れや誤訳が少なからず含まれている。本書では，フランス語の原本を参照した。

(8) 表 4-3 は，РГИА, ф. 1088, оп. 1, д. 186, л. 5, 5об. をもとに作成した。

(9) Bartlet, M. Elizabeth C. "Drame lyrique." *The New Grove Dictionary of Music and Musicians, Second Edition.* Edited by Stanley Sadie. London: Macmillan, 2001, Vol. 7, p. 557.

(10) Charlton, *Grétry and the Growth of Opéra-comique*, p. 140.

(11) Grétry, André-Ernest-Modeste. *Mémoires, ou Essais sur la musique.* Paris,

1789. Reprint, New York: Da Capo Press, 1971, Vol. 1, p. 288.
(12) *Mercure de France*, 1782 juin, p. 187.
(13) РГИА, ф. 1088, оп. 1, д. 186, л. 3–4об.
(14) РГИА, ф. 1088, оп. 1, д. 186, л. 5, 5об.
(15) РГИА, ф. 1088, оп. 1, д. 186, л. 12–13об.
(16) Ségur, Louis Philippe de. *Memoirs and recollections of Count Segur, Ambassador from France to the Courts of Russia and Prussia.* London: Henry Colburn, 1825–27, Vol. 3, pp. 189–190.
(17) 1789年11月5日送付の書簡。РГИА, ф. 1088, оп. 1, д. 121, л. 24, 24об.
(18) Stanislas II, Auguste. *Mémoire secrets et inédits de Stanislas Auguste comte Poniatowski, dernier roi de Pologne.* Leipzig: Wolfgang Gerhard, 1862, p. 123.
(19) De Rozoi. *Les mariages samnites, drame lyrique en trois actes, et en prose. Nouvelle édition.* Paris: La Veuve Duchesne, 1776, xi.
(20) Mooser, R. –A. *Annales de la musique et des musiciens en Russie au XVIIIe siècle.* Genève: Mont-Branc, 1948–1951, Vol. 3, p. 853.
(21) Charlton, *Grétry and the Growth of Opéra-comique*, pp. 143–144.
(22) 表4–4は，*Елизарова Н. А.* Театры Шереметевых. М., 1944. を参照して作成した。
(23) *Les spectacles de Paris*, 1777, p. 123.
(24) Charlton, David. *French Opera 1730–1830: Meaning and Media.* Aldershot: Ashgate, 2000, p. 99.
(25) *Елизарова.* Театры Шереметевых. С. 260.
(26) De Rozoi, *Les mariages samnites, drame lyrique en trois actes, et en prose. Nouvelle édition*, p. 1.
(27) РГИА, ф. 1088, оп. 1, д. 186, л. 22, 22об.

第5章　挑戦と挫折

(1) РГИА, ф. 1088, оп. 1, д. 186, л. 16, 16об., 18, 18об.
(2) *Лепская.* Репертуар крепостного театра Шереметевых. Каталог пьес. С. 116.
(3) Rice, John A. "The Staging of Salieri's *Les Danaïdes* as Seen by a Cellist in the Orchestra." *Cambridge Opera Journal*, 2014, 26, 1, pp. 65–82.
(4) РГИА, ф. 1088, оп. 1, д. 186, л. 3–4об.
(5) РГИА, ф. 1088, оп. 1, д. 121, л. 3–4об.
(6) РГИА, ф. 1088, оп. 1, д. 121, л. 9.
(7) РГИА, ф. 1088, оп. 1, д. 121, л. 9об., 10.
(8) РГИА, ф. 1088, оп. 1, д. 121, л. 7–8.
(9) РГИА, ф. 1088, оп. 1, д. 186, л. 5, 5об.
(10) РГИА, ф. 1088, оп. 1, д. 186, л. 10–11об.
(11) РГИА, ф. 1088, оп. 1, д. 186, л. 45–46.
(12) РГИА, ф. 1088, оп. 1, д. 121, л. 5–6.
(13) РГИА, ф. 1088, оп. 1, д. 121, л. 9.

(14) РГИА, ф. 1088, оп. 1, д. 121, л. 17-18.
(15) РГИА, ф. 1088, оп. 1, д. 186, л. 6-7об.
(16) РГИА, ф. 1088, оп. 1, д. 121, л. 1б-2.
(17) РГИА, ф. 1088, оп. 1, д. 121, л. 3-4об.
(18) РГИА, ф. 1088, оп. 1, д. 121, л. 7-8.
(19) РГИА, ф. 1088, оп. 1, д. 186, л. 28, 28об.
(20) РГИА, ф. 1088, оп. 1, д. 186, л. 47-48об.
(21) РГИА, ф. 1088, оп. 1, д. 121, л 9об., 10.
(22) РГИА, ф. 1088, оп. 1, д. 186, л.33-36.
(23) РГИА, ф. 1088, оп. 1, д. 186, л. 41, 41об.
(24) РГИА, ф. 1088, оп. 1, д. 186, л. 43-44об.
(25) РГИА, ф. 1088, оп. 1, д. 186, л. 47-48об.
(26) Charlton, *French Opera 1730-1830: Meaning and Media*, p. 99.
(27) *Les Spectacles de Paris*, 1785, pp. 11-12.
(28) РГИА, ф. 1088, оп. 1, д. 186, л. 47-48об.
(29) РГИА, ф. 1088, оп. 1, д. 186, л. 6об.
(30) РГИА, ф. 1088, оп. 1, д. 121, л. 4.
(31) РГИА, ф. 1088, оп. 1, д. 186, л. 6-7об.
(32) РГИА, ф. 1088, оп. 1, д. 121, л. 13.
(33) РГИА, ф. 1088, оп. 1, д. 186, л. 39-40.
(34) РГИА, ф. 1088, оп. 1, д. 121, л. 7.
(35) РГИА, ф. 1088, оп. 1, д. 186, л. 32.
(36) *Елизарова*. Театры Шереметевых. С. 258.
(37) 表5-1は，おもに*Елизарова Н. А.* Театры Шереметевых. М., 1944. を参照して作成した。エリザーロワは，器楽奏者は「音楽家（器楽）」，合唱団は「音楽家（声楽）」と分類しているが，便宜上，この表では上記の名称に変更した。
(38) *Елизарова*. Театры Шереметевых. С. 265.
(39) 表5-2は，以下の資料をもとに作成した。*Елизарова Н. А.* Театры Шереметевых. М., 1944. *Les Spectacles de Paris*, 1792, pp. 37-50, 114-119. *Погожев В. П., Молчанов А. Е.* и *Петров К. А.* Архив дирекции императорских театров. СПб., 1892. С. 376-388. *Чудинова И. А.* Придворный певческий хор // *Порфирьева А. Л.* (ред.) Музыкальный Петербург: Энциклопедический словарь. Спб., 1998. Т. 2. С. 456-467. なお，シェレメーチェフ家の劇場のライバル劇場だったモスクワのマドックスの劇場も，本来は比較対象に入れるべきだが，現存史料の少なさによって，一座の詳細を把握することが困難であるため，今回は除外した。
(40) *Чудинова И. А.* Придворный певческий хор. С. 459.
(41) 第1楽団と第2楽団の職務内容からも分かるように，第2楽団よりも第1楽団の方が，宮廷においては上位に位置づけられていた。待遇面においても，第1楽団のメンバーは，第2楽団の2倍ないし3倍ほどの給与が支給されていた。
(42) *Чаянова*. Театр Маддокса в Москве. С. 95.

(43) *Шереметев Н. П.* Из бумаги и перериски графа Н. П. Шереметева // Русский архив 2, 1896, С. 202.
(44) *Елизарова.* Театры Шереметевых. С. 282-283.
(45) РГИА, ф. 1088, оп. 1, д. 186, л. 97-98об.
(46) チアンファネッリとニコライとのあいだで交わされた雇用契約書は，「閣下と私のあいだの契約書」という見出しのもとに，РГИА, ф. 1088, оп. 1, д. 121, л. 20-21. に収められている。
(47) РГИА, ф. 1088, оп. 1, д. 121, л. 20-21.
(48) РГИА, ф. 1088, оп. 1, д. 121, л. 33, 33об.
(49) РГИА, ф. 1088, оп. 1, д. 186, л. 92-95об.
(50) 矢沢，『帝政ロシアの農奴劇場――貴族文化の光と影』，118 頁。

第6章　ロシアのオペラを創る

(1) РГИА, ф. 1088, оп. 1, д. 121, л. 17-18.
(2) РГИА, ф. 1088, оп. 1, д. 186, л. 54, 54об., 57.
(3) РГИА, ф. 1088, оп. 1, д. 186, л. 81-84об.
(4) РГИА, ф. 1088, оп. 1, д. 186, л. 60-61.
(5) *Лепская.* Репертуар крепостного театра Шереметевых. Каталог пьес. С. 56-57, 76-77.
(6) РГИА, ф. 1088, оп. 1, д. 186, л. 5, 5об.
(7) РГИА, ф. 1088, оп. 1, д. 186, л. 43об.
(8) *Mercure de France,* 1783, mars, pp. 83-88, 124-133, 177-182.
(9) *Les Spectacles de Paris,* 1784, pp. 208-209.
(10) РГИА, ф. 1088, оп. 1, д. 121, л. 24, 24об.
(11) *Лепская.* Репертуар крепостного театра Шереметевых. Каталог пьес. С. 77.
(12) Kopytova, G. V., "The Sheremetev Collection," *Fontes Artis Musicae.* vol. 53 Part 3, 2006, pp. 159-164. *Копытова Г. В.* Шереметевское собрание // Из фондов кабинета рукописей Российского Института Истории Искусств. СПб., 1998. С. 203-230.
(13) *Елизарова.* Театры Шереметевых. С. 180.
(14) 表6-2は，おもに*Лепская Л. А.* Репертуар крепостного театра Шереметевых. Каталог пьес. М., 1996. を参照して作成した。ただし，各作品の詳細については，筆者があらためて調査した。
(15) *Лепская.* Репертуар крепостного театра Шереметевых. Каталог пьес. С. 54-80.
(16) *Елизарова.* Театры Шереметевых. С. 178.
(17) *Елизарова.* Театры Шереметевых. С. 273.
(18) *Елизарова.* Театры Шереметевых. С. 171.
(19) *Лепская.* Репертуар крепостного театра Шереметевых. Каталог пьес. С. 46.
(20) *Чаянова.* Театр Маддокса в Москве, 1776-1805. С. 123-124.
(21) Smith, *The Pearl. A True Tale of Forbidden Love in Catherine the Great's*

Russia, pp. 93–94.
(22) РГИА, ф. 1088, оп. 1, д. 186, л. 88–89.
(23) РГИА, ф. 1088, оп. 1, д. 186, л. 105об.
(24) Smith, *The Pearl. A True Tale of Forbidden Love in Catherine the Great's Russia*, p. 118.
(25) *Лепская*. Репертуар крепостного театра Шереметевых. Каталог пьес. С. 121.
(26) РГИА, ф. 1088, оп. 1, д. 186, л. 100, 100об.
(27) РГИА, ф. 1088, оп. 1, д. 186, л. 105–106.
(28) 同前。
(29) РГИА, ф. 1088, оп. 1, д. 186, л. 109.
(30) РГИА, ф. 1088, оп. 1, д. 186, л. 107, 107об.
(31) РГИА, ф. 1088, оп. 1, д. 186, л. 105–106.
(32) РГИА, ф. 1088, оп. 1, д. 186, л. 104, 104об.
(33) Naroditskaya, Inna. *Bewitching Russian Opera: The Tsarina from State to Stage*. Oxford: Oxford University Press, 2012, p. 44.
(34) РГИА, ф. 1088, оп. 1, д. 186, л. 105–106.
(35) 中神,「エカテリーナII世の出版統制政策——貴族文化人の知的活動の変容」, 104頁。
(36) 同前。
(37) 同前。
(38) РГИА, ф. 1088, оп. 1, д. 121, л. 34.
(39) *Шереметев*. Из бумаги и перериски графа Н. П. Шереметева. С. 473.
(40) РГИА, ф. 1088, оп. 1, д. 186, л. 118–120.
(41) Mooser, *L'opéra comique français en Russie au XVIIIe siècle*, pp. 147–148.
(42) *Лепская Л. А*. Репертуар крепостного театра Шереметевых. Каталог пьес. М., 1996.
(43) *Елизарова*. Театры Шереметевых. С. 149.
(44) *Лепская*. Репертуар крепостного театра Шереметевых. Каталог пьес. С. 41.
(45) Зельмира и Смелон, или Взятие Измаила. Лирическая драма. СПб., 1795.
(46) Charlton, David. "Rescue opera," *The New Grove Dictionary of Music and Musicians, Second Edition*. Edited by Stanley Sadie. London: Macmillan, 2001. Vol. 21, p. 209.
(47) Dean, Winton.「救出オペラ」内野充子訳『ニューグローヴ世界音楽大事典』講談社, 第5巻, 362頁。
(48) Charlton, "Rescue opera," p. 209.
(49) РГИА, ф. 1088, оп. 1, д. 186, л. 20–21об.
(50) РГИА, ф. 1088, оп. 1, д. 186, л. 45–46.
(51) РГИА, ф. 1088, оп. 1, д. 186, л. 33–36.
(52) РГИА, ф. 1088, оп. 1, д. 186, л. 133, 133об. イヴァールは, 書簡のなかで《獅子心王リチャード》のことをしばしば「リチャード3世 Richard III」と記している。周知の

ように，獅子心王リチャード（リチャード1世）とリチャード3世は，まったくの別人である。しかしながら，「《リチャード3世》の衣装の詳細」という見出しのついたイヴァールの書簡（РГИА, ф. 1088, оп. 1, д. 186, л. 132）には，《獅子心王リチャード》の登場人物の衣装についての説明が書かれていることから，《獅子心王リチャード》を《リチャード3世》としたことは，単にイヴァールの勘違いによると考えられる。

(53) РГИА, ф. 1088, оп. 1, д. 121, л. 12.

(54) *Лепская*. Репертуар крепостного театра Шереметевых. Каталог пьес. С. 41.

(55) *Лепская*. Репертуар крепостного театра Шереметевых. Каталог пьес. С. 119-120.

(56) РГИА, ф. 1088, оп. 1, д. 186, л. 112-114об.

(57) *Елизарова*. Театры Шереметевых. С. 148.

(58) 同前。

(59) *Елизарова*. Театры Шереметевых. С. 149.

おわりに

(1) Smith, *The Pearl. A True Tale of Forbidden Love in Catherine the Great's Russia*, p. 160.

(2) *Лепская*. Репертуар крепостного театра Шереметевых. Каталог пьес. С. 42.

(3) 同前。

(4) スミスの著作には，ニコライがモスクワの主治医フレーゼに宛てて書いた，1797年12月24，25日付の書簡が引用されている。この書簡でニコライは，ジェムチュゴーワの容体を事細かに説明し，アドバイスを求めている（Smith, *The Pearl. A True Tale of Forbidden Love in Catherine the Great's Russia*, pp. 167-169.）。

(5) Smith, *The Pearl. A True Tale of Forbidden Love in Catherine the Great's Russia*, p. 191.

(6) *Шереметев*. Из бумаги и перериски графа Н. П. Шереметева. С. 473.

(7) *Елизарова*. Театры Шереметевых. С. 305-306.

(8) ファイジズ，『ナターシャの踊り——ロシア文化史』上，75頁。

森本頼子（Yoriko Morimoto）
愛知県立芸術大学大学院音楽研究科博士後期課程（音楽学専攻）修了。博士（音楽）。現在，名古屋音楽大学音楽学部，金城学院大学文学部，愛知県立芸術大学音楽学部，各非常勤講師。早稲田大学総合研究機構オペラ／音楽劇研究所招聘研究員。専門は，音楽学（西洋音楽史，ロシア音楽史，日本洋楽史）。編著：『音楽と越境――8つの視点が拓く音楽研究の地平』（音楽之友社，2022 年），『上海フランス租界への招待――日仏中三か国の文化交流』（共編著，勉誠出版，2023 年）。著書：『オペラ／音楽劇研究の現在――創造と伝播のダイナミズム』（共著，水声社，2021 年），『バロック・オペラとギリシア古典』（共著，論創社，2024 年）。訳書：『オーボエモーション――オーボエ奏者ならだれでも知っておきたい「からだ」のこと』（共訳，春秋社，2011 年）。

シェレメーチェフ家の農奴劇場
一八世紀ロシアのオペラ文化史

2024年（令和6年）5月31日　初版第1刷発行

著　者＝森本頼子

発行者＝片桐文子
発行所＝株式会社 道和書院
　　　　東京都小金井市前原町2-12-13（〒184-0013）
　　　　電話　042-316-7866
　　　　FAX　042-382-7279
装　幀＝高木達樹
印刷・製本＝萩原印刷株式会社

ISBN 978-4-8105-3013-1 C1073　Ptinted in Japan, Douwashoin Co., Ltd.

定価はカバー等に表示してあります

楽譜の校訂術
――音楽における本文批判：その歴史・方法・実践

ジェイムズ・グリーア（著）
髙久 桂（訳）

楽譜校訂の理論と歴史、実際の校訂の手順と課題・解決策をまとめた貴重な書。本文批判の見地から、楽譜の特殊性、史料間の派生関係、テクストの確定と表現、ケース・スタディ。最新の参考資料と訳者編の用語集等。　3800円

マッテゾン「新しく開かれたオーケストラ」（1713年）
――全訳と解説

ヨハン・マッテゾン（著）
村上 曜（編著・訳）

『完全なる宮廷楽長』で知られるマッテゾンの最初期の著作。当時の聴衆・アマチュア音楽家の「音楽入門」。楽譜の読み方、当時流行の曲種、様々な楽器、伊・仏・独の音楽の違い。18世紀前半の音楽界を知る必読書。　3800円

オルガンの芸術〈第2版〉
――歴史・楽器・奏法

（一社）日本オルガニスト協会（監修）
松居直美・廣野嗣雄・馬淵久夫（編著）

定評あるオルガン基本文献を最新情報でアップデート。装いも新たに、待望の第2版となりました。二千年を超える歴史と様々な文化の中で花開いた多彩な音楽。第一線のオルガニスト、ビルダー、研究者ら18名が執筆。　3600円

楽譜から音楽へ
――バロック音楽の演奏法

バルトルド・クイケン（著）
越懸澤麻衣（訳）

演奏家のなすべきことは何か？ 楽譜から何を読みとり、何を聴き手に届けるのか？ ピッチ、音律、テンポ、フレージング、アーティキュレーション……古楽をめぐる18のキーワードから演奏の真髄を語る。第3刷出来。　2300円

価格は本体価格。別途消費税がかかります